ジェイコブ・ソール
北村京子 訳

FREE MARKET
: THE HISTORY OF AN IDEA

〈自由市場〉の世界史
——キケロからフリードマンまで

作品社

〈自由市場〉の世界史

――キケロからフリードマンまで

メンターであり友人である
アンソニー・グラフトンへ

『〈自由市場〉の世界史――キケロからフリードマンまで』目次

序文――自由市場思想についての新たな起源の物語……007
第1章　キケロの夢……019
第2章　神の経済……031
第3章　中世市場メカニズムにおける神……051
第4章　フィレンツェの富とマキャヴェッリ的市場……071
第5章　イングランドの「国家による自由貿易」……083

第6章　オランダ共和国の自由と富……101
第7章　ジャン＝バティスト・コルベールと国家が作る市場……117
第8章　太陽王の悪夢と自由市場の夢……137
第9章　惑星の運動とイングランド自由貿易の新世界……153
第10章　イギリスVSフランス——貿易戦争、債務、新たな楽園の夢……163
第11章　フランスの自然崇拝と啓蒙主義経済学の発明……175
第12章　自由市場VS自然……195
第13章　アダム・スミスと慈愛の自由貿易社会……207

第14章　自由市場帝国……229
第15章　徳の終焉——自由主義《リベラリズム》と自由至上主義《リバタリアニズム》……249
結び　権威主義的資本主義、民主主義、自由市場思想……275
謝辞……281
日本語版へのあとがき……283
原注……320
訳者あとがき……321

凡例

- 原書中の補足は（　）［　］で、日本語版での補足は〔　〕で示した。
- 本文中の▼の記号と番号は、原注を示し、巻末にまとめて掲載した。

序文——自由市場思想についての新たな起源の物語

思想の起源を暴露する発見ほど、人をいらだたせるものはない。
——アクトン卿、フリードリヒ・ハイエク著『隷属への道』(一九四〇年頃)での引用

米国においては、「自由市場」という言葉はおそらく、経済用語の中でもとりわけ馴染み深いものであると思われる。少なくとも大恐慌以降、この言葉は米国の政治的言説にとって欠かせないものとなり、政策を称賛する目的にも、批判する目的にも用いられてきた。いくつもの強力な政治的イデオロギーと複雑にからみあう経済哲学であるこの思想は、今ではロールシャッハテストのような役割を果たすようになった。自由市場についてどう思うかと尋ねられたとき、多くの人は、まるで何らかの個人的な信念について言及されたかのような、ひどく感情的な反応を示す。

同時に、自由市場とは何かということについて、だれもが意見を同じくしているわけではない。フランスの合理主義的経済学者レオン・ワルラス(一八三四~一九一〇年)が、市場は「一般均衡」の中で機能して

いると述べたことはよく知られている。ワルラスが言わんとしたのは、需要と供給の相互作用が、自己調整するバランスの取れた経済システムを作り出し、それが価格と金利を調節し、絶え間ない財の流れを生んで、政府による介入なしに富を発生させる、ということだ。ある種の文脈においては、自由市場は、特定の種類の経済的自由や特権を意味することがある。たとえばそれは、自由貿易ゾーンにおいて低い関税が適用される権利であったり、認められた独占権を行使する権利であったりする。このように、「自由市場」は今では、低い税率の、あるいは、政府による経済への関与が制限されていることの同義語となっている。今日の富裕な工業国の大半において、自由市場経済は、公教育、交通機関、年金制度、公衆衛生システム、規制機関、国立銀行、意見交換の自由などと並んで、社会民主主義の基本要素であるとみなされている。しかしながら、多くの場合、市場が自由であるかどうかは見る人の主観による。[1]

今の時代において最もよく知られている自由市場思想の定義は、ノーベル賞を受賞した経済学者ミルトン・フリードマンの説によるものであり、彼はこれを、経済問題において政府による活動が皆無であること、より広義には、「人々の幸福追求」に対する法の介入がないことであると述べている。フリードマンが「自由市場に反対する大半の議論の根底にあるのは、自由そのものに対する信頼の欠如である」と言ったことはよく知られている。あらゆる経済成長の普遍的なモデルであるとされる自由市場は、その支持者たちからは、いつでも、どんな場所でも効果的であるとみなされている。フリードマンの包括的システムは、市場が国家による一切の介入なしに、個人、企業、株主の願望と選択によって動かされ、民間の需要と供給に応じて機能することを理想とする。そのような形で市場を完全に自由にすることで、効率的な財の生産と流通、富の創造、イノベーションが実現すると、フリードマンは言う。[2]

しかし、過去三〇年間でわかってきたのは、自由市場は確かで信頼できるものというよりも、むしろ謎であるということだ。政治的スペクトルのあらゆる側面に属する要人たちが、少なくとも政治的レトリックのために、正統的な自由市場の教義を批判するようになった。米国においては、今では共和党が貿易関税を支持し、英国の保守党はEUの自由貿易圏を離脱して、その過程で税と社会支出を引き上げるという、驚くべき逆転が起こっている。世界は自由貿易と規制緩和された国際市場を守らなければならないと主張する仕事は今や、よりにもよって権威主義的な中国共産党のトップ、習近平国家主席に委ねられている。米国が保護貿易主義を擁護し、中国が国際的なオープンマーケットを擁護するという状況に至ったのは、いったいなぜなのだろうか。▼3

この疑問に答えるには、われわれは自由市場思想の長い歴史を学ぶ必要がある。権威主義的な中国における自由思想イデオロギーの台頭は、フリードマンの主張と矛盾する唯一の例とはとうてい言えないからだ。単純な事実として、フリードマンの理想とするアメリカの自由市場ビジョンは現実とはならなかった。一九八〇年代、九〇年代以降、アメリカの中産階級が縮小を続ける中、中国のそれは増加を続けている。また、米国の金融・ビジネス界は、政府の市場介入を批判しながら、その一方で、低金利、連邦の金融政策、国家による援助に頼り切っている。二〇〇八年以降、米国政府は二度にわたって金融システムおよび多種多様な企業の救済を行ない、正統的な自由市場思想を都合よく、意図的にないがしろにしてきた。自由市場思想が、繰り返される破壊的な市場の失敗の理由を明確に説明できていないのは明らかだ。▼4

とはいえ、フリードマンは軽視すべき人物ではない。彼の正統的な自由市場主義論は、いまだに主要企業の幹部の間で勢力を保っており、そうした状況は、米国政府から莫大な利益を得ている企業でも、ビジネススクールでも——たとえそれが公的資金で運営されているところであっても——変わらない。フリードマンの正統的信念は、今も米商工会議所が固く守る信条であり続けている。結果として、米国をはじめ自由主義経済を掲げる民主主義諸国家は多くの場合、われわれと自由主義思想との関係が本質的に虐待的なものであることを認めることができず、この思想が富の創造と革新をもたらすことを期待しつつ、その一方で規制緩和、危険なレベルの負債、倒産、詐欺、破綻後の政府による救済、独占の拡大、富の不平等、政治的不安定という無限のサイクルをひたすら繰り返している。こうしてわれわれは、互いに矛盾し合い、効果を打ち消し合う代わり映えのしない政策に、何度も何度も戻ってくる。この極めて重要な新世紀を生きていくわれわれの前に立ちはだかる経済的課題を考えると、「自由市場」という言葉が何を意味するのか、その歴史はどのようなものなのか、自由市場はどのような場合に機能し、どのような場合にはしないのかを理解することは不可欠だ。[5]

フリードマンが自由市場主義信奉者たちの寵児であるとするなら、一八世紀スコットランドの哲学者アダム・スミスは、その伝統の父とみなされている。現代の人々は、アダム・スミスのことをフリードマンによく似た規制緩和と自由市場の擁護者と考える傾向にあるが、この見方はさして正確というわけではない。誤解され、お門違いの引用をされ、それが実際に執筆された一八世紀の文脈を考慮せずに凡庸と評されることもあるが、スミスの著作は、経済学にどのようにアプローチすべきかについての貴重な教訓を与えてくれる。スミスが一七七六年に『国富論』を著すまで、これほど広範かつ複雑な視点から、経済と社会のことを、富を創造する広大な自己調整システムとして提示した者はいなかった。ただし同時にスミスは、政府とその機関が市場において果たす重要な役割も認めていた。彼の意見では、市場が最もよく機能するのは、徳の高いストア派の指導者——自己知識と規律を通じて幸福を追求する、ギリシャおよびローマの哲学に通じた者たち——が、富裕な土地所有者と協力して政治と市場両方の舵取りを行ない、適切な指針、インセンティブ、チェック機能を配置した場合であった。

スミスは、われわれとはまったく異なる社会、哲学、宗教の世界に生きていた。それは拡大する帝国、商業、奴隷制、立憲君主制、エリート議会政治、土地所有者への権力集中の時代であった——特筆すべきは、スミスがこれらをすべて熱狂的に受け入れていたということだ。哲学と歴史を研究していたスミスは、英国とローマ共和国・帝国との間に類似性を見出しており、彼が紀元前一世紀の元老院議員で哲学者のマルクス・トゥッリウス・キケロの著作に強く惹かれた理由のひとつはそこにあった。スミスは一八世紀の理神論者であり――必ずしもキリスト教徒ではなかった――、神は地球の自然の規則正しいシステムを作った「建築家」であって、そこには同時にアイザック・ニュートンの重力の法則に基づく惑星の動きも反映されていると固く信じていた。いかなる政治家も「保有する資本をどのような方法で用いるべきかについて、私人に指導を試みる」べきではないとスミスは考えていたが、彼はまた、人間の経済生活が、彼が信じるところの自然の調和の法則を反映したものとなることを望んでいた。そしてこれを現実とするためには、人間（スミスはこの言葉を男性という意味で使っている）は、古代ストア派の哲学と規律に従わなければならないとした。そうすることによって初めて、社会は善き政府と制度を育み、それが個人による徳高い富の創造を可能にする。▼6

スミスは「欲は善である」と考えていたわけではない。ストア派の哲学者にも、そう考えた者はいなかった。ストア哲学の根底にはむしろ、道徳的規律と市民の義務を通じた自己の向上という思想があった。スミスの使命はつまり、商業社会とそこに内在する欲を、いかにして道徳的な体系に適合させるかを理解することであった。商業社会の中間層――「肉屋、醸造業者、パン屋」――は、日々の生活において、単純な自己利益によって動機づけられる。社会はこの商業的利己心を利用して、それを共通善へとつなげる方法を見つけなければならなかった。冷酷な商業的競争――社会と国家を脅かすとの恐れから、スミスはこれに懸念を抱いていた――ではなく、道徳的に訓練され、教養があり、公平な指導者こそが、社会を平和で効率的な商業的協力に向かわせることができると、彼は信じていた。

共和制ローマの徳を反映した哲学的・倫理的啓蒙へと社会が進んでほしいというスミスの願いは、ミルトン・フリードマンのリバタリアン的企業社会ダーウィン主義にも、ましてや、最も競争力のある強い事業主だけが社会の頂点に登りつめるというアイン・ランドのポップ経済学にも、まるでそぐわない。まったく意外ではない事実だが、現代の自由市場思想家たちは、アダム・スミスがローマ元老院寡頭制の崇拝者であったこと、商人、実業家、企業に対して深い不信感を抱いていたこと、そして彼自身が政府官僚（しかも税金徴収人）であったことについては、ほとんど言及しない。そのうえ、このいわゆる自由市場思想の父は、誇り高く急進的なリベラルアーツの教師として、大学教授や役人として生計を立てていたのだ。ランドによる一九四三年の小説『水源』の主人公である、意欲的で短気なモダニスト建築家ハワード・ロークが、アダム・スミスが大切にしていた長い伝統、義務、忍耐強い学び、洗練された共感、税金を徴収することへの誇りといった概念を寛容に受け入れるところなど、とうてい想像できるものではない。[7]

では、われわれはいったいどのようにして、キケロやスミス――教育が行き届き、哲学的で、農業に根ざした道徳社会の構築に関心を持ち、市場の自由には国家が必要だと信じていた哲学者たち――のような寡頭政治的市場構築論者から、フリードマンのようなリバタリアンの親ビジネス派へとたどり着いたのだろうか。また、現代の自由主義思想はどのようにして、経済に対する国家のあらゆる関与を富の創造と自由に対する実存的脅威とみなす、厳格な二者択一の哲学へと発展したのだろうか。これらの疑問に答えることが、本書の目的となる。

自由主義の謎を解き明かす鍵となるのは、逆説的ではあるが、アダム・スミスが生まれる四〇年前に亡くなり、長年の間、経済学者たちによってスミスの対極に位置するとみなされてきた人物――ルイ一四世の宰相を務め、一六五〇年代半ば以降、一六八三年に他界するまでフランス経済を監督する立場にあった、かの有名なジャン゠バティスト・コルベールだ。コルベールの業績としては、フランス王室および公共の財政を整理して優れた管理体制を導入したこと、度量衡を標準化したこと、フランスの道路、港、運河の商業流通システムを構築したことなどが挙げられる。パリ警察や産業監査の部隊を組織し、フランスの工業、フランス海軍、ベルサイユ宮殿を誕生させたのも彼だ。彼はまた、国家研究の責任者として、王立図書館と公文書館、フランス王立科学アカデミーを設立した。これらすべての取り組みを、機能的かつ流動的な市場の創造に不可欠なものとみなしていたコルベールは、関税、補助金、国家独占、政治的抑圧を駆使して自らの目的を達成することで、同時代において最も成功した大規模市場構築者となった。

コルベールが国家の強権を市場構築に持ち込んだ主な理由のひとつは、フランスの商業を、イングランドのそれと自由に競争できるレベルにまで引き上げることであった。コルベールは、対称的な市場とバランスの取れた貿易協定が、彼が「商業の自由」と呼んだものをもたらすと信じていた。国際貿易はゼロサムゲームであり、金と財宝には限りがあると考える一方、コルベールは、商工業に重点を置く社会が、経済的に最も成功すると確信していた。彼が権力を握った当初、フランスは基本的に農業を中心とした国であった。経済発展を自らの使命とした彼は、農業よりも工業、技術革新、貿易を優先し、それがより自由で円滑な経済への道を開いて、フランスを豊かで栄光に満ちた国にしてくれると信じた。

アダム・スミスはコルベールに強く興味を惹かれた。『国富論』においてスミスは、「重商主義体系」という用語を考案して、農業よりも貿易と工業を重視するコルベールのやり方を説明している。スミスはコルベールに全面的に反対していたわけではなかったものの、いくつかの重要な点において、彼とは意見を異にしていた。スミスの主な異論の根幹には、コルベールが経済に対して逆方向からのアプローチを取っているように見えたという事実がある——貿易と工業を重視するあまり、コルベールは、農業こそが国家のあらゆる富の源泉であるという古来からの基本原則を誤解してしまったに違いないと、スミスには思われた。スミスから見れば、コルベールは「商人の詭弁」の餌食になり、過剰な数の抑圧的な貿易規制を設け、そして「不幸にも」「重商主義体制が持つあらゆる偏見を受け入れて」いた。商業だけでは富を生み出せないと、スミスは感じていた。なぜなら、それでは自然の力や農業の美徳は無視され、（スミスが嫌悪した）商人たちが政策を決定して独占を生み出すことを許してしまうからだ。政府の仕事は、農業が工業を支配するのを助け、それによって貿易が自然の法則に従って自由に行なわれるようにすることであった。▼8

コルベールとスミスのふたりは、対立しているというよりも、違いを抱えながらも互いに関連し合っている、自由市場思想の歴史的な流れを象徴している。しかし時がたつにつれ、スミスによるコルベール批判は自由放任主義の経済学者や歴史家の頭の中で拡大解釈され、結果として、国家主導の産業市場形成を推進するコルベールとその学派は自由市場にとって必要な敵対者である、という堅固な神話が作られていった。スミスが提唱した重商主義体制の概念は――完全に文脈を外れて――現代の「重商主義」という概念へと進化した。この極めて単純かつ包括的な経済用語は、初期近代の経済思想家たちを、金をため込むことしか頭にない、干渉主義的で、課税をし、補助金を与え、戦争をする国家の支持者として特徴づけるために使われた。一九三一年、スウェーデンの経済史家エリ・ヘクシャーは、大著『商業主義』において、コルベールの〝重商主義〟経済学と、スミスが体現していると彼が感じていた、国家の介入なしに個人および商業の自由を認める純粋な放任主義システムを対比させている。この強力かつ単純化された二元論はその後も生き残り、今日の自由市場に関するわれわれ自身の見識にも影響を及ぼしている。その視点は今も、フリードマンの著作や研究に見ることができる。▼9

それでも、市場哲学の長い歴史のほとんどの期間を通じて、経済学の基礎を築いた主要な思想家たちは、国家のことを、自由で公正な交換が行なわれる条件を整えるうえで不可欠な要素とみなしていた。スミスの学派は、キケロや封建制度の伝統にまでさかのぼる自由市場思想の流れを、具体的かつ明確な形で体系化した。それは、農業生産をすべての富の源泉とみなし、自然と密接な関係にある農業には、固有の道徳的優越性があるとする考え方であった。絶え間ない生産という自然の均衡を維持するためには、土地所有者が政府を支配し、農業に税や規制が課されることがないようにする必要があった。その意味するところは政府の不在ではなく、ただ単純に、政府は農業が社会を支配し、経済を牽引することを期待して、積極的に農業部門を自由化しなければならない、ということだ。

一方、自由市場思想のもうひとつの伝統である、今日では正確さを欠いた「重商主義」という名称で呼ばれているものは、そのエネルギーを革新、貿易、産業に集中させた。フィレンツェの哲学者ニッコロ・マキャヴェッリからジャン゠バティスト・コルベール、アレクサンダー・ハミルトンに至るまで、その擁護者たちは、諸手を挙げて強力な政府の存在を支持した。その目的は、健全な国内市場を生み出すと同時に、国家に国際的な競争力を持たせることができると彼らが考えた技術革新と産業発展を促進することであった。こうした親産業的な思想家たちによると、経済的自由は富の創造に不可欠ということになるが、それは自己維持的でもなければ、必ずしも農業に基づくものでもなく、むしろそれを設計し、促進するための親産業的な政府を必要としていた。

異なる自由市場モデル間の関係が変化したのは一九世紀のことだ。この時代、英国は世界経済の押しも押されぬ覇者となり、同国の自由市場思想家たちはついに、産業が秘める可能性と一般均衡理論とを受け入れた。市場が自由であれば、勤勉で質素な大英帝国のキリスト教徒たちは、絶えることなく革新、富、国家間の平和をもたらすに違いないと、リベラルな経済学者たちは考えた。そして二〇世紀になり、市場の自己調整能力への信頼をますます深めた一部の経済学者たちは、自由市場とは政府の役割が最低限にしか存在しない状態のことであると定義しようと試みた。彼らは、一切の干渉をせずに需要と供給を機能させるだけで、市場システム――そして社会――は魔法のように自らを維持すると主張した。しかし残念ながら、われわれは今、それが真実ではないことを知っている。

古代における自然や農耕に対する信念がどのように発展し、徐々に現代的な自由産業市場の理論になっていったかの理解を助けるために、本書においては、経済学の論文そのものの研究にとどまらず、国家文書から個人的な書簡、道徳、自然科学、宗教、文学、政治に関する書物まで、幅広い資料を取り上げている。その中には、経済史や哲学の本に詳しい読者にとって馴染み深いものもあるだろう。一方で、新しいものや、一見場違いに見えるものもあるはずだ。しかし、キケロの古典的な道徳からフィレンツェの商人の手引きや貸借対照表、フランス政府閣僚の国務文書や内部メモ、公爵や大司教が交わした格式高い書簡に至るまで、こうした雑多な要素はすべて、なぜ経済学の分野が常に明快さやコンセンサスに到達することが難しいのかを理解するうえで欠かすことのできないものだ。

本書の目的は、経済学を理解するうえでは、方程式やデータに基づいた理論を構築するだけでは不十分であると示すことだ。われわれはまた、現代の思考習慣にあまりに深く埋め込まれているために検証されることのない、歴史的前提や古代の信念体系を掘り起こさなければならない。今日、市場や社会は一般均衡理論では説明できないほど複雑であることが繰り返し証明される中、正統的な自由市場思想は守勢に立たされている。しかし、本書で示すように、自由市場の偉大な先駆者たちはいつでも、交換のシステムは、それを維持し、その中で機能する現実の、欠陥のある、堕落した人間と切り離して考えることはできないと知っていた。

結局のところ、自由市場は人類をそれ自体から解放することはできない。自由市場が繁栄するためには、ほかのあらゆる人間の活動と同じくらい、労力、配慮、慎重な道徳的推論が必要となる。驚かされるのは、これほど多くの失敗があったにもかかわらず、経済学者、哲学者、政治家らは依然として、経済は完全に自己調整が可能であるという夢に固執し、そうでないことが判明した際には衝撃を受けたと口にすることだ。とはいえ、これほど魅力的であるのみならず、これほど古くから存在する思想を手放すのが容易ではないのも確かだ。自由主義思想の発展の根幹にあるのは、ローマ時代の最も影響力のある思想家マルクス・トゥッリウス・キケロ（紀元前一〇六～前四三年）の哲学であり、彼の著作はそれ以来ほぼ二〇〇〇年間にわたり、経済思想の要として機能してきた。

第1章 キケロの夢

自然は運命よりもはるかに安定し、不動であるため、運命が自然と対立するのは、人間と女神が戦うようなものだ。

――キケロ『義務について』紀元前四四年

自由市場思想の起源を理解するには、まずはキケロの哲学を理解する必要がある。キケロは、貴族による農業管理と道徳的な行動および政治を通じて、人間は無限かつ自己永続的な富の源としての自然を利用することができるという考えを提唱した。彼の著作はそれを読む者たちに、ローマ共和国は均衡状態を実現し、それが何世紀にもわたる平和と繁栄をもたらしたという印象を与えた。彼の理想とするローマは自由市場思想家たちのインスピレーションの源となり、その影響は一九世紀に入ってもなお残ることとなった。

実のところ、キケロが生きていた時代、ローマ共和国はすでに崩壊しつつあった。紀元前一世紀の貴族元老院議員として、彼は古い秩序を守るために尽力した。利益を貪る商人の欲望、また、紀元前四九年に独裁官となったユリウス・カエサルのような、圧制者となることを望む者たちの野心を、キケロは嫌悪した。キケロは、富の生産を促す理想的な市場取引は、農業によって穏やかな暮らしを営み、共和国の法を遵守する貴族たちの間で生じると信じていた。彼が政治家および文筆家としてのキャリアを通じて展開した理論は、ストア派の道徳に従うこと、また国に対する無私の奉仕を提供することによって、共和国の指導者は安定した自然の法則を模倣し、富の自己永続的なシステムを維持することができる、というものであった。

ただし、キケロの経済観を「自然」と呼ぶことにはかなりの無理がある。そこには、五〇〇年近い歴史を持つローマ共和国の価値観が反映されていたからだ。古代ローマのエリートたちは、紀元前七五三年に国を興したと伝説に謳われるロムルスの時代から、自らの領地が生み出す莫大な富によって暮らしてきた。キケロの著作からは、経済というものは、それを生み出す特定の歴史的、文化的、物質的条件と決して無縁ではいられないことが見てとれる。貿易はローマの支配階級を支えるべきであると、キケロは確信していた――そうした彼の思想は哲学、そして事実上の行動計画《アジェンダ》であり、異なる時代や社会のエリート層にも繰り返し採用されつつ、はるか未来の蒸気エンジンの時代にまでに影響を与えた。今日でさえ、その考え方は自由市場思想の中に認めることができる。

歴史家たちはキケロのことを、近代経済思想の起源を理解するうえで鍵となる存在とはみなしてこなかった。彼はしかし、道徳と感情が市場を刺激して自律的に駆動させ、それによって経済的均衡が生み出されると主張した最初の人物であった。教養があって土地を所有している対等な人間同士の友人関係が、信頼のみならず、理想的な市場環境の哲学的基盤を生み出すと、キケロは考えていた。ローマの南東約一三〇キロに位置するラツィオ地方アルピヌムで生まれたキケロは、農業の家系の出自であり、その事実は彼の華々しさとは無縁の名前——キケロは「ヒヨコ豆」の意——によく表れている。彼の一族が属していた「エクイテス」と呼ばれる騎士階級は、紀元前二世紀に力を増した下級貴族集団だ。彼らの地位は元老院階級よりも低く、騎兵隊に所属する代わりにその象徴たる馬を一頭寄付することで階級の証とした。財政、徴税、金貸しに携わることが多かったエクイテスだが、彼らは本来、土地所有者であり、農民であった。新進の「ノウス・ホモ」——貴族の地位を得たばかりの〝新しい人〟の意——として、キケロには一族を通じた強力なコネクションがあり、それが彼の政界での出世を後押しした。それでもキケロには、彼が元老院議員になったあとでさえ、ある種の社会的な汚名《スティグマ》がついて回り、それは共和政ローマの最高職である執政官《コンスル》に就任してからも変わることはなかった。ヨーロッパの伝統における貴族的倫理を定義する著作を残したキケロ自身が真の貴族ではなかったというのは逆説的ではあるが、これはあるいは、自身が貴族でなかったからこそできたことだったのかもしれない。ともあれ、彼はローマの制度の頂点に登りつめ、今やそれを維持するよう努める立場となった。

紀元前一世紀、ローマ帝国は四〇〇〇万を超える人口を抱え、ローマ自体には一〇〇万人以上が暮らしていた。帝国の住民のうちわずか五〇〇万人が、完全な市民としての特権を与えられ、無料で食料を受け取り、法的な権利と市民権を享受していた。奴隷が人口の一〇パーセントを占め、その他の非ローマ市民が下層階級を形成した。その頂点に立つのが支配階級であり、これを構成するのはわずか七〇〇人ほどの元老院議員の家系および三万人のエクイテスであった。だからこそ、ローマのエリートたちは結束が固く、互いの一族の歴史をよく知っていた。服装や教育などの容易に識別できる形式を共有しつつ、彼ら支配層は、親族関係と顧客ネットワークを中心としてまとまった集団を形成していた。エリートたちは互いに財を交換し、金銭を融通し、不動産を購入し合っていた。それは閉ざされた市場であり、キケロの時代になることには、すでに数世紀にわたってそのように機能してきたため、もはや決して変わることのない自然秩序のような様相を呈していた。[1]

ローマ元老院の権力圏内で育ったキケロは、幼いころから実践的な政治、法律、哲学に親しんでいた。彼の一族は、ローマの学問の重鎮のみならず、有力な政治家とも交流があった。名門スカエウォラ家とクラッスス家の人々、すなわち元老院の秩序と文化を擁護する保守的な知識人が、キケロの家庭教師となった。彼らは「モス・マイオルム」を重んじていた。モス・マイオルムとは、ローマの農耕生活の習慣と規範、そしてそれを象徴すると彼らが信じていた自然法則および社会的ヒエラルキーのことを指す。そうした背景から、彼らはあらゆる変化を嫌い、古代ローマの憲法を守ろうと努めた。理想とされる共和国の姿は、プレブス民会に選出された平民を含む大衆の会合を通じて機能するというものであり、プレブス民会は元老院および行政を担う執政官と密接に連携することが求められた。しかし、現実の共和国はとうの昔に硬直化して元老院が統治する寡頭制となっており、さらには元老院自体を支配しようとする不徳な独裁者が次々と現れるようになっていた。それでもキケロの中には、元老院階級、共和国、そして徳のある市場社会を守ることは、すなわちローマ的な自然秩序の概念を守ることであるという強い意識があった。[2]

こうしたアイデンティティの中核にあったのは、自然と農業に対する理解であり、キケロは農業思想家たちの長い系譜からもたらされる知見を熱心に活用した。彼のビジョンにとって決定的な重要性を持っていたのが、超保守的な軍人、歴史家、そしてローマ家父長制の擁護者たる大カトーであった。彼の著書『農業論』（紀元前一六〇年）は、高貴な富は優れた農業経営に依存していると説いている。自然の恵みは、正しい農業のやり方を知っている人にとっては、共和国と同じように安定したものとなる。技術革新や貿易は、カトーにとって軽蔑の対象にしかならなかった。大規模な土地所有だけが真に「よき」ものであり、徳の高い市民や兵士を生み出すことができるとされた。[3]

キケロの時代のローマでは、人口の大半が厳しい肉体労働に従事しているのが当たり前であり、そうした労働そのものについてはあまり考察されることがなかった。ローマ社会には商人や奉仕階級も存在したが、人口の大部分は奴隷として、またはわずかな賃金を受け取る自由民として肉体労働に携わっていた。キケロはそうしたものには一切興味を持たなかった。自然の秩序の中では、肉体労働は宿命であった。農民はいつまでも農民であり、奴隷はいつまでも奴隷であるのが、あるべき姿だった。すべての人は「働くことを求められるべきである」とキケロは主張し、彼らに与えられるべきは「相応の報酬」であって、それ以上ではないとした。貴族のみが、この労働を免れることができた。貴族がこの自然な地位にあるのは、彼らが土地所有者であるからではなかった。エリートとしてのステータスは自然状態の一部であった。このため、キケロや彼と同じ階級の者たちは、土地に税をかけることを嫌悪した。彼らはすべての土地と、その土地で行なわれる労働を所有していた。したがって、自然の恵みに対する課税は、明らかに専制的な行為であるとみなされた。土地所有者の仕事は、奴隷や労働者から労働力を搾り取って基本的な生産高を確保し、その権利を持つ者たちのために富を創造することのみであった。[4]

　自然に近い立場にあるという理由から、土地所有者階級の人々は自らのことを、自然の神聖な法則であると彼らが信じているものを研究することにより、貴族社会を永続させる義務を担う存在であるとみなしていた。『国家論』（紀元前五四～前五一年）においてキケロは、「最善の人々」が「節度」をもって統治するとき、平和と繁栄を通じて「市民は最大の幸福を享受する」と述べている。裕福な貴族には「心配や悩みごとがない」からこそ、純粋に徳そのものに基づいた政府運営に集中することが可能となる。キケロの「最善の人々」に対する信念の根本には、自然は人々を平等に創造してはいないという考えがある。そして、自然が人を区別しているのであれば、人がそれにならうのは当然のことだ。真の政治的および経済的自由は、土地を所有するごく少数の人々のためのものであった。[5]

キケロの世界観においては、貴族は「富に無関心」であるとされていた。彼らは当然のごとく職業的な金貸しや市場の行商人を軽蔑していた。強欲や、稼ぐことだけを目的に金銭を得ることを憎むと主張するキケロは、商業的価値観を必然として道徳的に堕落したものとみなし、ラテン語で商人を意味する「メルカトル」という言葉を侮辱の意味で用いた。理想的な市場によって、人は共通の財産を共通の利益のために利用するようになり、それが同時に私有財産を守ることにつながると、キケロは考えていた。ストア派の解釈においては、「大地が生み出すものはすべて、人間が使用するために創造される」ものであると、彼は述べている。この考え方が、自由で自己永続的な交換という概念へとつながった。同様に、道徳的および哲学的な論理的思考は、議論や親切な行ないを通じて公共の善に貢献するよう人々を導き、「人間社会の人と人とのつながりをより緊密なものと」する。私有財産の交換がアイデアの交換から始まるとするなら、それがいったん表現されれば、そのアイデアは万人のものとなり、真実の追求と国家への崇高な奉仕のために共有されるべきであると、キケロは感じていた。知的交換は、「友人の間ではすべてのものは共有である」というギリシャのことわざ通りに行なわれなければならなかった。徳の高い哲学的交換は、ローマ共和国とその指導者たちの「共通の利益」のために奉仕した。[6]

キケロの制度には義務が不可欠であった。義務とはすなわち、市民宗教として、「善き人間」が国家へ奉仕することを意味していた。しかし、「同胞たる市民およびすべての人間」に対して義務を負ってはいても、人には「無限」の数の困窮者を助けることはできないと、キケロは警告している。人は、自分の個人的な資源の大部分を、家族や友人のために蓄えなければならない。こうした「友情」と「親切」という「共通の絆」に基づく閉鎖されたエリート市場が、「正義を守り」富と社会を維持すると、キケロは信じていた。キケロはさらに、真の親密な友情について述べ、それは「繁栄に明るい輝き」を与えるものであると表現している。なぜなら、それは「分かち合い、共有することによって逆境の重荷を軽減してくれる」

からだ。永続的な富の源は、強欲でも、他者から利益を得ることでもなく、「善意」という共通の絆であった。この徳高い感情こそが、「家を支え、畑が耕される」ことを可能にする。[7]

　このように、スミスによる自由市場の概念が登場する一八〇〇年も前に、キケロは互いに似た考えを持つ支配階級のメンバー同士の自由な商業的交換という、道徳的に健全なシステムを設計していた。こうした適切な交換による結びつきは、もしこれが存在しなかったなら起こりえたかもしれない不自然なシナリオから社会を効果的に守るという、重要な役割を果たしていた。「隣人から何かを奪い、隣人の損失によって利益を得ることは、死や貧困よりも自然に反する」とキケロは述べている。交換はそれ自体で成り立つものでなければならず、そうでないものは「略奪」につながった。高い道徳――交換という行為における「礼儀、正義、寛大」――が、調和のとれた豊かな社会をもたらす原則であった。[8]

　だからこそ、ローマの貴族たちは国家への貢献として、経済システムの基幹をなす広大な小麦の流通システム――「アンノーナ・キウィカ」――を通じて市民にパンを提供した。帝国の船団は小麦を地中海、ローマ人が言うところの「われらの海《マレ・ノストルム》」全域に行き渡らせた。地中海は、ローマを身体とするならばその臓器のようなものであり、博物学者で軍事指導者であった大プリニウスは著書『博物誌』の中で、これを「腸の海《マレ・インテスティヌム》」と呼んでいる。なぜなら、この海はローマ経済の自由な流れを促進していたからだ。このように、(土地所有者階級による小麦の収穫に始まる)富は一見したところ、自然の自己調整的な法則に従って帝国全体を自然と移動しているように見えていた。ローマは、季節の見えざる手、そして永遠に滅びることなどないかのように思われる国家とその元老院の助けによって、財を生産し、自らを養っていた。ローマはイタリアと北アフリカ、さらにはイベリア、ギリシャ、アナトリア、黒海とを結ぶ市場と航路の両方に補助金を出した。財は巨大なローマ貿易圏の中を自由に流れていった。[9]

ローマにおけるキケロの台頭は驚嘆に値するものであったが、彼の没落はさらに劇的であり、その直接のきっかけとなったのは、彼がローマ憲法や前述した徳に基づく交換の規則、そして自身が信じる私有財産と自由貿易の基本原則を擁護したことであった。紀元前六三年、わずか四二歳で、キケロはローマの執政官二名のうちのひとりとなり、政府の最高職に就いた。国家元首としてのキケロの一年は激しい反乱に見舞われ、ほどなく彼は元老院議員カティリナと対立するようになった。カティリナは、貧困層への土地の分配と借金の免除という改革を提げて執政官選挙に立候補していた。キケロは、貴族の精神にそぐわない活動によって大衆の支持を得ようとする改革者を一様に軽蔑していた。貧しい人々に土地を与えるという約束は、キケロにしてみれば、市場の規則だけでなく、既存の秩序そのものを損なう行為であった。かくしてキケロは元老院において、カティリナを前にかの有名な演説を行なった。数日にわたり、彼はカティリナの無法とその友人たちが抱える負債を非難し、貧困救済を訴える相手の動機に疑義を呈した。最終的に、カティリナの共謀者数名の処刑を求めるキケロの訴えは聞き届けられた。キケロが発した「オー・テンポラ、オー・モーレース（何という時代か、何という慣習か！）」との叫びは、カティリナが法を完全にないがしろにしたこと、また、彼の金銭的腐敗と強欲に向けられたものであった。そこにはまた、キケロが自然かつ道徳的な経済秩序とみなしたものを擁護する意図も含まれていた。[10]

現状維持を貫こうとするキケロの強硬な姿勢には、彼が名誉を市場にとっていかに不可欠なものであると考えていたかが見てとれる。賄賂や詐欺は「不正」であるだけでなく「偽善」でもあった。たとえばキケロは紀元前六三年、票と引き換えに便宜を図ることを禁ずる法律「レクス・トゥッリア・デ・アムビトゥ」を制定している。しかし、ここで指摘しておきたいのは、かのユリウス・カエサルを含む多くの人々が、キケロは腐敗していると考えており、それよりもさらに多くの人々が、キケロのことを単なる自己顕示欲の塊とみなしていたことだ——これを否定することはできない。しかし、カエサルとは異なり、キケロは厳格な元老院の合法性を擁護し、決して憲法を破壊しようとはしなかった。[11]

ユリウス・カエサルは紀元前四九年、共和制に対する恒久的な独裁権を主張するようになった。そして起源前四四年三月一五日――かの「三月の中央の日《イードゥース・マルティアエ》」――に、マルクス・ユニウス・ブルトゥス率いる共和派の元老院議員たちによって暗殺された。キケロ自身は事件に関与していなかったものの、彼はこれを機に元老院を共和制政体に戻すことを望んだ。キケロの非凡さをよく表しているのは、ローマ共和国の崩壊と帝政の勃興を象徴する激動のさなか、自身の運勢が最も低迷しているそのときに、彼が不朽の名著『義務について』（紀元前四四年）を執筆したことだ。表向きは自身の息子に向けた哲学的助言として書かれているこの本は、西洋の伝統において最も影響力のある書籍のひとつとなり、また、自由市場思想の青写真ともなった。[12]

『義務について』におけるキケロの経済観は、友情と知識の探求が調和と平和をもたらし、財産を守り、政治的奉仕、愛情、親切、自由に基づいた公正な社会を生み出す、というものであった。言い換えるならば、善き道徳が健全な市場を動かし、それによって倫理的な人々が自信を持って交換を行なうことができるようになる、ということだ。信頼こそが、取引を自由にするメカニズムであった。この取引プロセスを永続させるうえでは、キケロが重視した礼儀とストア派的自制の理念が中心的な役割を担った。こうした考え方がのちのキリスト教徒、さらには一八世紀の啓蒙思想の哲学者たちの目に魅力的に映ったというのは容易に想像がつく。彼らは貿易に適用できる道徳モデルを求めていたからだ。[13]

『義務について』に見られる洗練と穏やかな良識は、キケロがローマ社会で目の当たりにし、書簡でもしばしば言及している暴力の横行に対する応答でもあった。キケロはまた、この本の中で、カエサルがその違法かつ独裁的な野心を向けた広範な対象だけでなく、より一般的な強欲の傾向も糾弾した。キケロはここに道徳的な一線を引き、ライオンのような獣の力は「人間にふさわしくない」ものであり、キツネの「詐欺」は「それにもまして侮蔑に値する」と述べている。このような動物じみた力と富の追求は、「飽くことを知らない」のだから許されるべきではないと、キケロは読者に告げている。エリートは独裁の悪徳に屈することなく、自らを律し、憲法の法と調和を保たなければならない。[14]

経済問題においては、義務は強欲だけでなく、快楽にも優先されなければならなかった。キケロには、私利私欲や欲望が経済的な相互作用を促すとか、ギリシャのエピクロス派哲学者が提唱するように、人生のすべては快楽の追求を中心に展開するといった考えを受け入れることはできなかった。彼は、人生とは苦痛を避け、快楽を見出すための探求であるという図式は絶望的に単純化されたものであると批判し、たとえば快楽を慎むことで苦痛を回避できる場合があるように、苦痛とみなされるものであっても、いずれは快楽につながる可能性があると指摘した。義務、学問、友情は間違いなく優れた目標であり、さらには、自由な交換にとって不可欠な信頼の基盤に貢献するものであった。[15]

著作『アカデミカ』(紀元前四五年)においてキケロは、「最高善」とは、人間が自然を理解するために学ぶことであると定義している。快楽よりもむしろ、懐疑的哲学を通じた真理の探求こそが、「死に立ち向かう勇気を与え」、「心の平安」をもたらす。「なぜならそれは、自然の神秘に関するあらゆる無知を取り除くからだ。学習の徳は、人間が卑近な私利私欲を超えて前進することを可能にする規律と信頼を生み出す。たとえば、キケロはギリシャの物理学を学ぶことによって宇宙の自己調整システムを理解しようと試み、自著『国家論』の最終章にあたる「スキピオの夢」という有名な一節の中で、これについて論じている。「永遠の動き」を生み出す「始源」を探していた彼は、強欲ではなく愛こそが、最も基本的な市場原理であると考えるに至った。徳高い交換は、そうした神聖なメカニズムの一部であり、それを機能させることによって、確かな富が生み出される。[16]

しかし、キケロが夢見た学問、愛情、自由な交換からなる自然で、自己調整的で、高貴な世界は、彼を取り巻く現実の世界と不協和音を奏でていた。帝国の最高権力をめぐる争いの中で、有力な市民たちは、元老院の慣例というたてまえを完全に捨て去っていた。紀元前一世紀のローマは絶え間ない内戦に見舞われ、それはキケロに栄光の瞬間と同時に、恐ろしい最期をもたらした。その原因は、彼が今や、強力な将軍マルクス・アントニウスとオクタウィアヌス（のちの皇帝アウグストゥス）との権力争いにおいて、ふたりの間に挟まれる立場になってしまったことであった。悲劇的な争いの渦中、キケロはマルクス・アントニウスに対するかの有名な弾劾演説を行なった。「ピリッピカ」と呼ばれるこの演説の内容は主に、不道徳な交換に対する攻撃であった。元老院の議場で彼は、共和国の法律を破ったアントニウスを皮肉たっぷりに非難し、法を軽視する自堕落さ、腐敗、不正な帳簿をあざけった。「いったいどうして」とキケロはアントニウスに問うた。「三月一五日には存在した君の四〇〇〇万セステルティウスの負債が、四月一日以前にすでになくなっていたのか」[▼17]

　崩壊に向かう共和国において、あらゆる腐敗派閥をここまで公然と攻撃しておきながら、キケロが自分の生き延びる可能性を捨てていなかったことには驚かされる。おそらく彼は、オクタウィアヌスの後ろ盾を信じて気が大きくなっていたのだろう。未来の皇帝にとって何より重要な目的はしかし、皇帝としての権力を要求できる自身の立ち位置を守ることであった。オクタウィアヌスとアントニウスの間で、自分たちの敵対者の中からだれを殺すかについての交渉が行なわれ、政治的な命の取引においてさまざまな名前が交換された結果、オクタウィアヌスは最終的にキケロを裏切り、彼を処刑せよとのアントニウスの主張に屈した。それは、キケロが思い描いていたものとはあまりにもかけ離れた交換であった。しかし、もはやほかに有力な友人は残っておらず、すでに死に体となった共和国を守ろうとする者はキケロのほかにはだれもいなかった。

　死刑宣告を聞いたキケロは、名誉をもって死の準備をするために田舎の屋敷へと逃れた。いよいよ兵士たちがやってきたとき、キケロは首をきれいに切り落とすよう彼らに頼んだ。三回斬りつけたあとで、ようやく首は落ちた。不運な哲学者の頭部とともに、兵士たちは彼の片手も切り落とした。キケロがあれほど弁巧みに非難した粗暴さを体現するかのように、マルクス・アントニウスは、キケロの頭部と手を、フォロ・ロマヌムの元老院議事堂前にある主要な演説者用の演壇に釘で打ち付けるよう命じた。これがローマ最高の雄弁家、共和国の擁護者たる人物の最期の姿であり、その後数千年にわたって語り継がれる象徴であった。のちに西洋史における主要人物となるキケロが生きたのはナザレのイエスよりも前の時代だが、彼が世俗的・共和主義的な殉教を遂げたことにより、その政治的および経済的美徳のビジョンにはキリスト教的な悲痛さが加わった。専制や腐敗した交換という悪徳と闘いながら、キケロは自らの理想を実現した。彼は自然の秩序と経済的道徳を守るために力を尽くし、富へとつながる徳高い道を示した。

その意味においてキケロは、アダム・スミスによる後世の市場思想の中核的な原則を先取りしていた。教養あるエリートが農業に専念し、義と倫理をもって財を交換すれば、市場は自ずと機能して富を生み出し、共和国は繁栄すると、キケロは考えていた。キリスト教による西欧支配が広がるにつれて、この均衡モデルは経済哲学の最も永続的な概念的枠組みのひとつとなっていく。キリスト教徒によって、市民による地上の政治は、社会の究極の目標としての天の救済に置き換えられ、そして神が交換のシステムに登場する。

第2章　神の経済

パンを与え、楽園をつかめ。
――聖ヨハネス・クリュソストモス「訓話三　施しと十人の処女について」三八六年頃

キケロの死から二〇〇年あまりがたったころには、ローマでは共和国が帝国に道をゆずったのみならず、キリスト教との長きにわたる融合が始まっていた。ローマ帝国自体はまだ存在していたが、新たにその指導者となったキリスト教徒たちは、キケロの経済観に修正を加えようとしていた。初期キリスト教においては、市民の道徳が美徳とみなされることはほとんどなかった。紀元三世紀から四世紀のキリスト教思想家たちが力を入れていたのはむしろ、生活の新たな理想と、それにともなう市場交換の新たなビジョンを打ち立てることであった。商業は道徳的規範に基づくべきであるというキケロの信条はまだ生き残っていた。ただし、初期キリスト教の経済システムにおいては、道徳的な善き選択とは、世俗的な財を天での居場所と交換したいという真摯な願いから生まれるものでなければならないとされた。道徳はもはや自然の法則から導かれる地上の「最高善」ではなく、死後の世界において重要視されるものとなった。それは、個人的救済への願望、そして霊的な報酬の探求を中心とした市場であった。

かくしてキリスト教は、キケロのシステムにおける義務や美徳だけでなく、人間の願望をその基とすることによって、商業的交換の概念を一変させた。この場合の願望とは、地上での快楽を求めるエピクロス派のそれとは異なっていた。キリスト教徒は、もし人間が敬虔に生きることを選び、富を拒絶するならば、「神の見えざる手」――聖アウグスティヌスはこの言葉を文字通りの意味で用いた――が自分たちに天の宝をもたらすと信じていた。キリスト教の救済の概念はやがて、のちの自由市場思想に概念的なモデルを提供することになる。個人の選択が、尽きることのない天の富という楽園に導かれる可能性を生むと、彼らは考えていた。初期キリスト教は、現代の経済文化に大きな遺産を遺した。その遺産とはすなわち、今はまだ存在していない完璧な市場状態に到達するためには、絶えることのない強い願いが必要とされるという概念だ。

キリスト教が帝国内に広まっていく中でも、異教信仰は依然として強大な力を保っていた。コンスタンティヌス大帝がキリスト教に改宗したのは三一二年前後のことだが、四世紀の終わりまでは、教育機関のカリキュラムにおいてキケロが重要視される傾向が続いた。キリストの誕生から数世紀の間は、教父となる人たちの大半を占めていたのはローマ貴族出身者であり、つまり彼らは多神教の帝国文化の中で育った人々であった。当然ながら、彼らはローマの法を熟知しており、また、社会の安定を保障してくれる皇帝に依存していた。ミラノの司教である聖アンブロシウスなどの教父や、文筆家で、西方キリスト教の神学者として大きな影響力を持つようになった聖アウグスティヌスは、キケロの思想に闘いを挑み、これを新たなキリスト教的道徳観と置き換えるために力を尽くした。富に対する彼らのアプローチは最終的に、キケロが思い描いたものよりも個人主義的かつ民主的なものとなった。

キケロは、願望とは本質的に有害なものであると書いている。一方、キリスト教徒は、それが救済のためであるならば、願望は道徳的であると考えた——その一例としては、貧しい人々に貨幣を与えて、地上の快楽を放棄し、それと引き換えに天からの報酬を得るという形で救済の願望を満たす場合が挙げられる。聖マタイおよび聖ルカの福音書を根拠に、天の宝を求めるこうした願望は、善きものであるのみならず、神聖なものとみなされた。福音書やその他の聖典に記されたキリスト教の救済は、利益、選択、意志、交換、報酬といった経済用語で説明されるようになった。事実、キリストの磔刑の原理はそれ自体が取引であった。「血を流すことなしには」(『聖書』日本聖書協会)罪の赦しはありえないと、『ヘブライ人への手紙』の著者は書いている。別の言葉で言い換えるなら、キリストは人類全体の負債を支払った、ということになる。▼1

キリスト教会は保護の面だけでなく経済的にもローマ帝国に依存していたが、その一方で、ユダヤおよびキリスト教の伝統は、哲学を学び国に奉仕することこそが至高の行ないであるというキケロの信念を明確に否定した。イエスを救世主とするキリスト教が、それに代わるものとしてもたらしたのは終末論であった。彼らは世俗的な世界とその不完全さを拒絶し、ヨハネの黙示録に預言されている終末を待ち望んだ。そのときが来れば、地上の富にしがみつく者たちに神の怒りが下り、真の信者たちには天国での永遠の来世が与えられる、というのだ。

『ルカによる福音書』を書いた聖ルカは、キリスト教徒は地上の財産を手放して貧しい者に施すべきであり、そうすれば天の宝を得られると主張した。ルカの福音書の中で、イエスはこう言っている。「自分の財産を売って施しなさい。古びることのない財布を作り、尽きることのない宝を天に積みなさい。そこは、盗人も近寄らず、虫も食い荒らさない」。イエスに召される前は徴税人であった聖マタイも、同様のメッセージを伝えている。彼は新約聖書において、マルコやルカと同じく、ユダヤの古いことわざを用いたイエスの言葉を引用してこう述べている――富んでいる者が天国に行くよりも、らくだが針の穴を通る方がまだ可能性がある。マタイはまた、地上の宝のはかない性質についてもイエスの言葉を引いて、「虫が食って損なったり、盗人が忍び込んで盗み出したりする」と記している。地上の宝を求めるよりも心の中に永遠の宝を見出しなさいと、マタイは信者に呼びかけた。そして彼の福音書においては、ルカによるそれと同様に、イエスが救済について説明し、それは貧困に基づくものであり、貧しい者に施さなければ受けることができない交換のプロセスであると述べている。「イエスは言われた。『もし完全になりたいのなら、行って持ち物を売り、貧しい人々に与えなさい。そうすれば、天に宝を積むことになる。それから、私に従いなさい[2]』」

その一方でマタイは、富についての相反するメッセージも伝えている。イエスは、よいリターンを得るために資金を運用しない者は罪人であると言われたと、マタイは主張した。マタイの福音書にあるイエスの「タラントンのたとえ」では、ある主人が、自分が与えたお金を投資しなかったしもべに対し、おまえは「悪い」「臆病な」しもべだと告げる。イエスはこう警告している。「誰でも持っている人はさらに与えられて豊かになるが、持っていない人は持っているものまで取り上げられる[3]」

天の宝が与えられるという表現は、比喩として用いられたわけではなかった。ローマ帝国ではあまりに多くの人々が絶望的な貧困状態にあったため、来世においてほんものの宝を受け取ることができるという言葉は強い影響力を持ち、キリスト教の伝道者たちは改宗者を獲得するためにその約束を利用した。パレスチナ、そしてローマ帝国全体における悲惨な生活環境の蔓延が、キリスト教の貧困に対する執着の根底にあったことはほぼ疑いがない。貧しい人々は保護されるべきであるという考え方は、ユダヤ教の思想や神学に以前から現れており、その教えには施しのみならず、社会的平等までが含まれていた。「弱い人を憐れむのは主に貸しを作ること。主はその行いに報いてくださる」と、ソロモンによる箴言にはある。聖マタイもまた、イエスは貧しい人々への慈愛を神との交わりに等しいものとされたという文脈で、この概念に言及している。[4]

キリスト教の最初期、ローマの経済において最も重要な物資といえば金と銀であった。しかし福音書には、性行為、肉体、快楽の追求といった、そのほかの世俗的な関心事も登場している。聖マタイが描写するイエスは、性的禁欲、さらには自己去勢を、神への捧げものとみなしている。「独身者に生まれついた者もいれば、人から独身者にされた者もあり、天の国のために自ら進んで独身者となった者もいる。これを受け入れることのできる人は受け入れなさい」。快楽もまた、富や利己心とともに、個人的救済のための市場交換システムという観点から説明されていたのだ。[5]

その事実を何よりも如実に表していたのは、貴族が贅沢を満喫していたローマの伝統とは対照的な、初期教父たちの生活スタイルであった。キリスト教の指導者たちは、禁欲主義の長い伝統から受け継いだ極端な習慣を実践していた。アレクサンドリアのクレメンスは、説教『救われる富者とはだれであるか』の中で、地上の富が存在する必然性を認めつつ、その富の使い方にはルールがあり、とりわけ重要なのは、「提供」という敬虔な計画に従ってそれを手放すことであると説明している。自らの富のすべてを貧しい人々と教会に差し出し、それによって情熱をイエスにのみ捧げることで、富める者は救いを見出すことができるとされた。[6]

禁欲主義の基本的な信条は、異教徒のギリシャ人道徳家セクストスの著作を通じて、紀元前一世紀にはローマ帝国全土に広まっていた。セクストスは精神的交換の自己調整市場という概念の創造に貢献した人物であり、彼が残した格言は、新たに登場したキリスト教の道徳観と置き換えても違和感のないものであった。『セクストスの訓言』には、神や来世との関係における金銭的なプロセスが記されている。「肉体のものを放棄する者だけが、魂のものを獲得する自由を持つ」とセクストスは書き、「富者が救われるのは難しい」と端的に付け加えている。彼は、霊的な研究と自制を通じて、人は神に近い「賢人」になれるというプラトン主義的な考えを表明した。「体を征服すること」によって、賢人は「可能な限りすべてを貧しい人々に与える」ことができる。現世の愛着は——たとえそれが自分の子供に対するものであろうとも——軽蔑されるべきものであった。セクストスはこう断言する。「信仰心の深い者は、自分の子供を失うことを感謝をもって受け入れる」。現世の快楽の罪は、「最後の一ペニーが支払われるまで、邪悪な悪魔によって責任を問われる」と、彼は警告した。[7]

セクストスの訓言は、ギリシャのキリスト教社会全体にすみやかに広まり、一流の神学者たち——アレクサンドリアのキリスト教学者オリゲネスもそのひとりであり、彼は三世紀、「大勢の人」がセクストスの本を読んでいることへの驚嘆を表明している——が、これを受け入れた。やがて、現世の市場は天のそれと入れ替えられるべきであるという考えに影響を受けたキリスト教の著作が相次いで登場した。原罪の存在はすなわち、人間には真に地上を楽しむことができないということを意味した。こうした考え方を中心テーマとした文書のひとつに、紀元九〇年から一五〇年の間に世に出た『ヘルマスの牧者』がある。このテキストには、金持ちは「主に関することにおいて」貧しいという、もとは聖マタイによって示された基本原則が含まれており、さらには、貧しさと謙遜によってのみ、人は神の恵みを享受することができると記されている。『ヘルマスの牧者』が称賛する断食と禁欲的な生活というテーマは、古代末期の宗教的文献に広く見られた。『黙示録』(紀元九五年)に登場するパトモスのヨハネは、イエスがアナトリアの七つの都市をその罪に関して非難したと述べている。これらの都市——エフェソス、スミルナ、ペルガマ、ティアティラ、サルデス、フィラデルフィア、ラオディキア——は世界そのものの比喩であり、肉体と商業的な都市生活に対する聖書の不信を表しているとみなされた。紀元二〇八年頃、神学者テルトゥリアヌスはこれに劣らぬ激しい調子でローマを非難し、この都市は殉教者の血に染まった現代のバビロンであると述べている。彼もまた、性的衝動の抑圧を呼びかけ、配偶者の死後に再婚することさえよしとせず、寡婦あるいは処女であることを通して神のみに献身することの神聖さをほめ称えた。処女はベールをかぶるべきであり、そうすることによってキリストをよりよく見つめることができると、彼は主張した。そのように罪から守られていることで、彼女らは「天にふさわしい」存在とみなされた。[8]

救済と引き換えに行なわれる、こうした極端かつ自発的な性的禁欲によって、キリスト教は根本的にユダヤ教よりも取引的な性質を持つようになった。貨幣、欲望、快楽、さらには食べること、話すこと、微笑むことなどはどれも、キリスト教の観点から見れば悪いもの、すなわち原罪の産物であり、天という報酬と引き換えに放棄されなければならないものであった。三世紀最初の数十年間、オリゲネスは死後の生活についての基本的な著作を執筆し、その中で、この褒美は禁欲によってのみ手に入れることができると述べている。救済の喜びとの交換としての貞操というこの観点を彼は極限まで推し進め、結果として自らを去勢するに至った。オリゲネスによるこうした聖典の直解的な読み方について、『ローマ帝国衰亡史』を著した偉大な啓蒙作家エドワード・ギボンが「不幸な」過ちであったと述べたことはよく知られている。[9]

聖なる市場および選択、規律、支払い、報酬といった要素を中心とする理想モデルが、キリスト教徒の生活の中心となった。オリゲネスという人物はしかし、古代末期に大勢存在した、聖なる交換を期待して劇的な自己犠牲を実行に移した人々のうちのひとりに過ぎない。男性の貞操は、神の都の宝を求める過程における自己鍛錬の重要な一形態となり、やがてそれは司祭や修道士が独身を貫くという伝統の基礎を作った。この新たな修道的生活および禁欲主義の経済がどのようなものとなっていくのか、その方向性を決定づけたのは「砂漠の教父たち」であった。彼らはエジプトの砂漠に入って何代にもわたって共住生活を営み、ごくわずかな献金を受け取るほかは、ひたすら神との交わりのために生きた。中でも特によく知られているのは登塔者シメオン（三九〇～四五九年頃）だろう。彼はアレッポ近郊に立つ柱の天辺に設置された小さな台の上で三七年間を過ごした[10]。

シメオンは羊飼いの息子であったが、富と社会を拒絶したキリスト教指導者には、裕福な貴族の出身者が多く含まれていた。そうした貴族の中には、ローマの市民奉仕の理想にならい、司教や主要な神学者となった者たちもいた。とりわけ有名な例としては、教会指導者であった聖バジリオ（三二九～三七九年頃）とその弟ニュッサのグレゴリオス（三三五～三九五年頃）、聖ヨハネス・クリュソストモス（三四七～四〇七年頃）、聖アンブロシウス（三四〇～三九七年頃）が挙げられる。彼らにとって徳とは「祈り」であり、肉体の拒絶であった。友情はキリスト教的な親交に基づくものでなければならなかった。グレゴリオスは異教徒的かつキケロ的な自然界への崇拝を拒絶し、のちにキリスト教のマントラとなるこんな言葉を記している。「自然は弱く、永遠ではない」。自然を造ったのは永遠なる神であり、自然のシステムはすべて神に由来する、というわけだ[11]。

教父たちによる福音伝道のミッションのひとつは、ローマ貴族をキリスト教に入信させることだったが、この目標はかなり野心的であったと言えるだろう。享楽的な貴族のライフスタイルと、貧困と禁欲にこだわるキリスト教は、互いに相容れない性質を持っていた。教父たちはまた、ローマで得られる地上の快楽よりも天上の救済の方が優れていることを、説得力をもって訴える必要があった。皮肉なことに、伝道活動は貨幣がなくては成り立たなかった。建物、司祭、布教にかかる費用はもちろんのこと、大勢の困窮者を救うための資金も限られていたため、教会は裕福な信者に寄付を求めた。そうすることにより、司教たちは飢えた人々に食べものと、救済という魂の栄養の両方を与えることができた。

アンティオキアやカルタゴにおいても、また新たな帝国の首都コンスタンティノープルにおいても、司教たちは、ギリシャ人、シリア人、ドルーズ人、ユダヤ人など、帝国に古くから根付いている宗教を深く信仰するさまざまな集団を相手に奮闘を強いられた。コンスタンティノープルの大主教であり、ギリシャの福音主義者として名を馳せた聖ヨハネス・クリュソストモスは、すでに獲得したキリスト教徒を囲い込むことに加えて、コンスタンティノープルの大衆を改宗させることを目指した。異教徒の軍人の息子であった彼自身は、三七〇年前後に改宗した。この大都市では罪が日常的に行なわれており、キリスト教徒でさえ闘技場や官能的な興行に足を運んでいることを、クリュソストモスはよく知っていた。彼が必要としていたのは、信者の心に恐怖を植えつけ、また改宗と敬虔の見返りとしての救済を具体的に実感させることができるアプローチ法であった。

恐怖と熱狂の演出を利用することによって、彼は地元民の感化を試みた。ユダヤ人と同性愛者を激しく糾弾する説教を行ない、またコンスタンティノープルのわいせつな見世物を楽しむキリスト教徒に対しては、天罰が下るだろうと警告した。エフェソスの街では、世界の七不思議のひとつである壮大なアルテミス神殿を破壊せよと群衆に呼びかけた。自身の説教を聞きに来たアンティオキアの人々を前にしたときには、彼らの経済的な感性にアピールした。『訓話三　施しと十人の処女について』(三八六〜三八七年頃)においてクリュソストモスは、簡潔かつ力強い言葉で、すべての快楽と経済活動を聖なる交換の論理に組み込むことを求めている。

公共心を有する貴族が取引を行なうことで体制が維持されているローマという世界よりも、キリスト教徒はもっぱら霊的な市場で活動すべきであると、クリュソストモスは主張した。なぜ負債を抱えて自らを貧困に追いやるのか。貨幣を完全に手放して、負債とも貧困とも関係を絶つことにより、容易に「天に昇る」という「利益を得る」ことができるというのに。それは簡単な悔い改めの誓いから始まると、クリュソストモスは言った。ただ救済からのみ「利益」を求めることを決意した人は、次に具体的な交換の行為を行なわなければならなかった。クリュソストモスは、施しは「罪が要求する負債」を支払う社会的行為であると主張した。彼が用いる言葉は驚くほど経済学的であった。貧者に施しを与える女性は、「自分だけの売渡証をその手に持っている」と彼は述べている。そして彼女はそれを、天の宝と交換することができるのだ。[12]

クリュソストモスは聴衆に向かって、あなたがたは文字通り地上の財の市場を去らねばならないと断言した。単に貧しいだけでは天に入ることはできない。「空は安い」と彼は言った。「空を買う」ということは、物質に対して無欲になり、それを他者に与えるという契約を神と結ぶことであった。それはすなわち、適切な状況下においては、たとえコップ一杯の水をだれかに与えるというだけの行為であっても、自己永続的な救いの連鎖が開始されることを意味した。そしてこの教訓は、単なる寓喩ではなかった。ある印象的な一節において、クリュソストモスはこう説明している。「天はビジネス［あるいは取引を請け負うこと］であり、事業である……パンを与え、楽園を手に入れよ」。人々が安い商品をできるだけたくさん買うことを望む一方で、自らの魂には投資しようとしないことを、彼は深く嘆いた。[13]

クリュソストモスの『訓話三』はコンスタンティノープルと東ローマ帝国に、神聖な存在との交換モデルをもたらした。彼の訓話はまた、ラテン・キリスト教指導者として当時最も大きな影響力を持っていたとされる聖アンブロシウスの布教においても、ひな型として活用された。聖アンブロシウスもクリュソストモスと同じく、霊的交換の経済という概念を用いたが、彼が目指したのは、それを基盤として西方ラテン世界のキリスト教化というプロジェクトを推し進めることであった。聖アンブロシウスは、現在のベルギーにある古代ローマ貴族の家に生まれた。高位の役職に就くための訓練を受け、修辞学、法律、哲学を学びながら、帝国のシステムの中で大きくなった。東方の異教徒たちと同じように、古代ギリシャおよびローマの学問について深い知識を持っていたにもかかわらず、彼は市民的な世界とキリスト教の世界とをつなぐ架け橋となった。アンブロシウスは、当時の最も裕福な貴族のひとりで、ローマの執政官であったクイントゥス・アウレリウス・シンマクスのいとこにあたった。そして彼自身ものちに、ミラノを都とする北イタリアの州アエミリア・リグリアの総督となる。

キリスト教徒たるアンブロシウスは、ローマ人兼キリスト教徒として統治を行なった。三七一年、彼は総督の座を辞してミラノ司教となるが、その後も西ローマ帝国のキリスト教徒皇帝ウァレンティニアヌス一世の宮廷に仕えた。アンブロシウスの肩には、いまだに大きな存在感を放つキケロ、すなわちローマの市民的美徳の殉教者であり、公共奉仕の模範たる人物が、重くのしかかっていた。帝国の指導者としての訓練を受けたアンブロシウスは、キケロの遺産に必死に抗っていたことだろう。つまりはそれこそが地方の執政官としての、またのちには司教としての、アンブロシウスの使命であった。アンブロシウスの仕事は、これ以上ないほどの矛盾をはらんでいた。ローマ皇帝に仕えながらも、その一方で地上世界の拒絶を説かなければならなかったからだ。

帝政ローマ人であり、役人であり、西ローマ帝国のキリスト教指導者であった聖アンブロシウスとはこのように、過渡期を象徴する人物であった。彼は自らの課題について、帝国の中心部をキリスト教化することであると認識していた。その使命において最も重点が置かれたのは、貨幣が占める地位であった。行政官である彼は、改宗者を見つけることだけでなく、教会を維持するための財源を見つけることにも心を砕いた。いかにも真のキリスト教徒らしく、彼は自らの広大な私有地を教会に寄付し、また商取引を非キリスト的なものとして攻撃した。個人的な富についての彼の意見は明白であり、貨幣は「諸悪の根源」であるとみなされた。指導者たる人間は、「シリアの貿易商やギレアドの商人のように汚い金儲けへの欲望を持ったり、また、すべての善き希望を貨幣に向けたり、貨幣目当てに働く人間のように日々の稼ぎを数えあげて、貯金を計算したりするべきではない」と、彼は述べている。アンブロシウスは、自由に選択された交換を通じて得られる自由な移動と、より偉大なものを手に入れたいとの望みについて、比喩を用いて説明している。何人たりとも財宝を溜めこむべきではないと、彼は信じていた。なぜなら、じっと動かないお金は「腐敗」して「虫」がわくからだ。一方、移動によってお金は「甘く」て「役に立つ」、いわば火を消すことができる「水」のようなものとなる。市場の循環を促すためには、貧しいものに「銀」を与えればよい。そうすることによって初めて、神は「聖人たちとの友情と永遠の住まい」という見返りを与えてくださるのだ。[14]

帝国における行政上の義務とキリスト教の信念とを混ぜあわせることで、アンブロシウスは福音主義的な現実主義者となった。義務という概念そのものを変えるためには、キケロと直接対決する必要があると、彼は考えた。そうした背景に鑑みれば、アンブロシウスの最も重要な著作のひとつである『聖職者の義務について』(三九一年頃)が、キケロの著作に対する攻撃であったのは驚くにあたらないだろう。アンブロシウスはキケロの修辞理論を非難し、優雅さと美は言葉の巧みさにあるのではなく、神にあるのだと主張した。真の知識をもたらすのは神の啓示だけであって、地上の科学ではない。アンブロシウスはまた、私有財産をあからさまに攻撃し、こう述べている。「永遠の命の祝福に役立つもの以外、有用なものは何もないと、われわれは明言する」。当然ながら、人間が物を所有することは不可能とされた。なぜなら、神が人間に与えるものは、人間が神に与えることができるものよりもはるかに多く、人間は必然的に「自身の救済に関して負債者」となるからだ。[15]

キケロへの強烈な対抗心から、アンブロシウスは、キケロ的な道徳を説く言葉を、キリスト教の霊的市場の条件に合わせてねじ曲げようと試みた。貧しい人々や教会に寄付することは偉大な「義務」であると、彼は述べている。なぜなら、その行為によって人は恵みを受けるからであり、それは神の真の愛が地上の友情にまさることを示しているからだ。単に死後の世界に焦点をあてるだけでなく、アンブロシウスは聖職者に対し、連帯と「洗礼の絆」を通じて地上の教会組織を築くよう熱心に訴えた。[16]

アンブロシウスに関して何より重要なのは、彼がイエスの自己犠牲を商業的かつ神聖な交換であると説明したことだ。なんといっても、イエスは「神としての寛大さ」から、人間の「贖罪」と引き換えに十字架の上でその血を捧げたのだから。だからこそ、空虚な共和主義の理想のために生き、死ぬのではなく、人間は救いのために生きなければならないと彼は言った。帝国が崩壊の瀬戸際にある中、この主張は多くの改宗者の心をつかんだ。[17]

すべての教父の中でも、聖アウグスティヌス（三五四～四三〇年）は最も永続的な力を有し、経済思想に最も強い影響を与えた。神は予定（神が救済される者をあらかじめ選ぶこと）によって、キリスト教的宇宙に自己調整的な秩序を創造したと、彼は信じていた。これはすなわち、人が救われるのはその人自身の選択や意志によるものではなく、神の決定という恵みによるものであることを意味した——人が行動するよりも前に、決定はすでに下されているというわけだ。予定とはつまり、神は天においてどの魂が救われるかを選ぶだけでなく、神に従う信徒たちの中で、だれが地上で裕福になるかも選ぶということを意味していた。ただし、それが神の選択であるからといって、善良で裕福なキリスト教徒が、自分の貨幣を自由意志から教会に寄付する責任を免除されるわけではなかった。しかし、このような主張をすることにより、アウグスティヌスは富に関する新しい考え方への扉を開き、キリスト教の変容を促した。

アウグスティヌスの生家はラテン化された北アフリカの家庭であり、ローマの上流階級に属していた。母親のモニカは敬虔なキリスト教徒で、父親は異教を信仰していた。アウグスティヌス自身は当初、ローマでプラトンの哲学やキケロの修辞学を学ぶなど、非常に異教徒的な生活を送っていた。娼館をほぼ自宅のように使って暮らし、ワインを崇拝し、婚外子をもうけた。しかし、帝都ミラノで修辞学の主任教師となってから二年がたった三八六年、彼は啓示を受け、子供が神の声で聖典を読みなさいと呼びかけるのを聞いた。『ローマの信徒への手紙』に記された聖パウロによる放蕩への批判を読んだあと、アウグスティヌスはキリスト教に改宗し、異教信仰、キケロ流の懐疑主義、そして自身の肉体的快楽への嗜好を過激までに拒絶するようになった。個人的な必要性から、またキリスト教の福音伝道に強く惹かれたことから、彼はすべての地上の快楽と知識を信仰に置き換えようと決意した。アウグスティヌスにとって、原罪による人類の堕落と神への献身による贖罪は、ひとりの人間としての彼の心に訴えるものであった。三八七年、聖アンブロシウスが公にアウグスティヌスに洗礼を授け、そして三九五年、キリスト教徒となったばかりの彼はヒッポ（現在のアルジェリアの都市アンナバ）の司教に任じられた。[18]

イタリアを離れる前、アウグスティヌスは善悪と予定への理解を深めることを目的として、『自由意志論』の執筆に着手した。この作品は、恵みと救済という道徳市場の論理を理解するうえで、重要な鍵を握っている。同書の中でアウグスティヌスは、恵みを受けて原罪から解放されるためには、人はまず神に選ばれなければならないと説いている。言い換えるなら、人間は正しく選択することを神によって意図されなければならない、ということだ。神は完全な先見の明を持つが、その一方で、根本的な人間の自由と過ちのための扉は閉じることなく開け放っている。市場において、人は規律ある美徳を用いるか、あるいは「欲望の奴隷」となるかのどちらかであるという彼の発言には、キケロのストア哲学の影響を見てとることができる。

アウグスティヌスの考える「自由意志」の概念は、経済思想に広範な影響を及ぼした。もし神が人々の善行を助け、またもし彼らが自らの自由意志によって敬虔かつ非物質主義的であるならば、貨幣や財を所有することは、彼らがそのお金を教会に寄付することを決めた場合には特に、肯定的な行ないとみなされた。自らが有する権威と説得力を用いてアウグスティヌスが人々に示したのは、地上の富の一部は実際には神から与えられたものであり、したがって善であるという考え方であった。この概念は、初期キリスト教徒の著述家たちの禁欲主義とは明らかな対照をなしていた。これが意味するところはつまり、裕福なキリスト教徒は貨幣を稼ぎながらも高潔であり得るということだ。地上の富に対するこのいかにも偽善的な理論づけは、自己矛盾そのものであった。アウグスティヌスはしかし、常に自己否定的な禁欲主義者であることは人間には不可能であると認識していた。一部の人たちは貨幣と権力を手にするが、彼らはその地上の富と一緒に、慈善と善意、そして真に「自発的に」恵みを求める姿勢を持たなければならないとされた。神の意志と自由意志とが混ざりあった力に応じて、地上の富は流れていった。これはキリスト教思想における劇的な変化であった。教会はもはや、すべての富を非難しなくてもよくなったのだ。[19]

ローマの農業エリートへの忠誠が色濃く反映されていたキケロの経済信条と同じように、アウグスティヌスの神学もまた、ヒッポの司教としての経験から強い影響を受けていた。ヒッポは約三万人の人口を抱える比較的繁栄した都市ではあったが、イタリアとまるで勝手の違う北アフリカという土地で、アウグスティヌスは教会を一から築きあげなければならなかった。彼はこれを、寄付を奨励することによって実現した。それは生半可な作業ではなかった。アンブロシウスとは異なり、アウグスティヌスは桁外れの富豪というわけではなく、生計を教会に頼っていた。彼にとって、教会は天に到達するために必要な入り口ではあったが、同時に極めて地上的なツールでもあった。必然として、彼はアンブロシウスよりも、俗世の人々がどのように生き延びているのかということに深い関心を抱いていた。教会の建物を維持し、司祭たちの衣服や食料を購入し、北アフリカの非友好的な環境において彼らを保護するために必要な貨幣を得るのが容易ではないことを、彼は認めていた。そして彼は、貨幣を稼ぐことを恥とは思っていなかった。もし信徒たちからの寄付がなければ、教会は存在し得ないからだ。

すぐに暴力に訴える異端者や裕福かつ攻撃的な異教徒、規則に従わない信徒たちであふれ返る貧しい農村という環境にいたことで、アウグスティヌスは、ほかの教父たちが経験しなかった物理的な包囲状態に置かれていた。常に脅威となっていたのは異端のドナトゥス派で、彼らの拠点は四八〇キロほど離れたカルタゴ（現代のチュニス近郊）にあった。ドナトゥス派を創設したのは、ベルベル人の司教ドナトゥス・マグヌスであった。彼は『エフェソの信徒への手紙』五章二七節から「染みやしわやそのたぐいのものは何一つない」者という言葉を引いて、聖職者は完全に罪のない者である必要があり、そうでなければ効果的に説教を行ない、秘跡を授けることはできないと説いた。このオーソドックスな厳格主義において求められる「聖徒の教会」では、そこに参加する者全員が完全に清くあらねばならなかった。そうした理由からドナトゥスは、キリスト教弾圧の時代に一度でもローマ政府と交渉したり、彼らに従ったりしたことのある者を一切受け入れようとしなかった。アウグスティヌスは、罪のない者などおらず、そのような柔軟性を欠いた考え方は教会を弱体化させるだけだと信じていた。神の謎めいた計画を理解できるのは少数の信者だけであり、彼らが有する徳の独占権は絶対的なものであると示唆することは異端であった。ドナトゥス派はしかし、自分たちの信条を受け入れないほかの司祭たちに物理的な攻撃を仕掛けた。[20]

　アウグスティヌスにとって、教会をごく一部の選ばれた者たちのものとすることは間違っているだけでなく、教会の存続と拡大を危険にさらすものであった。ドナトゥス派との闘いは、地上のものであると同時に霊的なものであり、これを支えるためにいっそう多くの資金が必要となった。福音伝道は、貨幣なしには成り立たなかった。敵と闘い、キリスト教ローマを再建するためには、資金と市場へのアクセスが不可欠だった。教会はキケロの共和国が果たしていた役割の一部を引き継ぎ、司教を半神政国家の奉仕者としなければならなかった。このことは、アウグスティヌスの説教の中で明確に述べられている。施しは貧しい人々に対して「無節操に」行なうのではなく、教会に直接渡るようにしなさいと、彼は呼びかけた。霊的な専門知識を持たない個人が他者に慈善を行なうというのは、理想的な形ではなかった。教会だけが施しと秘跡を行ない、救済をもたらすことができた。したがって、彼らが推奨していたのは単なる俗世の放棄ではなく、教会に利益をもたらし、その成長を可能にする地上の交換であった。[21]

あらゆる地上のものと同じく、この新たなキリスト教ローマも長くは続かなかった。四一〇年、西ゴート族の王アラリックがローマを掠奪し、街は陥落した。一部のエリートたちは襲いくるゲルマンの軍勢から逃れ、アウグスティヌスのいるヒッポまで逃げのびたが、当然ながら現地はパニック状態に陥った。ヒッポは自らを守る軍事的資源を持っていなかった。それでもアウグスティヌスにとって、教会が地上で受けるさまざまな試練は、救済の経済における個人主義についての思考を発展させる機会となった。ローマ共和国の崩壊という大きな逆境に直面した際、キケロは文学が持つ力を示してみせた。そして今、ローマの文字通りの滅亡を前に、アウグスティヌスは記念碑的な作品『神の国』を執筆し、地上の富の必要性と、神の経済におけるその位置づけを明らかにした。[22]

すべての貨幣を放棄したり、貧者に与えたりすることはできないと、彼は述べている。教会にとって必要なのはむしろ、信者たちに、自由意志に基づいてキリスト教徒の市場経済を創造してもらうことであった。道徳的な人々はよりよく生き、自らの富を保持する可能性が高いと彼は主張し、こう書いている。「神は、よい運命と悪い運命を分配することによって、御自身の働き方をより明確に示される」。事実として、道徳的で信心深い人々は、西ゴート族による被害が少なかったと、彼は訴えた。「宝を蓄えるべき場所と方法について主の助言に従った者たちは、蛮族の侵攻において現世の富さえ失うことがなかった」。選ばれた者たちは、単に天へ行く運命にあるだけではない。神は彼らに地上の宝と保護を授けてくださるのだ。[23]

アウグスティヌスのメッセージはこれ以上ないほど過激で、これ以上ないほどの影響力を持っていた。その霊的な市場は、地上の市場に直接的な影響を及ぼした。神は見えざる手によって世界を創造したと、アウグスティヌスは述べている。「神の〝手〟は神の力であり、神は目に見えない手段によって目に見える結果さえも成し遂げられる」。この時点ではまだ、これはアダム・スミスが用いた経済の「見えざる手」と同じ概念ではなかった。しかしその言葉は、より高次の力が富を規制し得ることを明らかにした。自由意志によって神のシステムに入り、必要な交換を果たしてしまえば、もう心配することは何もなかった。あとは神の恵みがすべてを引き受けてくれるのだ。キケロが唱えた自然のシステムと同じように、アウグスティヌスは救いのことを、すべてのものを結びつけて「引き起こす」「ひとつの流れ」とみなし、それが天の神のもとへ人間を導いてくれると考えた。[24]

生涯の終わり近くに書かれた、詩篇に関する最後の解説の中で、アウグスティヌスは敬虔であることと目に見えない富のシステムとを明確に結びつけている。「こうした幸福はないのか。息子たちは健やかで、娘たちは美しく、倉は満たされ、家畜は豊富で、壁はもちろんのこと生け垣さえ倒れることがなく、通りには騒動も喧騒もなく、静けさ、平和、豊かさ、そうしたすべてのものが、家にも街にも十分にあることはないのか」。神は「義にかなった者」がこれらすべてを手にできるようにしてくださると、アウグスティヌスは述べている。「アブラハムの家は、金、銀、子供たち、使用人、家畜で満ちあふれていたではないか」[25]

もし地上の富についてのアウグスティヌスの見解と、自由意志と予定のバランスにおける神の役割を信じるならば、その人はアウグスティヌスをさらに一歩超えて、選ばれた少数だけが通れる針の目を、神によって広げてもらうことさえ可能であった。アウグスティヌスと彼に続く教父たちは、経済的な希望のモデルを打ち立てた。ローマそのものが崩壊しつつある中でも、彼らの神学は人々に、貞節、貧しい人々への施し、教会への支援などはすべて、現世での富と来世での宝につながるとの約束を与えた。これは史上初の「ウィン=ウィン」の関係であった。人々はただ、このシステムを信じるだけでよかった。

とはいえ、キリスト教的救済市場が地上に富をもたらすまでには、かなりの時間がかかった。アウグスティヌスの死後数百年がたってようやく、ヨーロッパは地上の富——それが神に認められたものかどうか場合はともかくとして――につながる道を見つける。そのとき、神の経済モデルは再び地上の経済、この場合は初期の資本主義と自由市場理論のために、哲学的概念と言語を提供した。しかしアウグスティヌス以降、新たなキリスト教は地上の富とともに、世俗的なキケロの価値観を受け入れるようになった。

第3章 中世市場メカニズムにおける神

希少であるという事実、つまりはそれを見つけることの困難さが、ものの必要性を増大させる……。この基準によれば、小麦は不足しているときの方が……皆に行き渡るほど豊富にあるときよりも高い価値がある。

――ペトルス・ヨハニス・オリヴィ『契約論』一二九三年

四〇〇年代初頭に起こったローマ帝国の崩壊にともない、異教徒の哲学者、元老院貴族、そしてキリスト教会に属する新進の教父たちを支えてきた経済システムと市場は消え去った。同様に、国家と教会自体の財政も縮小した。帝国の没落により、包括的かつ自然な経済システムという概念は輝きを失った。有能な政府による支配が崩れたことにより、自然が有しているはずの調和や滋養の力は突如として色褪せて見え、経済は自己調整的かつ寛大であるという考え方も、もはや何の意味も成さなくなった。飼いならされていない自然は、今や脅威であるとみなされた。ゲルマン人の侵攻が進むと、教会は生き残りをかけて地上の経済へと目を向け始めた。彼らは自らを国家として組織し、経済を成長させてこれを維持する必要に迫られた。市場が自力で復活する兆候は見られなかったからだ。

中世の思想家たちにとって、富を生み出す交換とは、キケロが言うように自然界に潜在し、徳のある立法者の優れた手腕によって適切な軌道に乗せられるのを待っているものではなかった。それはまた、アウグスティヌスが説いたように、個人の自由意志が世俗的な財を霊的な財と交換することによって機能させることができる、予定された神の秩序でもなかった。彼らはむしろ、強力な政府機構の構築や革新的な技術の開発――収穫量を増加させた九世紀の重量鋤、効果的な財務管理を可能にした一三世紀末～一四世紀初頭の複式簿記など――といった人間による管理と監視があってこそ、近代市場とそのメカニズムは発展すると考えた。一一〇〇年代の大学では、教会のスコラ哲学者たち、すなわち神学の矛盾を解決するうえで演繹的推論を用いた人々が中心となって考察が進められた（最も有名な議論は、賛否両論を用いた神の存在証明をテーマとしたものであった）。人間の自由を理解することを目指す探求において、こうした中世の哲学者たちは、個人の権利と主体性という概念の草分けとなった。彼らは、ヨーロッパ社会と経済の再建には、国家――教会的なものおよび世俗的なもの――が大きな役割を果たさなければならないと考えていた。その少し先の世代となる一二〇〇年から一四〇〇年頃のキリスト教思想家たちは、地上の富を創造する方法、およびそれを拒絶する方法についての理論化に取り組み始める。彼らはひとつの包括的な自由市場という概念を信頼せず、むしろ限定された規模の自己調整的な市場メカニズムを研究し、それを自らのキリスト教的道徳観に組み込む方法を模索した。

政治的安定と発展した経済システムが存在している場合、市場は一見、何の手も加えずとも自然に出現して、それ自体で維持されているかのように見えることがある。しかし、ローマの滅亡によって示されたのは、社会が崩壊したときには、市場を再構築するために、強力かつ持続的な国家の介入が必要になるという可能性であった。帝国の航路では、地中海の安定が保障された中で民間が交易を行なっていたため、世間の人々は、財の自由な移動について、それがまるで物事の自然な秩序の一部であるかのような印象を抱いていた。事実、これは国家としてのローマの偉大な功績であった。小麦粉を運ぶ船団のあとには、オリーブオイルや陶器などの貿易が続いた。国家によって作られたこの自由な流れが、富を生み出した。しかし、小麦粉の船団が姿を消し、ヴァンダル人が北アフリカを侵略すると、われらの海《マレ・ノストルム》の治安のみならず、ローマの商業システム全体が一気に崩れ去った。スペイン、ガリア、オーストリアの鉱山の閉鎖は、貨幣不足を引き起こした。貿易は徐々に途絶え、西ローマ帝国は貧困化の道をたどった。[1]

西側の都市や州は、彼らを東のギリシャ帝国や北アフリカとつないでいた帝国の貿易および通信システムを失った。ローマ帝国の人口は、そのうち一〇～三〇パーセントが都市で暮らしており、ローマ自体に住んでいるのは一〇〇万人程度であった。人口が一〇〇〇人を超える都市は数十カ所存在した。西暦四〇〇年から七〇〇年にかけて起こった国際商業と都市の衰退にともない、都市エリート層の富は減少した。相対的な繁栄に貧困が取って代わり、より不安定な農村経済が定着した。さらには、おそらく一・五℃程度と見られる気温の低下が、作物の収量減少と寒冷化をもたらし、経済危機に拍車をかけた。[2]

こうした貧困の蔓延とともに、病気、疫病、人口の減少がやってきた。市民管理と国家の食料システムが機能を停止していく中、すっかり弱りきった人々にさまざまな疾患が襲いかかった。ウイルスのパンデミックは日常茶飯時だった。管理の行き届かない湿地帯ではマラリアが発生した。かつてのローマ世界ではまれにしか見られなかったハンセン病は、衛生状態の悪化によって、今やヨーロッパ全土に広がっていた。最悪の事態をもたらしたのは、五四一年に起こった、帝国内初となる腺ペストの出現であった。ギリシャのビザンチン史家プロコピウスは、五四一年から五四二年にかけての「ユスティニアヌスのペスト」

について、エジプトから伝わった謎の病気と表現し、「人類全体が全滅に近づいた」と書いている。ローマ帝国の東部および西部で五〇〇〇万人もの人々の命を奪ったこのペストにより、地中海沿岸に残っていた労働人口と産業は壊滅状態に陥った。六〇〇年になるころには、かつての西ローマ帝国領には完全なる崩壊の空気が漂っていた。商人も職人も姿を消し、不足した人材の穴は埋める者もいないまま残された。もはや市場はなく、財を流通させる手段もなかった。ガリア北部とラインラントでは、農地が森林に飲み込まれ、村落に寄り集まった家族経営の小規模農場が、大規模で組織化されたローマの荘園制度に取って代わった。土壌は痩せ、耕作用の家畜が小型化する中、ヨーロッパ北部ではライ麦やオート麦など、寒さに強い穀物が栽培されるようになった。[3]

皮肉なことに、ローマ帝国の崩壊によって、教会はキケロが重視した世俗的な市民精神に近づくことになった。強力な国家を失い、混乱、貧困、疫病にさらされる中、教会は新たなゲルマン諸国において指導者の役割を担い、世俗的な勢力となった。その目的は教会自体の利益を守ることだったが、同時にそこには、市民組織がもう彼ら以外に残っていなかったという事情もあった。教会の指導者たちは、自らの機関と統治力を活用して、より大規模なヨーロッパ経済の発展を図ることを目指した。西ヨーロッパでは、修道院が大いなる権威と富の保有者となった。ローマ皇帝もゲルマンの諸王たちも、彼らの優れた組織力を必要とし、土地の寄贈や自治の自由を通じて教会の拡大を支えた。キリスト教修道院運動の創始者であるヌルシアの聖ベネディクトゥスは、修道院は経済の再建と組織化に貢献しなければならないと考えた。荘園を基盤としたローマ時代の農場制度の遺産として、中世初期には、まだ農奴労働制が残っていた。修道院は今や富の管理の中心的存在となり、修道士たちは、祈り、労働することに加えて、ますます豊かになる彼らの土地で働く奴隷たちを監督した。ベネディクトゥスの『戒律』(五一六年)は基本的に、大規模な修道院コミュニティを管理する方法についての指示をまとめたものであった。裕福な施設となった修道院は、その広大な土地を利用して、紡毛糸、製粉した小麦、チーズ、ソーセージ、ワイン、ビールなどの貴重な農産物を生産した。大修道院の院長は、地上における神の富の「分配者」となった。[4]

こうした聖なる「飲食物管理者《セララー》」たちは、富の創造について、それは自然の産物でも、古典的な意味での農業でもなく、むしろ希少な財の優れた管理から生まれるものであると考えていた。そこには、この新たな富は、市場や一個人によって自発的に生み出されるという概念は存在しなかった。彼らにとっての富の源泉は、集団的規律、強力な機関、大規模な奴隷農場であった。言い換えるなら、初期中世の経済の大半を構築・発展させたのは、教会の統治機関であった、ということになる。[5]

聖職者に課された課題は、希少性と道徳規範の両方に従って財を管理することであった。教会は、その構成員が十分な食料と衣服を得られるようにしなければならなかった。教皇グレゴリウス一世（在位五九〇〜六〇四年）は、「慈善」（caritas）のための「富」（largitio）の再分配を、優れた行政と同等のものとみなした。やがて、イングランド北東部にある裕福なダラム司教座聖堂付属修道院などの主要な宗教機関は、財務管理の中心地となっていった。彼らは詳細な帳簿をつけて、在庫や店舗、家計、人員、賃料、通行料などを管理した。[6]

一〇五〇年には、重量鋤、馬鍬、鍬、新しい馬具が登場したことで、作物の収穫量は増加し、生活水準が向上しただけでなく、人口の急増も促された。人の数が増えるにつれて、都市が台頭し、商業が拡大した。それまでは教会、王、貴族、奴隷、農奴、断続的な交易しか存在しなかった西欧の農村経済は、今や活気ある都市部に道を譲り、そこに集まる商人や熟練の職人は、農村人口の大多数を占める隷属的な大衆とは一線を画す自由を享受した。[7]

中世の都市というものは、自由貿易を理解するうえでの難題を提示している。なぜなら、商業の自由は当初、明確に定められた独占権という形でもたらされたからだ。教会も国家も、都市とそのギルドに自由に貿易を行なう特権を与えたり、これを制限したりした。この組み合わせが、経済発展と市場の拡大につながった。一一二七年、フランス北部フランドル地方のサントメールにおいて、ギヨーム・クリトン伯爵は中産階級市民――サントメールの都市部住民――に対し、あらゆる犯罪について、自身が暮らす都市にある裁判所で裁かれる特権を授けた。中産階級はまた、フランドル地方内での軍役や通行料、各種税金の支払いを免除された。広範にわたる封建的制約から解放された彼らは、ドイツのハンザ税も、神聖ローマ皇帝が要求する安全通行料も、フランス王室が課す通行料も支払わなかった。彼らにはまた、地域で独占的な商売をする自由があり、伯爵は市内で交わされるあらゆる契約が遵守されることを保障した。ある通関文書には、中産階級市民の税金免除について、これを守るよう伯爵が合意を取り付けた外国の君主たちの名が列挙されている。伯爵はさらに、街の軍事的保護も保障した。[8]

　都市住民は決して、王や聖職者、領主のような自由を享受していたわけではない。それでも、彼らは今や個人の自由を確保して通行の自由を得、封建的な農業労働、義務、税金、恣意的な投獄から保護され、市政への投票権を手にしていた。自由貿易および地域的独占という特権と引き換えに、中産階級市民は貨幣を稼ぎ、フランドルに富をもたらし、伯爵に税金を納めた。こうした都市部の自由、独占、専門家による規制の組み合わせが、ヨーロッパの市場の出現をうながし、それにともなって初期資本主義が登場した。[9]

　アダム・スミスはギルドを純粋に抑圧的なもの――自由市場文化のアンチテーゼ――とみなしていたが、その存在は市場の発展において不可欠であった。ギルド法は、都市の富が拡大し始めたまさにその時に生まれた。修道院と同じく、ギルドには厳格な規則があった。ギルドハウスで食事をする場合、メンバーは割引料金を、部外者はそれ以上を支払った。ギルドハウスからワイン一杯でも持ち出そうとした者は、だれであれ罰金を科された。また、喧嘩をしたり、別のギルドメンバーを「ほかに武器がないからといってパンや石」で殴ったりした場合にも罰金が発生した。修道士と同じように、衣服、食事、祈りにも規制があった（たとえば、ギルドハウスで木靴を履いた者は罰金を支払わなければならなかった）。ギルドの利点のひとつは、特定の町内でのメンバーへの特権的な待遇であった。ギルドのメンバーは割引価格で商品を受け取る一方、メンバーでない者はより高い価格を支払った。しかし何より重要なのは――そしてアダム・スミスが見逃していたのは――、フィレンツェやシエナといった都市のギルドは、専門知識、革新、富の中心であったということだ。[10]

神学者たちはしばしば商人に警戒心を抱いた。なぜなら彼らは利益のために働く一方で土地を耕さないため、困窮者よりも霊的に貧しいとされていたからだ。一〇世紀、ヴェローナの司教ラテリウスは、商人を「放浪者かつ貧民」に分類している。しかし、一一世紀になるころには、商売に関する捉え方は進化していた。イタリアの司教で法学者のグラティアヌスから神学者のクレルヴォーのベルナルドゥスに至るまで、一部の主要な思想家たちは、敬虔な商人という存在を肯定的に受け止めていた。ベネディクト会修道士で教会改革者のペトルス・ダミアニは、よい司教はよい商人のように教区を管理すべきだと述べている。言うまでもなく、もし商人が自身の財産を慈善事業に寄付するならば、彼らは善良であるとされた。こうした方法を用いることにより、教会はだれが自然経済の一部でだれがそうでないかを明確にすることができた。たとえば、「不信心者」や「ユダヤ人」は、キリスト教の合法的な富を奪うという罪を犯していることから「悪い」商人であるとされ、道徳的な権威をもって取引することができなかった。ただし、多くの場合、教会の望みは商人の富に対抗することではなく、ただ自分たちの取り分を確保することであった。そして彼らは、その優れた影響力を行使して、成長する経済を規制する一方で、市場においてキリスト教の道徳に忠実に従うことを目指した。[11]

教会は商業生活を統制する権限を持たなかったが、実際のところ、彼らはギルドに対し、道徳的な価格を設定するための指針を提供していた。この指針は、価格に市場価値、そして利益の制限を含む公正かつ平等な交換の原則を反映させることを目的としたものであった。独自の道徳的な商業コミュニティを定義し、新たな市場のルールを定めたことにより、キリスト教徒は、キリスト教徒的な方法で取引をする限り、これを自由に行なうことができるようになった。ここで言うキリスト教的な取引には、キケロの影響を見てとることができる。フランボローのロバートと呼ばれた司祭が『懺悔録』(一二〇八～一二一三年頃)に記している通り、キリスト教徒同士の「市民的友情」に基づく交換は美徳であるとみなされていた。[12]

多くの意味で、中世の経済思想の物語は、フランチェスコ会の創設者であるアッシジの聖フランチェスコの生涯から始まる。聖フランチェスコは一一八一年、イタリアのウンブリア地方でジョヴァンニ・ディ・ピエトロ・ディ・ベルナルドーネとして生を受けた。父親は絹を扱う商人で、母親はプロヴァンス出身の貴族であった。この一家は、イタリアからフランス南部、バルセロナに至るラテン地中海地域の富裕な商人たちからなる新しい階級に属していた。その社会経済層を、フランチェスコは拒絶することになる。一二〇五年、彼は神秘的な示現を経験したことをきっかけに、地上の富を捨てようと決意する。自身の相続権を放棄し、キリストの名において完全なる貧困に身を投じることを示すために、フランチェスコは着ていた衣服を公の場ですべて脱ぎ捨てるという大胆な行動に及び、恐怖におののいた父親によって勘当された。それ以降、フランチェスコは粗末な農民の服しか身に着けず、托鉢僧として歩き、貧しい人々の中で暮らし、寄付のみに頼って生活した。ヨーロッパの伝統における最初の真のエコロジストである彼は、動物を霊的な存在とみなし、彼らを相手に教えを説いた。自身の教会は壁を持たず、自然そのものであると彼は信じ、裕福な修道院生活の存在そのものを拒絶した。彼の追随者であるフランチェスコ会修道士たちと、彼らの完全なる貧困の誓いは、西ヨーロッパ全域で富の中心となっていたこの宗教施設にとって真の脅威となった。

富の放棄は、富とは何かということだけでなく、価格は道徳的に、また市場の力によってどのように生み出されるのかという深い哲学的考察をもたらした。パリ大学を中心に活動していたフランチェスコ会のスコラ学派神学者たち――哲学的な問題の解決に弁証法的および演繹的推論を用いる訓練を受けていた――は、プラトン、アリストテレス、キケロを参考に、市場がキリスト教的道徳に従ってどのように機能するかを理解しようとした。考察にあたり、彼らが重きを置いたのは、アリストテレス的なバランスへの関心に加えて、中世の偉大な法令教本であるグラティアヌスの『教令集』(一一四〇年)に記されているローマの自然法であった。中世ローマ教会法の基本的な大要かつ教本であった同書には、あらゆる不当な損失――双方の当事者にとって等価であるとみなされない取引や詐欺――は、その価値が厳密に対称であるものをもって「返還」されなければならないとある。この考え方は、アリストテレスによる『ニコマコス倫理学』および「等しいものを等しいもので返す」という原則に由来する。『教令集』にはまた、交換は私有財産、契約、同意に基づくものであることも記されている。これは正当価格理論の基礎であり、同理論においては、価格は取引の公正なバランス以上のものを反映すべきでなく、取引に関わる人は皆公平に利益を得るべきであるとされる。[13]

スコラ学派の思想家にとっての課題は、製品やサービスの公正かつ道徳的な価格とは何かを確立し、また、等価の算出法を明確にすることであった。価格は公的機関と生産者によって定められる。商人であれば公正な価格を決定するにあたり、中立的な個人の選択の論理を用いることによって、道徳に基づく商業的判断を下すことができると、聖職者たちは考えた。ここで言う個人の選択とは、現代的な意味での個人の自主性のことを指すわけではなく、単に商人には価格について専門的な判断を下すことが可能である、ということを意味していた。商人に求められたのは、道徳的な配慮とその時点での市場価値とを考え合わせながら、キリスト教的思考に従って、公正かつ公平な価格と利幅を生み出すことであった。

ドミニコ会修道士であり、イタリアのスコラ学派思想家である聖トマス・アクィナス(一二六五〜一二七四年)は、著書『神学大全』において、商人は道徳的でなければならず、「公正な」価格を用いるべきだとするフランチェスコ会の意見に同意している。一方でアクィナスは、フランチェスコ会の絶対的な清貧の誓いについてはよしとせず、清貧は義務や規則ではなく、個人の選択や志向であるべきだと主張した。彼はむしろ、人間は常に物を所有しているのだから、完全な清貧は不可能であると信じ、フランチェスコ会は致命的な罪と地獄行きのリスクを冒していると感じていた。神に対して立てた誓いを破ることは、重大な問題であるからだ。こうした主張はおそらく彼にとって、都合のいいものであったことだろう。なぜなら、ドミニコ会は大規模な封建的土地所有を通じてかなりの富を蓄えており、そしてアクィナスは、道徳的に獲得されたものであると自身がみなす富については、まるで良心の呵責を覚えていなかったからだ。教会は豊かであるべきだと、彼は感じていた。この信念が、市場の自然な働きに対するアクィナスの感覚に影響を及ぼしていた。[14]

誠実な商売と利益は罪ではないと、彼は述べている。契約においては、双方に利益が出るよう、価格について明確な合意を形成することができる。もし売買や交換において一方が他方に対して不当な利益を得ようとした場合には、(世俗的あるいは宗教的な)公的機関が介入し、返還を求めなければならない。アクィナスはキケロを引用して、自身の商品に欠陥があれば事前に申告することがすべての商人の義務であると主張した。彼が手本としたのは、善き道徳が商業と政治の基礎を形成するというキケロの信念であった。この厳格に定められた道徳的な方法においては、人は敬虔さと利益を両立することができる。[15]

フランチェスコ会は極めて重大な課題に直面していた。もし彼らが偶然富を所有していたり、それを必要不可欠でないことに使ったりしたなら——たとえば、実用的な目的に必要なもの以外の衣服を一枚でも所有していた場合など——、その人は神聖な誓いを破った罪で断罪されることになる。フランチェスコ修道会は、修道士たちが確実に「完全なる清貧」にとどまることを可能にするために、価格設定と査定の仕組みを研究するようになった。修道会の規則では、会員が修道院を住居とする権利は否定されていた。修道院で暮らすことは過度な贅沢だからだ。彼らはまた、いかなる財産も所有することができず、貨幣に触れることさえ許されなかった。修道士たちは、貧者、病人、敬虔な人々を助け、忠実と献身をもって労働することを許されていた一方、直接お金のために働くことはできなかった。[16]

フランチェスコ会の「会則」の厳格さは、教会に所属する人々の間に困惑を巻き起こした。ヒエラルキーや財産、住居、食べもの、慈善事業のための資金がまったくない状態では、修道会を維持することはとうていできないと感じられたからだ。アクィナスは、フランチェスコ会はあまりに急進的であり、すべての制度的および社会的ヒエラルキー、また私有財産の拒絶につながると考えた。教会は当時最大の封建的財産所有者であり、ヨーロッパ全土で税金を徴収していた。清貧の誓いは、現世の教会とその莫大な富を脅かすものであった。農民どころか、王でさえもこの強大な権力に反感を抱いているという状況の中、教会は力をもってこれを守る必要があった。また、アクィナスのような人物が憂慮していたのは、フランチェスコ会の誓いがあるせいで、清貧を守っていない――あるいは、非常に贅沢な暮らしを送っている――教会員が、不敬な罪人であるとみなされることであった。

フランチェスコ会の清貧は、教会にとっての深刻な脅威となった。フランチェスコ会士の多くは平和を説いていたものの、一三〇〇年代初頭に北イタリアに登場したドルチーノ派のような急進的な托鉢修道士たちは、しばしば激しい暴動を起こし、社会秩序を覆して、私有財産的機関である教会を破壊することを目指した。教会はドルチーノ派の討伐に軍隊を差し向け、一三〇七年、運動の指導者であるフラ・ドルチーノを捕らえて火刑に処した。[17]

スコットランド出身のフランチェスコ会修道士で、スコラ哲学者であったヨハネス・ドゥンス・スコトゥスは、価格の決定についてアクィナスよりも緻密な見解を有しており、価格を作り出すのはバランスの取れた交換でも、道徳的な規則でもないと提唱した。価格を生み出すのはむしろ、自由に機能する世俗的な市場プロセスであると、彼は考えた。私有財産の管轄は教会に任されるべきものではなく、その理由は、教会には価値を生み出すさまざまな市場活動を理解できる能力が備わっていないからだ。ドゥンス・スコトゥスから見れば、価格とは量と、労働および専門性の価値から生まれるものであった。価格を理解するには、「勤勉さ、慎重さ、注意深さ、さらにはそうした商売を行なうにあたり本人が受け入れるリスク」を考慮に入れる必要があった。したがって、聖職者にとって市場価格の計算は非常に難しい作業であった。だからこそ、フランチェスコ会士が、自分がほんとうに清貧の誓いを守っているかどうかを確認することもまた、同様に難しかった。[18]自身の誓いを守ろうとすれば、彼らは商人や世俗の市場価格に詳しい人々に助言を求めなければならなかった。

実のところ、フランチェスコ会修道士には、高い教育を受けた商家出身者が多く、中には商業や価格設定の仕組みにくわしい者たちもいた。フランチェスコ会の指導者や支持者たちはやがて、清貧の誓いを管理するには、さらに細かい部分まで成文化すればいいと考えるようになった。フランチェスコ会の神学者、聖ボナヴェントゥラの「ナルボンヌ会憲」（一二六〇年）は、富と貧困についての詳細な分析であり、フランチェスコ会士が誓いを守るための厳格な規則を作ることを目的としていた。最も重要なテーマのひとつに衣服があった。布地の生産が活発な経済の核となっていたイタリアにおいては、衣服は富の顕著なしるしとみなされていた。聖フランチェスコ自身、衣服は貧しさを妨げる物質であり、富の象徴であると考えていた。そのため、会憲の規則では、各修道士が所有を許されるのはチュニック一枚のみであるとされ、さらには、チュニックがボロボロになってしまった場合や、繕うためにほかの布を使わなければならない場合には、どのように処置すべきかまでが具体的に記されていた。[19]

一二八六年、フランチェスコ修道会は、どのようにしたら本――非常に高価な上等皮紙の写本――を、貴重品としてではなく、純粋に学問の道具とみなすことができるかについての検討を始めた。高価な本は、それが厳密に実用に利する霊的な目的に使用される場合は、会の厳格な経済の内部においては富の対象にはならないとされた。したがって、一般の信徒が修道士個人や修道院に本を寄贈することに問題はないが、それを実際にだれが使用するかについては、組織の指導者や管理者によって決定される必要があった。一二九七年、ボローニャのバルトロメウス兄弟という修道士が、別の修道士から二冊の本を受け取った。彼はその後、それらをフゴリーヌスという名の兄弟に譲った。彼らは細心の注意を払って、霊的な有用性に関する規則に従っていた。こうした物品は丁寧に記録に残され、それらがどのように使用されたのかも正確に記された。そうしておけば、修道会がその物品の価値を、世俗的および霊的な観点から計算することができるからだ。[20]

教皇ニコラウス三世(在位一二七七~一二八〇年)は、フランチェスコ会の誓いを擁護している。同会の修道士たちの多くが示した敬虔の模範によって、その価値はすでに証明されていると判断したのだ。一二七九年に発表した勅書「エクシイト・クィ・セミナト(フランチェスコ会の規則の確認)」において、ニコラウス三世は、清貧の誓いを守るための画期的なアプローチを提案している。フランチェスコ会士が誓いを破ることは不可能であると、教皇は主張した。なぜなら、フランチェスコ会の財産すべてを実際に所有しているのは教皇であって、修道士自身は、それが何であれ決して「所有」してはいないからだ。ニコラウスはそこからさらに踏み込み、市場評価を引き合いに出して、たとえフランチェスコ会修道士が自由に使える物品や財産を持っていたとしても、その価値は本質的に備わっているものではなく、彼らがそれをどこで、何のために、どのように使うかによって決まるものであると説いた。一つひとつの物の価値は、実用的・霊的有用性に従って変化する。財産を放棄したからといって、「あらゆる場合における物の使用の放棄につながるとは思われない」と、ニコラウスは主張した。物の価値は「場所と季節」から生まれ、特定の義務に関連している。「科学には学問が必要」であり、それは「本の使用」なしには成し遂げることができない。宗教当局が評価プロセスを監督すれば、フランチェスコ会士による物の所有を必要性に由来するものに限るだけでなく、誓いを破ることへの彼らの恐怖を和らげることもできると、ニコラウスは考えた。この勅書をもって、教皇ニコラウスは、教会内の対立を解消するために、市場メカニズムを信頼することを受け入れた。[21]

同年、フランスのフランチェスコ会士ペトルス・ヨハニス・オリヴィは、「デ・ウス・パウペレ（貧しい使用に関する論文）」――清貧の誓いにおける財の制限的使用に関する考察――を著し、その中で、世俗的な物を所有しつつ誓いを守るにはどうすればよいかという問題を取りあげている。これによりオリヴィは、特定の自己調整市場のメカニズムに関して、非常に早い時代に、非常に革新的な概念を生み出した。彼はモンペリエで生まれたのち、イタリアのフィレンツェや、人口三万人を抱えるプロヴァンスの都市ナルボンヌで生活していた。彼が暮らしていたのはつまり、地中海の商業世界の中心であり、そこではフランチェスコ会士たちが商人を相手に聴罪司祭を務めることが珍しくなかった。教皇ニコラウス三世の行政機関で奉仕した経験を持つオリヴィは、フランチェスコ会の誓いを擁護しようと試み、その目的のために「限界効用逓減の法則」についての最初の理論を生み出した。この法則では、ある財へのアクセスやその消費が増えるにつれて、その財の価値は下がっていくとされる。オリヴィは、人々が物を「一般的に」あるいは「慣例的に」使用した場合、それはその物の価値に影響を与えると述べた。何らかの物がより利用可能になるほど、その価値は下がっていく。油や野菜のように、多くの人のために大量に生産されて「簡単に」手に入る商品は、より希少な商品よりも価値が低くなる。[22]

有用性と価値は、その商品から利益を得る人の数に基づいている。もし何百人もの人が何らかの物を手に入れることができたとしたなら、その物の価値はあまり高くはならない。もし何かがひとりしか所有できないほど希少であれば――珍しい写本や宝石など――、その希少さゆえに、それは貴重なものとなる。「耐久性」も価格に影響すると、オリヴィは指摘した。たとえば食料品であれば新鮮さが重要な要素となり、収穫されたばかりの食品は、古くて「腐敗した」、すぐに価値を失うものよりも価値がある。寿命も重要であった。穀物のような保存可能な商品もまた、高い価値があるとされた。より長持ちする衣服や家屋の価値については、その耐久性に応じて計算する必要があった。これが意味するところはすなわち、単一の権威が何かに公正な価格を割り当てたり、固定したりすることはできないということであった。公正な価格は道徳的な指針に基づくものであってもよいが、より重要なこととして、それらは数量、有用性、入手のしやすさ、耐久性といった、自己調整的で絶えず変化するシステムに左右されると、オリヴィは主張した。[23]

道徳ではなく有用性が価値を生むというオリヴィの論点は、教会に対する、さらには、長い間そうした判断を下すことを自らの役割とみなしてきた世俗的権威に対する挑戦であった。そのうえオリヴィは、人間の認識は神の啓示に依存するという聖アウグスティヌスの考えを批判し、人間が心の中で下す判断は自由意志に由来すると主張した。この考え方に従うならば、神や教会は主体性を奪われ、個人に重きが置かれることになる。教会の指導者たち、とりわけパリ大学の有力な学者たちにとって、こうした考えはとうてい受け入れられるものではなく、彼らはオリヴィの思想を異端であると宣言した。パリにおいてフランチェスコ会の裁判官七人から成る裁きの場に引き出され、有罪判決を受けたことにより、オリヴィはこの街で教壇に立つ機会を失った。[24]

彼は最終的に名誉を回復してナルボンヌで教職を得、一二九三年には、中世の経済理論の中でもとりわけ先見性のある著作のひとつと言われる『契約論』を著している。その中でオリヴィは、聖職者には価格設定が理解できないのだから、世俗の商人の「専門家」に頼って市場の仕組みを解明する必要があると主張した。オリヴィの主な懸念のひとつは、契約を理解できない人々には、自らの罪も理解できない、ということであった。この理屈は、管理職にあるフランチェスコ会士にも当てはまった。彼らの義務は、完全なる清貧の誓いを守りながら契約を結ぶことであった。もし修道会の同胞たちが、誓いを守れなかったことを告解の場で効果的に説明できなければ、彼らは地獄に落ちる可能性があると、オリヴィは考えた。経済的な専門知識がない人間には、自分の罪を告白することはできない。したがって、契約を理解することは、誓いを守るためだけでなく、誓いを破ったことを告白するためにも不可欠であった。

　商人「コミュニティ」の「判断」だけが価格を公正に定めることができると、オリヴィは信じていた。なぜなら、彼らだけが「財とサービス」の関係を理解し、「共通善」の要求を知っていたからだ。オリヴィは、誠実で正確な商売上の判断こそが、市場メカニズムを動かす引き金となると考えていた。当然ながら、商人が常に誠実であるとは限らないが、不正行為もまた市場メカニズムを動かす可能性があるかどうかについては、オリヴィの理論では説明されていない。それでも彼は、商売人は特定の市場における労働の価値をよく知っており、その価値を任意の製品の価格に上乗せできるということを理解する洞察力を持っていた。「買い手」がニーズに応じて設定する「有用性」の知識を活用すれば、製品の価格を見積もることができる。たとえば、病気の多い時期には特定の希少な薬草の価格が上がり、それが生存に不可欠とされる場合には、価格はさらに跳ね上がる。[25]

　オリヴィは、商人の労働と専門知識が、しばしば商品に付加価値をもたらすと考えた。彼は読者に対し、商売のための旅は危険であり、相当な背景知識が必要であると指摘している。商人は自らの貿易ルートはもちろんのこと、外国の習慣や通貨についても熟知していなければならず、また、長距離の商取引には重大な資本投資とリスクがともなう。オリヴィは、カール・マルクスが登場する九〇〇年近く前に、資本の市場概念について初めて論じた思想家であった。貨幣には本質的な価値がない、「なぜならお金だけでは富を生まないから」だと、オリヴィは考えた。価値はむしろ「商取引における商人たちの活動を通じて」もたらされる。彼は、お金は将来の投資のための資本であるとみなしていた。その価値は増大する可能性はあるが不確かであり、商人の手腕と意思決定、また、より拡散的な市場のダイナミクスによって左右されるものであった。[26]

オリヴィは、価格を設定する自然発生的なメカニズムが存在すると考える一方で、そのメカニズムは道徳によって抑制される必要があるとし、希少性は不当に価格を引き上げる道徳的な口実にはならないと警告した。商人は、希少な商品に過剰な価格をつける誘惑に抗うべきであった。彼はまた、単なる再販業者を不道徳的とみなしていた。生産もせず、スキルを使って資本に価値を加えることもせず、ただ何かを市場に持ち込んで追加の労働をともなわずに高い値段でそれを売る者は、非常に不道徳であるため、コミュニティから「追放」されなければならない。どの商人が道徳に照らし合わせて真に生産的であるかを評価することは、重大な責任であった。そのため、商人の価格が正当な価値を反映しているかどうかを評価するために、教会は製品に注ぎ込まれる労働、技能、労働者が取るリスクについて学ばなければならないと、オリヴィは示唆している。[27]

フランチェスコ会の思想は、優れたスコラ哲学者であり、イングランドのフランチェスコ会士であったウィリアム・オブ・オッカムの研究において、革命的な転換を遂げることになる。オッカムが提示したアイデアは、市場における個人の主観的選択という現代的な概念へと続くものであった。一三二〇年代、オッカムはオリヴィと同じく、完全かつ絶対的な清貧の思想を擁護したが、彼の理論には、誓いを守るための新たなアプローチが含まれていた。いかなる法律も、本人の意志に反して強制的に何かを所有させることはできないとオッカムは考え、むしろ必要なのは私有財産を拒否する権利などの「寛容な」法律であると説いた。個人の選択とはすなわち、フランチェスコ会士は財産を所有するのと同じくらい容易に、財産を拒否できるということを意味していた。[28]

豊かな領地と強大な軍事力を有する世俗諸侯のひとりであった第二代アヴィニョン教皇ヨハネス二二世（在位一三一六〜一三三四年）は、フランチェスコ会の清貧の誓いが、事実として私有財産を脅かしていると考えていた。一三二二年の教皇勅書「クィア・ノンヌンクァム（なぜなら時に）」において、ヨハネスは清貧の誓いを攻撃し、キリストの模範が私有財産の完全なる放棄を教えていると熱狂的に信じる過激なフラティチェッリ（霊的フランチェスコ派）を破門した。私有財産は神によって設けられたものだというのが、教皇ヨハネスの主張であった。彼はニコラウス三世の勅書「エクシイト・クィ・セミナト」を覆し、十二使徒は財産を所有していたし、それはフランチェスコ会士も同様である、教皇ではなく修道士たちが自身の財産と物品を所有していたのだと述べた。この主張によって教皇ヨハネスは、フランチェスコ会の誓いを擁護しようとしたニコラウスの影響力を消し去ることを試みた。[29]

ウィリアム・オブ・オッカムが教皇ヨハネスへの反論として用いたのは、私有財産は世俗的な制度であり、エデンの園からの堕落のあとに登場したものであるという、古くから存在する説であった。彼は大胆にも、教皇には財産に関する一般的な決定を下す権限はないとまで述べている。ドゥンス・スコトゥスと同様、オッカムもまた、神が現世の財産を与えた相手は皇帝《カエサル》、すなわち世俗的な君主や領主であり、地上の財産問題について最終的な権限を持つのは彼らであると考えていた。世俗の法は、人間が経済的な問題において「福音的な自由」を行使し、宗教的な権威よりも個人の自由意志に従って振る舞うことを許していた。オッカムはまた、自由な個人から「財産、権利、自由」を奪うことはだれにもできないと主張した。したがって、商人やフランチェスコ会士は選択の自由を有しており、教会には彼らを取り締まることも、抑圧することもできなかった。教皇とドミニコ会にはお金を増やそうと決めることが可能であり、しかしその一方で、フランチェスコ会士にもまた、すべての財産を拒否する権利があった。[30]

オッカムはアクロバティックな神学理論を展開し、天においてはエデンの園と同様、すべてのものは共有されていると主張した。しかし堕罪が起こったことで、アダムとイブの原罪は人間の不完全性という永久の汚点を生み出した。欠陥のある世界を生きる人間は、自らの道徳的決断を通じてこの世を渡り、救いを求めなければならなかった。言い換えるなら、教会がだれかに道徳的戒律に従うよう「命じる」ことはできない、ということだ。「教皇の権力」は、慈善的な寄付、処女性、性的節制といった道徳的決断を強制することはできないと、オッカムは主張した。一方、世俗の諸侯の場合は、その権威が「恐れではなく愛に基づき、民衆の選挙による」ものである限り、法を制定・執行することができた。これは個人の自由に関する驚くべきビジョンであると同時に、歴史上いち早く登場した、経済的選択の自由市場に対する擁護であった。[31]

宗教的、政治的、経済的自由に関するオッカムの意見は今日、非常に現代的な印象を与える。その影響はさらに、北イタリアの立憲共和制の都市国家にも見ることができる。そうした国々では、市民が比較的高い水準の個人的・経済的自由を享受していた。オッカムによる財産の理論はまた、ちょうどそのころ、聖職者にも納税を強制しようとしていたイングランドのエドワード一世の世俗的利益にとっても有利に働いた。とはいえ、世俗的な力に対するそうしたオッカムの信念が、個人の権利の時代をもたらしたわけではない。ヨーロッパの大半の地域は、依然として封建制の支配下にあった。そして、封建制は個人の自然権ではなく、封建的な習慣と特権に基づいていた。契約を交わした場合に限り、諸侯や領主たちは商人に都市部での自由を与えた。彼らは長きにわたりつらい立場に置かれ続けてきた農奴を支配し、労働力だけでなく富そのものも搾取し、その手段としてはしばしば暴力や個人的な司法システムが用いられた。[32]

一方、都市部の住民たちははるかに大きな自由を享受していた。聖職者たちとは正反対の理由から、商人たちもまた、市場がどのように機能するのかについての研究を始めた。彼らは、活発な市場から生まれる驚くべき富には、それに見合うだけの世俗的な道徳的規範が必要だと考えた。特にフィレンツェの人々は、自由主義思想の中心となる新しいアイデアを生み出した。それは、勤勉に働く商人にとっては、富を得ること、さらにはそれを謳歌することさえ美徳であるという考え方だ。

第4章 フィレンツェの富とマキャヴェッリ的市場

秩序ある共和国は、国庫を豊かにする一方、市民を貧しくさせねばならない。
——マキャヴェッリ『政略論』一五一七年

ウィリアム・オブ・オッカムが、フランチェスコ会の清貧を擁護するために個人の自由を正当化する文章の執筆に勤しんでいたまさにそのころ、フィレンツェの商人たちは、富の追求における個人の自由を正当化するための哲学を探していた。一三〇〇年代には、憲法、市民の自由、複雑な市場、顕著な物質的豊かさを備えた商人共和国——シエナ、フィレンツェ、ジェノヴァ、ヴェネツィアなど——は、王や領主の封建的な世界とは一線を画す存在となっていた。彼らの富の源泉は、伝統的な農業や封建制度ではなく、産業と貿易、そして金融であった。これらの中世都市を支配した商人エリートは、自分たちの状況が例外的なものであることをよく知っていた。なんといっても、キリスト教世界には商業的な富を手放しで称賛する重要なテキストは存在しなかったからだ。現実の権威を手にした今、彼らの中には、市場がどのように機能するかを説明・称賛することによって現状を変えることを目指した者もいた。

オッカムやスコラ派哲学者とは異なり、イタリアの商人たちにとって、金銭への欲望は否定的なものではなかった。国家への奉仕というキケロの理想を進んで受け入れていたイタリアの裕福な貿易商やルネサンスの人文主義者は、個人の利己心や利益の追求のことを、徳の高い商業共和国と健全な市場を作るうえで不可欠なものとみなしていた。これは一二五〇年から一四五〇年の間に起こった大きな文化的転換であった。なぜならそこには、農業ではなく商業がそうした徳を維持するための鍵であり、また、地上の欲望や富への憧れは善であるという意味が含まれていたからだ。▼1

一二〇〇年代にはすでに、トスカーナ地方の都市国家シエナは、市民が金融に関して専門的な知識を持っていたこと、また共和国の制度に対する国際的な信頼の結果として、ヨーロッパにおける銀行業のリーダーとなっていた。シエナの政府官僚は、借り手や投資家がこの都市で働き、銀行と取引するうえでは、市場が期待通りに機能すると彼らが信頼している必要があることを認識していた。一二八七年から一三五五年にかけて、「シエナのコムーネと民衆の九人の総督および擁護者」〔シエナ共和国の統治を担っていた評議会〕は、法の支配と優れた財政管理の評判を維持することに注力した。政府は高度に組織化された課税システムだけでなく、安定した信用ネットワークの監督も行なった。▼2

善い政府と商業の美徳という価値観は社会に浸透していた。有名な中世の行政庁舎プッブリコ宮殿にある画家アンブロージョ・ロレンツェッティによる三枚のフレスコ画『善政と悪政の寓意』(一三三八～一三三九年)では、法を守る商人が善い政府を支えることが示唆されている。キケロやローマの哲学者セネカ(西暦四～六五年)を明確に意識したこのフレスコ画に描かれているのは、正義、知恵、平和、不屈、慎重さ、寛大さ、節制といったストア的美徳に囲まれた善政だ。ロレンツェッティはストア哲学を優れた商習慣と等しいものとして扱い、シエナの街を、裕福な市民、充実した店舗、商人、職人であふれ返る場所として描写した。この作品が伝える道徳的・経済的なメッセージは明白であり、すなわち、法の支配に支えられ、かつエリートが率いる善良な共和国政府は、富を生む貿易に必要な条件を作り出すことができる、というものだ。そうして生み出された健全な市場が、今度は共和国を支える力となる。三枚から成る『善政と悪政の寓意』のうちの一枚は、昔ながらのキケロ的なメッセージを繰り返しており、政治的専制は腐敗に直結し、信頼と平和のみならず、市場そのものとそこから生まれるはずだった富をも損なうと訴えている。[3]

ストア主義の徳高い政府および都市の富を称える姿勢は、じきにフィレンツェの商人作家の間でごく一般的なものとなっていく。一三〇〇年代後半には、フィレンツェがシエナを凌ぐトスカーナ経済の中心地となった。トスカーナの古典的人文学者で作家のフランチェスコ・ペトラルカは、世俗的な市民奉仕は美徳であるという考えを支持するために、キケロの思想の復活を試みた。詩人であり、教皇庁の役人でもあった彼は、古代ローマのテキストを発掘・復元する運動を中心となって進めた。一三四七年の黒死病とその後の戦争による影響から、彼は神がイタリアを罰しているという考えを否定するようになり、むしろ人類自身が、市民の美徳を捨て去ることによって災厄を招いていると考えた。[4] だからこそイタリアは、ローマを模倣することを通じて自らを刷新し、よりよい政府を築く必要があった。

ペトラルカは、エリートの関心を市民奉仕に向けさせるための哲学を探し求めた。そしてそれを、キケロが理想とする「パイデイア」、すなわち道徳的な市民教育に見出し、それがローマの徳を復興させるフィレンツェ・ルネサンスにつながることを期待した。トスカーナのエリートたちに必要なのは、キケロが提唱した市民的なスムム・ボヌム、すなわち「最高の善」を達成するために、古代の倫理学、修辞学、法学を学ぶことを通じて、優れた統治法を身につけることであると、ペトラルカは説いている。論考『統治者はいかにして国を治めるべきか』(一三七三年)において彼は、キケロの著作を用いながら、道徳的に公正な統治者を理想として描いている。そうした統治者は、共和国への愛と、「大衆」の共通善のために働く。成功する国家の基盤となるのは、武器よりもむしろ富と善良な市民であると、ペトラルカは考えていた。キケロと同様、彼は、指導者は誠実かつ効率的な管理者であるべきだと指摘した。[5]

パイディアに関するペトラルカの言説は、共和主義の伝統的エリート層や、ペスト後に彼らの仲間入りをした新しい富裕層の心をつかんだ。貿易の隆盛にともない、フィレンツェの商人たちは自らのことを、封建的権力や神の力ではなく、商業および世俗的な法律に基づいて新しいエリートたちを率いる正当な指導者であるとみなすようになった。長い間教会によって道徳的に貧しい存在として扱われてきた商人たちは、今ではヨーロッパの中でもとりわけ裕福な集団となっていた。当然ながら、彼らは自分たちの富と政治的奉仕を徳高いものとして印象付ける方法を模索した。[6]

フィレンツェの商人たちは、この新たな理想について、手紙や帳簿のほか、事業や一族の歴史を記した正式な回顧録に記している。「リコルディ」と呼ばれるこうした回顧録は、いわば商業の技術がまとめられた本であった。リコルディをせいぜい実用的な書類に過ぎないと考えていた経済史家たちはおおむね、これらを経済思想の正式な歴史に組み込まずに見過ごしてきた。しかし、くわしく調べてみれば、リコルディからは、商業とその徳についての根本的かつ新たな信念が見えてくる。フィレンツェの商人ジョヴァンニ・ディ・パゴロ・モレッリは、自身の『リコルディ』（一三九三〜一四一一年）において市場そのものをほめ称え、「トスカーナの市場」の「豊かさ」を誇り、それがフィレンツェのみならず、自身の家族も豊かにしてくれたと書いている。彼は祖先が手にした富、さらには彼らが「裕福なまま死んだ」ことを誇りに思い、後者についてはとりわけ名誉なことと考えていた。ただし、市民の美徳とも、共和国に対する本人の義務とも無関係に個人的な富を蓄えようとする行為は、疑わしいものであるとみなされた。一四二八年、フィレンツェの人文学者で歴史家のマッテオ・パルミエーリは、利潤の追求は国家の利益に直接奉仕するものでなければならないと明確に述べている。彼はキケロの言葉を引用し、商人は「雄弁」と「徳」を融合する必要があり、卑俗な欲望を避けて、富への欲望は「公共の政府」に参加する人々に「大きな実益」をもたらす「有用な商業技術」に向けられるようにしなければならないと主張した。[7]

同種の著作の中でも、特に広範にわたる主題を扱い、かつ優れたものとしては、ベネデット・コトルリの『商業技術の書』(一四五八年に書かれたが、出版されたのは一世紀後の一五七三年であった)がある。交易都市ラグーサ(現在のドブロブニク)の商人であったコトルリ(Cotrugli、現代クロアチア語ではKotruljі)は、フィレンツェの価値観を称賛・模倣した。キケロ的な善き倫理観と礼儀正しい振る舞いが、市場を機能させるために必要な信頼と政治的安定を生み出すという概念を、コトルリは同時代のだれよりも深く追求した。彼が最も強く主張したポイントはそこにあった。欲望と必要性は至るところに存在すると、コトルリは述べている。これ以上ないほど貧しい場所にも市場はあるが、すべての市場が富や偉大な都市を生み出すわけではない。商業と投資が活発に行なわれるためには、市場には最終的に制度的な支援、信頼、そして協力が必要となり、それがなければ貿易は適切に機能しないと、彼は明確に主張している。[8]

複雑な市場システムのあらゆる要素を熟知していたコトルリの一族は、市場の安定を担う中核はフィレンツェであるとみなしていた。羊毛、穀物、為替手形を扱う染物業者として、コトルリ家はラグーサだけでなく、ヴェネツィア、フィレンツェ、ナポリにも強力なコネクションを持っていた。銀や羊毛の取引でラグーサとかかわりのあったフィレンツェのネローニ社で働きながら、コトルリは各地の多様な商習慣に触れ、そのすばらしさに感銘を受けた。[9]

近代の自由市場思想にとって不可欠だったのは、商人の富への渇望は、より大きな善を生み出す自己利益の一形態であるというコトルリの思想であり、彼がそこへ到達するうえでは、キケロの哲学を若干捻じ曲げる必要があった。コトルリの目から見れば、キケロの『義務について』は金儲けのガイドブックであった。富あるいは「正直な利益」というものは、「商人の尊厳」の基盤であるとみなすこともできる。なぜなら、商人は富を活用することで、「自らの屋敷の豪華さと豊かさをもって公共福祉の進歩に貢献する」からだと、コトルリは説明している。これはすなわち、壮麗な邸宅や家具、衣服を所有することも、さらには自分の子供たちのために利益を生む婚姻関係を結ぶことも、すべては善行であることを意味していた。そうした行ないは、都市の富、国家、そして最終的には公共の利益を支えるものであるからだ。[10]

過去の商人作家たちと同じく、コトルリもまた、キケロの高潔な方程式に変更を加えて商人を主役に据え、農業を商業と産業に置き換えた。キケロが「商人は国家の資源である」と述べたという誤った主張を展開しつつ、コトルリは、まるでキケロが、商法を遵守する教養ある商人層が社会の自然な指導者であるという趣旨の主張をしていたかのように書いている。こうしたやり方によって彼は、ローマの元老院議院を、トスカーナの勤勉な商人へと変貌させた。コトルリはさらに、キケロの論法にならい、「自然」の商人的な「創造力」の「湧き出る泉」が、市場を活気づかせると主張した。商人は「利益を期待して」働くと、彼は述べている。そうすることによって、彼らは「人類の存続」に貢献する。貿易は「家庭や家族、共和国や公国、王国や帝国」を支え、地上の富が湧く無限の源を生み出すものであった。[11]

一八世紀、オランダ系イングランド人哲学者バーナード・マンデヴィルは、貪欲という私的な悪が、富および協力という公徳をもたらすという有名な概念を提唱したが、コトルリはそれよりも早い時代に、商人の誠実な利益は商業国家の原動力であると唱え、こう書いている。「キケロが言うように、万人のための利潤は誠実な利益と一致する」。コトルリは古代の哲学に精通しており、自分が古い美徳をゆがめて新しいものを作っていることをよくわかっていた。事実、彼はキケロだけでなく、キリスト教の取引のルールも曲げて解釈し、金貸しに対する教会の伝統的な態度に同意を示しつつ、公正価格論に対しては口先で賛同するだけで、実際にこれに従おうとはしなかった。当然ながら、施しという行為は商人にとって道徳的に必要不可欠とされていた。コトルリはしかし、自分の財産を完全に手放すという考えには恐怖を感じていたことだろう。投資資本、地上での尊厳、世俗の国家を支えるためには、貨幣が必要だったからだ。[12]

コトルリの著作は、ヨーロッパの交易の中心地において有力な商人たちによって守られてきた理想を象徴していた。しかしながら、一四〇〇年代末にはイタリアの商人共和国は衰退し、ヨーロッパでは莫大な財産と巨大な軍隊を持つスペインやフランスの大君主たちが台頭した。こうした新たな大国を支配しているのは、いまだに古い農業的理想を掲げる王や地主貴族であった。スペインとフランスによるイタリア侵攻にともない、イタリアの商人たちは地主貴族の地位をお金で買うか、さもなければ地位と階級を失うという憂き目に遭った。一四九二年、スペイン王の命によりクリストファー・コロンブスがいわゆる新世界に到達して貿易ルートを切り開くと、世の中には、富を制限するものは地の果てのみであるという感覚がもたらされた。フィレンツェのメディチ家などの大商家が、一四〇〇年代初頭のような政治的・経済的影響力を行使するには、もはや自らが支配者となって国の富を利用する以外に道はなかった。

フィレンツェのコジモ・デ・メディチは、銀行業における優れた手腕および学問と芸術の支援によって名を馳せた。彼はしかし、キケロによる徳の概念をすべて否定してフィレンツェの共和制憲法を弱体化させ、一四〇〇年代半ばにトスカーナのほぼ全域を掌握して事実上の支配者となった。一五世紀後半、フィレンツェの立憲共和制は、徐々に崩壊への道を歩んでいた。ところが一四九四年、ナポリの王位を望むフランス王シャルル八世が、二万五〇〇〇人を超える軍を率いてイタリアに侵攻する。皮肉なことに、この封建国家の王によってメディチ家の専制君主たちがフィレンツェから追い出されたことにより、かつてのフィレンツェ共和国が一時的に勢いを取り戻した。復活を遂げた共和国の指導者たちは、寡頭政治と専制政治の危険性を警戒し、憲法と法の支配を取り戻そうと努めた。その最たる人物がニッコロ・マキャヴェッリであり、彼は共和制の法とバランスのとれた市場を擁護するための哲学を生み出した。[13]

新たな共和国が存続した一八年間において、マキャヴェッリは多くの役職を担い、一四九八年には第二書記局官に就任している。しかし、近代政治学の創始者たるマキャヴェッリの鋭い判断力をもってしても、フィレンツェの街を枢機卿ジョヴァンニ・デ・メディチから守ることはできなかった。ジョヴァンニは近隣都市プラトにスペイン軍を送り込むことによってフィレンツェを強制的に服従させ、メディチ家の人々は一五一二年、ほぼ無抵抗でフィレンツェに入った。その後、この一族は共和国を解体し、再び自ら権力の座に就いた。マキャヴェッリに対しては、新体制への陰謀を企てているとの疑いがかけられたが、本人の関与が証明されなかったことから、彼はメディチ家によって「縄を使った」拷問にかけられ、やがて枢機卿ジョヴァンニがレオ一〇世として教皇に選出された際の一般恩赦によって釈放されると、その後は自ら田舎の山荘に移り住んだ。このとき、苦い思いを噛み締めながら彼が取り組んだのは、二冊の大著『君主論』と『政略論』の執筆であった。

知識人で歴史家のアルバート・ハーシュマンはマキャヴェッリについて、「情念」同士が対抗しあい、市場要因を動かす自己利益の戦場としての社会という近代的概念の「源」であると述べている。マキャヴェッリは特に、自己利益を実現するために情念をいかに制御すべきかに関心を寄せていた。個人の富の追求が重要であることを、彼は認めていた。彼が恐れたのは、私的な富が腐敗や寡頭政治に傾く傾向であった。マキャヴェッリは、国家がそうした私的な情念や利益を管理・監督できるだけの強さを持ち、ひとりの人間が都市を支配することがないようにしなければならないと主張した。[14]

国家の優越性を信じるマキャヴェッリの信念は、メディチ家をはじめイタリア全土に存在する寡頭制支配者や君主の専制と、明らかな対照を成していた。権力の座に就いたメディチ家は、家族や友人を優遇し、法のない国家を私的権力と利益のために利用し、その財源を空にした。利己的な専制政治はフィレンツェを破壊し、自由貿易を大幅に衰退させた。こうした経緯から、マキャヴェッリは貴族の徳にはまるで信を置いていなかった。当時のイタリアを生き延びるには、ローマにおけるキケロがそうであったように、法の支配を尊重する強力な共和国で暮らすか、さもなければあらゆる手段を講じて自分の身を守るしかなかった。言い換えるなら、マキャヴェッリは法の支配を信じていたが、そこには法の支配が存在するという前提が必要であった、ということだ。

政治家、また歴史家としてのマキャヴェッリは非常に実際的であり、彼の著作はいわば商人の手引きのように生活に適用され、文字通り人々が自分の「フォルトゥナ〈運命、あるいは財産の意〉」を管理するために使われることを意図していた。これを達成するために、彼はキケロの市民共和主義に同意する一方で、ペトラルカが示唆するような、道徳的に寛大かつ善良な支配者というものが存在し、臣民と友情を結ぶことさえあるという高潔な楽観主義を否定した。経済的不平等と悪政が暴力と紛争をもたらす様を、マキャヴェッリは目の当たりにしてきた。そのため彼は、平和的で安定した政府および機能する市場を保障する、法の支配する共和国という概念を支持した。人類というものに対するマキャヴェッリの悲観的な見方には、どこか非常にアウグスティヌス的なものを見てとることができる。[15]

新たなメディチ政権で職を得るという目的のために一五一三年に書かれたマキャヴェッリの『君主論』は、いまだに謎が多い作品だ。一部の人たちは、今でもこれを非道徳的な行動への誘いであるとみなしており、だからこそ現代では、「マキャヴェリアン」という言葉は狡猾で利己的な人間のことを指す。一方で、この本を専制君主が犯す悪を批判・暴露するものだと見る者もいる。おそらく、これらはどちらも真実であったのだろう。結局のところマキャヴェッリは、政治と共和国への忠実な奉仕を愛したのと同じくらい、寡頭政治と専制政治を憎んでいた。メディチ家が権力を握ったあとでさえ、彼は国への奉仕と批判の両方を望んでいた。

マキャヴェッリは、あらゆる不道徳を拒絶したキケロの考えに賛同してはいなかった。人間の欠点とは、彼にとって人生における事実であった。それでも、腐敗への最良の解毒剤は共和制政府であるという点では、キケロとマキャヴェッリの意見は一致していた。専制君主や野心家は獣のように行動すると、マキャヴェッリは警告している。そのため、イタリアが一四〇〇年代に経験したような暴力を避けるには、何らかの法的な監視が必要であった。マキャヴェッリは、国家には、気まぐれで邪悪な君主の好き勝手な自己利益の追求が生み出す破壊から個人を守る責任があると述べ、ローマ共和国およびローマ帝国の具体例を示しつつ、そこから腐敗と専制に対抗する手段が見出されることを望んだ。『政略論』(一五一八年)において、彼はこう述べている。「秩序ある共和国は、国庫を豊かにする一方、市民を貧しくさせねばならない」[16]

マキャヴェッリは、文字通りに市民は貧しくあらねばならないと考えていたわけではない。商人共和国の政治の世界で生きる彼は、商人の富を支持していた。マキャヴェッリが恐れたのは、寡頭制国家に貨幣が集中し、共和国と市場の安定が脅かされることであった。彼はすでにメディチ家の台頭と、彼らがその富で国家を腐敗させ、代表制や法制度を蝕んでいく様を目の前で目撃していた。マキャヴェッリは、共和国の財政が身分の高い者たちの利益に利用され、国を弱体化させていることを理解していた。キケロが寡頭政治的であったのとは対照的に、彼は貧しい人々に土地を再分配し、貴族の権力を制限したローマの農地法を称賛した。大きすぎる富の不平等を抑制したおかげで、ローマは平和と秩序を維持することができたと、彼は考えていた。ローマ内戦時およびユリウス・カエサル(フィレンツェにおけるメディチ家)が皇帝に登りつめたときのように、富裕層があまりに力を持ちすぎれば、それは「共和政の破壊」につながる。[17]

マキャヴェッリは、フィレンツェの労働者階級の反乱であるチョンピの乱(一三七八〜一三八二年)を、経済的自由の教訓とみなしていた。メディチ家が輩出したふたり目の教皇であるクレメンス七世に献呈した『フィレンツェ史』(一五二五年)において、彼は寡頭制による独占は危険であり、安定した貿易と富を妨げると主張した。寡頭政治と経済的不平等こそがフィレンツェに内戦をもたらしたと、マキャヴェッリは述べている。共和国とその市場は、ある程度の経済的平等なしには機能し得ない。キケロの言葉を用いつつ、彼は「欺瞞や暴力によって」富を得た商人を批判し、そうした行為を「醜悪な手法での入手」であると批判した。マキャヴェッリは、フィレンツェの貴族たちが、チョンピ〔毛織物工業の労働者〕の職人がギルド内で代表権を持てないよう制限したことは悪手であるとし、それが流血や不安定、過激な政治を招いたと考えていた。『君主論』は、共和国が弱体化したときにのみ、動物の掟が支配するようになると示唆している。安定した国家だけが、「狐」や「獅子」の野蛮で危険な行動を回避し、徳を支え、よい貿易と市場を守ることができる。[18]

マキャヴェッリは、専門職ギルドについても同様の懸念を抱いていた。ギルドが機能するためには、彼らは貴族と労働者双方の利益を代表している必要があった。それから二〇〇年後、ギルドの寡頭制は自由で機能的な市場と相反するものであるという考え方は、アダム・スミスの経済思想の基礎となった。スミスは専門職ギルドのことを、賃金を抑制する抑圧的なカルテルとみなした。一方、ルネサンス期のフィレンツェ市民であるマキャヴェッリの視点は、より細かい点に向けられていた。ギルドは貿易、品質、信頼を構築・維持するために必要であるというのが、彼の考えであった。フィレンツェの商人たちが繰り返し主張した通り、そうした専門家の集団こそがフィレンツェを豊かにしていた。中世およびルネサンス期の商人の多くは、自分たちが暮らす商業共和国の憲法と政府にその基となる枠組みの一部を提供したのは、ギルドの規則であることを知っていた。だからこそ、フィレンツェ共和国の政庁舎として有名なヴェッキオ宮殿には、各ギルドの紋章が飾られている。一方、マキャヴェッリは、ギルドは富がすべての市民に行き渡るよう配慮し、新人の加入も許されるようにすべきだと主張した。カタスト〔フィレンツェの土地税〕は、共和国にとって不可欠なものであると彼は考えていた。なぜならそれは「有力者の専制を部分的に抑制」し、市場の公正な機能を維持するからだ。[19]

近代シニシズムの偉大な創始者であるマキャヴェッリは、抑制を受けない自己利益は市場を破壊しかねないと考えていた。安定のためには、世俗的な国家が個人よりも豊かかつ強力である必要があった。マキャヴェッリはこのように、今日でも通用する経済論を展開した。政治的および経済的安定を保障し、寡頭制と専制政治を避けるためには、強力な国家が貴族と平民階級の間のバランスを監督しなければならないと、彼は信じていた。おそらくは彼が残した最大の教訓であるこの思想は、地主寡頭制の力を削いで自由な商業社会を発展させることを目指した、その後何世代にもわたる市場構築者たちの拠りどころとなった。

第5章 イングランドの「国家による自由貿易」

なぜなら、貿易が繁栄すれば、王の収入は増大し、土地と賃貸料は改善され、航海術は向上し、貧しい人々に雇用が生まれる。しかし、もし貿易が衰退すれば、これらすべてはそれとともに衰退するからである。

――エドワード・ミッセルデン『自由貿易、すなわち貿易を繁栄せしめる諸手段』一六二二年

一六世紀初頭、ヨーロッパは急速な変化を遂げた。一五一七年、マキャヴェッリが『政略論』を書いたまさにその年、プロテスタントの創始者であるドイツのマルティン・ルターは、ヴィッテンベルク城教会の扉に「九五カ条の論題」を釘で打ち付け、キリスト教の分裂を引き起こすプロセスを開始した。最初のプロテスタントたちは、マキャヴェッリが抱いていた人間の基本的な性質に対する深い悲観論を共有し、人間は堕落しており、獣のような性向に基づいて行動すると考えていた。同時に彼らは、個人の選択と利己心が持つ力についてのマキャヴェッリの信念も共有していた。その信念とはすなわち、個人の選択の適

切な行使を通じて、人間は自分自身の運命を切り開くことが可能となる、という考えだ。[▼1]

同じ時期、スペインの探検家フアン・ポンセ・デ・レオンがフロリダを発見し、同地の探索を行なった。アメリカ大陸の存在はヨーロッパの人々に、自然の富は自分たちが想像したこともないような広大なものであるという印象を与えた。哲学者らは、科学と発見はそうした富を解き放つ鍵であるという考えをいっそう深めていった。一方、地球の探索が盛んになるにつれて、長距離の海上貿易および帝国の領土の保護とそれにかかる費用については、国家が主導的な役割を果たすべきであるという認識が生まれた。そうした活動は、個人や企業が単独で行なうにはあまりに高額かつ複雑であったためだ。一六世紀から一七世紀にかけての経済思想家たちは一貫して、富の生産には、国家による投資と個人による企業活動の両方を組み合わせることが必要であると主張していた。

当時のヨーロッパが、惑星の運行から血液の循環に至るまで、すべてを支配する自然法則の発見をもたらす科学革命の入り口にいたことを思えば、一六世紀の経済思想に、自然な市場メカニズムがどのように機能するかについての革新的な新理論が数多く見られるのも当然と言えるだろう。貨幣数量説、収穫逓減《しゅうかくていげん》の法則、参入障壁、インフレーション、労働生産性、起業家精神など、この時代には自由市場に関するさまざまな概念が登場した。そして、先駆的な経済思想家たちはこれらすべてが、何らかの形の国家関与に依存しているとみなしていた。

一五三〇年代には、ヨーロッパはドイツとボヘミアの鉱山のほか、ポルトガルやスペイン帝国からもたらされる金であふれかえっていた。スペインの艦隊によって新世界から運ばれてくる大量の貴金属は、セビリアのグアダルキビル河畔やフランドル地方のアントワープ港で陸揚げされた。金の増加は富をもたらしたが、それは同時にインフレ、さらには通貨不足を引き起こし、ボヘミアやマドリード、パリ、ロンドンなどの経済の安定を脅かした。[2]

この突然の不安定化への反応として、哲学者たちは、貨幣とそれに価値を与えるものについて深く考えるようになった。そして彼らは、市場の力が中心的な役割を果たしていることを認識し始めた。初期のスコラ学者たちが、個人の行動が価格設定や価値の市場メカニズムを生み出すことを理解していたのと同じように、後期のスコラ学者たちもまた、特にスペインにおいては、通貨価値というものは、王室の恣意的判断や国家によって完全に制御できる対象ではないとみなしていた。この時期、市場メカニズムの理解に焦点を当てた法学派が、スペインのサラマンカ大学やポルトガルのエヴォラ大学に登場した。一五五〇年代、スペイン、バスク地方出身の神学者マルティン・デ・アスピルクエタが貨幣数量説を発展させ、貨幣の価値は流通している通貨の量（硬貨を多く作れば通貨価値を押し下げ、そのインフレーションが今度は通貨不足を引き起こす）と、人々が貨幣で何を買うことができると考えているかの両方から生まれることを示した。[3]

市場の力が通貨価値を決めるという見解は、金貸しに関する新たな考え方につながった。キリスト教やスコラ哲学の思想家たちは長い間、貨幣は悪であると信じていた。たとえば一部の人々は、アリストテレスの『政治学』にならい、貨幣は「不毛」であり、財の交換なしに富を生み出すことはできないと主張した。したがって、貨幣は「繁殖」すべきではなく、利息を得ることは不自然であるうえ、一種の窃盗でさえあるとみなされた。また別の意見としては、貨幣は無からできており、無は悪である、というものもあった。貨幣そのものには何の有用性もない。物だけが価値を持っており、貨幣は単にそれらの価値を反映しているに過ぎない。貨幣は無であるため、利息を得ること――富を生み出すこと――は黒魔術の一形態であった。高利貸しはまた、悪とされていたユダヤ人とも結びつけられた。一方で、もし量と有用性が貨幣の価値を設定するのであれば、それは利息を得ることはそもそも悪でも窃盗でもなく、市場メカニズムの重要な一部であることを示唆していた。こうした観点から、プロテスタントの経済思想家たちはやがて、高利貸しを禁ずるという古来の習慣に終止符を打つという大きな一歩を踏み出した。

ドイツ、プロテスタントの改革者でカルヴァン派のマルティン・ブツァーは、利息をともなう貸付を強力に擁護し、カトリックによる高利貸しの禁止だけでなく、貨幣は本質的に不毛なものであるという根本的な考え方にも異議を唱えた。[4] この時代には、多くの神学者が、純粋にキリスト教徒的な文脈で行なわれる場合には、商業は肯定的なものであると考えるようになっており、ブツァーもそのひとりとして、貨幣に対するこうした偏見の解体に貢献した（ただし、ユダヤ人に対する偏見はその限りではなく、彼はユダヤ人が市民生活・商業生活から追放されることを望んでいた）。宗教的な争いをきっかけに、ブツァーは一五四七年にプロテスタントのイングランドに亡命し、ヘンリー八世の宮廷に迎え入れられた。一五四九年、彼はケンブリッジ大学の欽定教授となり、そこで『キリスト王国論』を執筆して、貸付は双方の合意のもと、「濫用的」な金利なしに行なわれる限りは経済的に有益であるという自身のビジョンを説いた。ブツァーはキケロと聖アンブロシウスの言葉を引いて、キリスト教コミュニティのために利益を得ることを正当化し、「その目的は神の民のために平和を購入すること」であると述べた。商業を通じて市民生活を支えることに彼が焦点を当てたという事実は、キリスト教思想が世俗的な世界へと向かう動きを象徴していた。「貨幣もまた神の賜物であり、神はそれを正しく使うことを求めておられる」。『高利貸論』という説教の中で、ブツァーはそう述べている。もし貨幣がキリスト教徒の生活を豊かにし、かつてキケロが説いた市民の安定という最高善を支えるのであれば、それはもはや不毛なものとは言えないであろう。[5]

カルヴァン派のプロテスタントは、フランスという、当時西ヨーロッパで最も人口が多く、またおそらくは最も豊かだった国において大きな影響力を持っていた。しかし、一五六二年に勃発した宗教戦争が三五年以上にわたって継続し、カトリックの過激派が、プロテスタントのみならずカトリックの穏健派まで攻撃するという事態に発展したことにより、同国は存亡の危機に陥った。都市も豊かな産業も崩壊した。

宗教的な争いを終わらせて国家の再建をうながす理論を探し求める中、一部のフランス人思想家は、マキャヴェッリにこれを求めた。国家と社会を安定させ、有望な市場条件を作り出すうえで、マキャヴェッリの思想は不可欠であると、彼らは考えた。

そうした思想家のひとりに、フランスの法学者、歴史家、自然哲学者のジャン・ボダンがいた。宗教戦争のさなかにあって、彼は絶対君主制を擁護する政治理論を展開し、それこそが政治的平和を維持するだけでなく、フランス経済を発展させることができる制度であると主張した。ボダンの理論は、サン・バルテルミの虐殺(一五七二年)に対する反応として書かれたものであった。同事件においては、熱狂的なカトリック信者によって、パリにいる高位のプロテスタント貴族数百人のほか、フランス全土で数千人の信者が殺害された。この未曾有の暴力はフランスにトラウマを植えつけ、暴徒が都市や商業的な富を破壊したことにより、国は不安定な状態に陥った。絶対君主制は、宗教的な派閥と内乱に対するボダンの返答であった。経済が自然なプロセスに従って機能するには、国が社会を安定させ、市場を再建しなければならないと、ボダンは考えた。マキャヴェッリのアイデアを採用して国家の安定と権力を擁護したボダンだったが、彼はマキャヴェッリよりもさらにあからさまな形で、国家は富を育成し、市場が自然なシステムとして機能できるようにすべきであるという自身の信念を表明した。言うまでもなく、ボダンの立場はマキャヴェッリのそれとはまるで違っていた——ボダンは国際的に尊敬を集める学者、法律家、王の顧問であったため、こうした意見を率直に述べることが可能だったのだ。

ボダンの著書『国家論六編』(一五七六年)は、絶対君主制こそが、政体としての国家を蝕む「情念」に対する唯一の対応策であると説いている。ボダンはマキャヴェッリによる不道徳の擁護には同意しなかったが、政治的安定を重視した彼の考えは正しいと信じていた。憎悪や狂信的な宗教的信念は、政体の調和を崩し、商業と富を破壊する。彼以前に登場した多くの市場理論家たちと同じく、ボダンもまたキケロを援用し、法を定める道徳的な君主であれば、ストア派の節制を実践し、経済に自然の均衡を取り戻すだろうと述べている。[6]

ボダンは、安定を目指す国家は豊かでなければならないというマキャヴェッリの教えを踏襲した。彼もまた、度を越えて豊かな寡頭制支配層の存在は、市場メカニズムを不安定にする脅威であると考えていた。「少数が過剰な富」を所有し、「大多数が極度の貧困」の状態にあれば必然的に内乱が起こる。強力な国家だけが、極度の富と貧困という「災厄」を管理することができる。しかし、キケロと同様、ボダンもまた、「平等」を作り出そうとする試みは、また別の危険な幻想であるとみなしていた。経済は成長する必要があり、健全な国家は、信認と信頼を醸成することによって理想的な市場条件を作り出すと、彼は信じていた。そのために必要となるのは、公平な課税と債務の免除だ。国家はまた、ローマのモデルにならい、植民地の拡大を図ることで資金を調達しなければならない。ボダンにとって、よい政府とはよい公共財政管理を意味していた。国家は「人口を数える」ことによって公的純資産を把握すべきだと、彼は考えた。そうすれば、国民を労働生産性や都市産業の可能性に基づいて評価することができるようになるからだ。こうして誕生した経済人口学は、やがて市場を理解するうえで不可欠なものとなっていく。[7]

ボダンという人物には、一六世紀の経済思想の複雑さを見てとることができる。経済を安定させ、市場条件を保障するうえでの国家の役割を断固として擁護したボダンだが、彼はその一方で当時の第一級の貨幣理論家でもあり、市場メカニズムについての画期的な観察分析を行なっている。ボダンは、キャリアの初期にあたる一五六八年、ヨーロッパのインフレ問題に直面し、『マレストロワ氏のパラドクスへの反論』を著した。これは貨幣数量説を全面的に擁護するものであり、その中で彼は、流通している貨幣の量が通貨価値に影響を与えると述べている。[8]

王室の顧問兼財務管理者であったマレストロワは、一五六六年、貨幣の価値は内在的なものであり、通貨の切り下げ、硬貨の純度、硬貨のクリッピング（金貨や銅貨の縁をクリップ《切り取る》する行為）がインフレ危機の根底にあると書いている。物価は三〇〇年間変わっておらず、インフレは硬貨そのものの質に起因すると、彼は考えていた。ボダンは、硬貨の本質的な価値は限られており、その価値の大部分は市場要因によってもたらされることを知っていた。歴史家である彼には、硬貨の価値にまつわる過去のデータを長年研究してきた経験があった。ドイツとスペインの鉱山、さらには新世界からの金と銀の流入が貴金属の供給過剰を引き起こしたことを、彼は理解していた。インフレを引き起こしていたのは、コインの質ではなく量であった。貨幣の公的価値を変えたり、硬貨のクリッピング行為と闘ったりしても、インフレを止めることはできない。もし地金の量が増えて通貨価値が低下し、国が金属の流入をコントロールできなければ、国家は経済成長を支えるために介入しなければならない。より多くの貿易を生み出すことこそが、インフレに抗い、貨幣を流通させ、通貨価値を安定させる唯一の方法であった。[9]

ボダンの『反論』は、史上最も早い時期に登場した、貨幣と市場の機能に関するデータ主導型の実践的研究のひとつであった。スコラ学者たちにならい、彼は量というものを、価値と価格の決定をうながす力とみなした。たとえば、貨幣は流通量が増えるほどその価値が下がる。同じことは穀物についても言える（ボダンはまた、個人がより多くの金とより多くの貧困を同時に有するという矛盾がどのように起こり得るかについて、十分に歴史を踏まえた、かつ文書に基づいた推論を提唱している）。歴史上、物価は惑星の動きのように機能してきたと、彼は考えていた。ポーランドの天文学者ニコラウス・コペルニクスによる惑星運動における因果性理論を引用しつつ、ボダンは、豊富さがいかにして価格を下げるかを説明した。大きさと速度という自然な運動の力が、惑星が太陽の周りを周回するのを制御している。コペルニクスは、惑星と貨幣は同じ法則に従っていると考えており、ボダンもまたこの強力な類似を自身の推論に取り入れている。[10]

ボダンは、キケロがマルクス・アントニウスの手にかかって命を落とした有名な事件を引き合いに出して、人間の事柄も自然と同様、常に調和しているわけではないことを示した。こうした対立が、ローマ共和国の崩壊や、ボダン自身の時代の宗教戦争のような大規模な動乱に発展しないようにすること、またそれにともなう通貨崩壊のリスクを避けることは、国家の責任であった。ボダンは、神の摂理とストア的な人間の思慮深さがあれば、穏健なカトリックの君主が過激派に打ち勝ち、フランスに再び均衡、平和、繁栄を取り戻すと確信していた。[11]

マキャヴェッリ、スコラ学者、そしてボダンは、サヴォイア出身のイエズス会司祭で、哲学者、外交官でもあったジョヴァンニ・ボテロの経済・政治思想に影響を与えた。ボテロの最も重要な思想のひとつは、都市が産業を育成し、市場を活性化させるというものであった。農地とは対照的に、都市は発見、革新、製造の中心地であり、資産の大規模な蓄積が、絶え間ない富の生産のダイナミックなプロセスを生み出していた。これはつまり、国家が都市に注目して、そこに投資し、管理しなければならないことを意味していた。国家は自身の生き残りと繁栄のために厳しい決断を下さなければならないというマキャヴェッリの考え方を共有していたボテロは、この概念を「国家理性」と呼んだ最初の人物であった。経済史家たちは、のちにフランス語で「レゾン・デタ（raison d'état）」と呼ばれるこの概念を、近代の重商主義の概念と結びつけている。重商主義においては、君主や指導者は金を蓄えるにせよ産業や商業に補助金を出すにせよ、国家を経済的に強くするために力を尽くさなければならないとされる。ボテロはしかし、国家だけでは経済を管理することはできず、国家はむしろ商人たちと協力して、生産を最大化するための適切な条件を作り出す必要があると考えていた。[12]

すべてのエネルギーは、市民の利益のために国家を安定させることに注がれるべきだというキケロ的な主張を促進したボテロであったが、やがて彼は農業を重視するキケロの理想からも、いまだに貿易や産業は不名誉なものであるとする同時代の貴族たちの理想からも距離を取るようになっていく。ボテロは、無限の農業的、鉱物的な富という概念を、人間の産業という、彼が無限であるとみなす可能性に置き換えた。ヨーロッパ各地の都市が農業よりも都市の富に焦点を当てることでどのように豊かになったかを、彼は説明している。そうした都市は、大学、裁判所、地域産業などの拠点となっており、そのすべてが技能を育成し、これによってさらなる産業が生み出されていた。[13]

このような可能性を現実のものとするうえで中心となるのは、人間の狡猾さ、そして富を生み出すための適切な手段を用いることだと、ボテロは指摘した。アーティフィス《巧妙さ》という言葉は、政治におけるマキャヴェッリ的な感情の偽装を形容する際に用いられる一方、職人たちの「熟練した人間の手」と、彼らが続々と生み出して社会の富の拡大に活用している革新的な「道具」や「技巧」という意味でも使われる。ボテロは、職人の「勤勉」が、「自然」、農業、さらには鉱業が生み出す富を「はるかに上回る」結果を生み出すことを、直接の経験から知っていた。彼の目から見れば、自然は富を生み出す原動力としては限界があるうえ、非効率でもあった。創造性によって比類ない豊かさを手に入れた都市の例として、彼は強力な経済拠点であったヴェネツィアやオランダ共和国を挙げている。都市の経済が農業の原材料とはかけ離れたものになり、製造業や国際貿易を通じてそこに付加価値を与えるほど、富の創造はより効率的で広がりのあるものになっていくと、彼は書いている。[14]

ナポリの哲学者アントニオ・セッラもまた、市場分析を用いて、農業に比する産業の重要性を説いた。セッラが一六一三年に発表した『国家の富と貧困についての短い論考』は、農作物がいかにして収益の逓減をもたらし、それによって生産コストを押し上げて、限られた黒字しか生まなくなるのかを詳細に説明している。簡潔に言うなら、農業は大規模な投資に見合うだけの富を生み出せなかったのだ。「生産物の増加、すなわち収益の増大」をもたらす製造業だけが、すぐに価値が下がることのない永続的な財を生産することができた。生産量が増加すればコストが下がり、賃金を上げながら同時に価格を下げることが可能になると、セッラは説明した。これこそがリターンを増大させるメカニズムであった。だからこそ、互いに競い合う産業市場には大きな可能性があった——少なくとも、セッラが説明したような収益の増加が、のちに「参入障壁」と呼ばれるようになるものを生み出すまでは。「参入障壁」とはすなわち、寡占と独占を生み出すメカニズムだ。[15]

イタリアの都市で暮らす多くの人々と同様、セッラは、この製造戦略を機能させるには、国家が規制や基準を通じて産業を支援する必要があると考えていた。現代の経済学者はこれを理由に、セッラのことを自由市場思想家ではなく「重商主義者」であるとみなしている。しかし、セッラ自身はそうは考えていなかった。同時代のだれよりも市場のメカニズムに精通し、また、だれよりも深く貨幣価値の下落、限界費用、商業投資のための資本形成の仕組みを理解していた彼は、単に自分が見た通りの状況を説明しようとしていたに過ぎない。その状況とはすなわち、ヴェネツィア、ジェノヴァ、ミラノといった北イタリアの安定した商業国家は、製造業や貿易を支援することにより、これを農業よりもはるかに生産性の高いものにしている、というものだ。

イタリアは、一六世紀に数多く存在した商業的発展の中心地のひとつであった。この時代にはイングランドもまた台頭しつつあり、やはり同国においても、国家の介入と自由市場政策のバランスが鍵を握っていた。広大な封建的農地に薄く散らばる大規模な交易都市が内戦によって弱体化したフランスとは異なり、イングランドでは、ますます多くの街が製造業や貿易の核となりつつあった。たとえば、一五五〇年から一五七〇年の間に、サウサンプトンでは商店の数が倍増した。一五七〇年代には、この街では三〇〇軒の商店が一〇〇〇種類以上の布、一〇〇〇種類以上の釣り針を提供し、そして鉄や石炭は無尽蔵と思えるほど大量に供給されていた。イングランドの人口が一六世紀後半に三〇パーセント近く増加すると、それとともに都市の人口密度が高まり、都市部の拡大はつい最近まで田園地帯だった地域にまで及んだ。[16]

イングランドの経済発展は、市場成長の基礎となる、法的な商業契約および信用の全国的な増加をともなっていた。貨幣需要が拡大して通貨が不足すると、イングランド人は信用を活用するようになり、負債は社会のあらゆる領域で増加していった。こうした負債の蔓延は、単なる経済的美徳からの転落を示すものではなく、むしろ市場発展の兆候であった。まもなく、貸付、債券、契約の広大なネットワークが流動性を生み出し、さらなる商業の発展に拍車をかけた。一五六〇年から一六四〇年の間に、信用に基づく経済活動は拡大し、貸付が増え、契約は証人の立会いのもとで署名が行なわれるのが当たり前になった。経済への信頼は日に日に高まり、控えめなイングランド人商人でさえ、自分は多額の融資をすぐに受けることができると自慢するほどになった。契約の数が増えるにつれ、英国人の計算能力も向上し、会計の一般的な知識とともに投資制度への信頼感が広がっていった。一五五八年に出版されて人気を博した、ニコラス・グリマルドによるキケロの『義務について』の英訳版には、当時多くの注目を集めたこんな言葉が記されている。「誠実さは正義の基礎であり、それは言葉と契約、誓い、堅固さの中に表れる」[17]

貿易、信頼、信用の隆盛にともない、イングランドでは経済に関する重要な著作が相次いで出版された。国会議員でケンブリッジ大学の研究者、そして先駆的な市場思想家であったサー・トーマス・スミスの著作とされる『イングランド王国の公共福祉に関する論説』(一五四九年頃)は、政府は農業市場を自由化すると同時に、産業を厳しく規制して都市部の製造業を活性化する必要があると説いている。古代の共有農地から囲い地を作る際に議会が介入したことにより、農作物の生産が損なわれ、その結果として都市の富が損なわれたと、スミスは主張した。産業の需要と供給に基づく国際市場システムの考え方に賛同するスミスはまた、起業家精神を有する職人を国家がどのように支援すべきかについての構想も有していた。彼は、豊かな市場が持つ自ら拡大していく力を信頼する一方、キケロの言葉を引用して、国家は都市産業の発展を「報酬」と規制の「痛み」によって支援し、必要に応じて「強制」も行なうべきだと述べている。スミスはまた、農業には自由が必要であるのに対し、製造業には国際市場開拓の支援とともに国家の監視が必要であると感じていた。製造業の拡大は、国が豊かになる流れを生み出し、「町や都市をあらゆる種類の職人で満たす。その中には、今もわれわれにとっての自然な職業である織物職人だけでなく、帽子職人、手袋職人、紙漉き職人、ガラス職人、針加工職人、金細工師、さまざまな鍛冶職人、ベッドカバー職人、針作り職人、ピン作り職人なども含まれる」[18]と、彼は書いている。これらすべての職業と商売がお互いを支え、経済成長の市場システムを作っていた。

イングランド政府は今や、国内の産業だけでなく、植民地世界への同国市場の拡大も支援していた。エリザベス一世は一五七九年、フランシス・ドレークの世界一周計画に資金を提供し、また一五九五年には、サー・ウォルター・ローリーが主導したオリノコ川探検にも勅許を与えている。現在のベネズエラに位置するオリノコ川は、クリストファー・コロンブスが天国につながる道を見つけたと報告した場所だ。コロンブスから約一〇〇年後に同地を訪れたローリーは、自己宣伝用に執筆した本『大きく、豊かで、美しいギアナ帝国の発見、およびスペイン人がエル・ドラドと呼ぶ偉大なる黄金都市マノアについての報告』(一五九六年)[19]にその旅の詳細を記し、自分もまた、そこで「金の母」、すなわち無限の富を見つけるだろうと書いている。

多くのイングランド人が、帝国の建設には国家がかかわるべきだと考えていた一方で、彼らはまた、市場を絶えず生産的なものにする自然法則と呼ぶべきものを理解しようと努めていた。イングランド出身のフランドル人で、フランドル地方の貿易事務官であったジェラール・ド・マリーンは、自著『レックス・メルカトリア(商人の法)』(一六二二年)において、商業の構築における規制と自由の役割について驚くほど洗練された見解を披露している。彼は聖書のほか、スパルタ、クレタ、カルタゴ、キケロの法、およびジャン・ボダンの著作を引用し、国家は戦略的に交易を支援しなければならないと主張した[20]。

マリーンはまた、ボダンと同様、近代で言うところの自由市場／重商主義というふたつの対立する思想をないまぜにして、国家による介入と自己調整的な自由市場メカニズムに等しく依存する経済理論を提唱した。自然法においては、自然界の諸要素が特定の行動を取る、あるいは一定の原則に従って動くのであれば、人間の行動や取引もまたそうした原則を反映して然るべきであるとされる。しかし、そうした「反映」は自然発生的なプロセスではなかった。なぜなら、システムが軌道を逸れないようにするためには、人間による監視とメンテナンスが必要となるからだ。マリーンは取引のことを錬金術的なプロセスとして説明しており、そこには何の変哲もない石や元素を科学の力で黄金や秘薬に変えることができると信じる人々の影響が見てとれる。貨幣から貨幣を生み出すことができるという信念の誕生においては、錬金術という原始的な科学がその一端を担っていた。錬金術はまた、マリーンをはじめとする思想家たちに、金や富の創造は自然のプロセスの一部であり、それは哲学者が解明するものではなく、科学者が利用するものであるという考えを植えつけた。[▼21]

　ボダンによる貨幣数量説に部分的に同意していたマリーンだったが、彼はそこからさらに一歩踏み込んだ見解を示している。彼の考えでは、自然および人間にかかわるさまざまな要素――時間の経過、貨幣価値の下落、数量、硬貨の鋳造と品質規制における王室の権限など――は、すべて通貨価値に影響を与えるとされた。マリーンの著書『自由貿易の維持』（一六二二年）は、貿易の不均衡によって一国が他国に対してあまりに多くの硬貨を失えば、その国の産業が損なわれると警告している。たとえば、イングランドがオランダの布を過剰に買い入れた場合には、イングランドの金はオランダへ流れ、貿易に必要な硬貨が不足することになる。重金主義者であったマリーンは、国内にある硬貨と貴金属の量は国の富に等しいと信じており、この信念は産業発展と自由貿易の基盤であると唱えた。こうしたマリーンの意見には、当時現実に起こっていた問題の影響が見てとれる。イングランドは貨幣不足に陥っており、商人は自分たちの手元に、取引や納税に必要なだけの十分な硬貨を持っていなかった。この硬貨不足が、イングランドの布産業拡大に向けた投資を損なっていると、マリーンは考えていた。[22]

マリーンはまた、政府は破壊的な結果をもたらしかねない外国との競争から羊毛商人を保護しなければならないと感じていた。政府の関税だけが、「イングランドの商人」に公正な価格を保証し、それによって外国との「自由貿易」を支援することができると、彼は考えた。現代の自由市場思想の観点からは矛盾しているようにも見えるこうした意見は、単にイングランドの貨幣不足に対する反応として出てきたものであった。一七世紀初頭のイングランドの経済思想家たちは、自由放任主義《レッセフェール》による富の創造を理解していない経済の素人だったわけではなく、貴金属を国内に引き戻すことで、貿易と産業の発展を回復させる戦略を試みていたのだ。マリーンをはじめとする商人たちは、国家こそがその偉業を遂行できる唯一の力であり、したがって経済的自由と安定を保障するために不可欠な存在であるとみなしていた。関税によって十分な資金を取り戻して国内の商業を発展させれば、イングランドは国際市場で自由かつ有利に競争できるようになるからだ。[23]

こうした考えを持っていたのはマリーンだけではなかった。イングランドの経済的指導者の多くは、自由貿易の条件を整えるうえで国家が一役買うことには何の問題もないという考えに同意していた。彼ら有力者の中でもとりわけ大きな影響力を持っていたのは、東インド会社役員のトーマス・マンと商人のエドワード・ミッセルデンであった。マンとミッセルデンにとって、国家による保護主義が貿易の自由を促進するという考えに矛盾はなかった。そのため、経済史家たちは長い間、王室がイングランドの海運と製造業を関税によって保護することを主張した彼らを重商主義の理論家とみなしてきたが、われわれは同時に、彼らのことを自由市場思想の先駆者としても評価する必要がある。

マンが考える、自由貿易へと続く最も確実な道とは、市場に価格を設定させる一方で、政府がイングランドの産業の成長を保護・促進することであった。一六二〇年代という経済不況の時期に東インド会社の役員を務めたマンは、自由主義的な政策と保護主義とを組み合わせた方針を採用することで、王室が貿易不均衡を逆転させるのを助けた。贅沢品の取引で貴重な銀を流出させていると世間から攻撃されたときには、この貿易こそがイングランドを豊かにしているのであり、自分の管理方針に落ち度はないと主張した。「購買と支払いの動き」によって推進される「秩序ある財の流れ」だけが、イングランドの通貨の価値を強化し、より少ない通貨でより多くのものを買えるようになり、その結果、王国からの資金流出は抑制される。自由貿易が通貨危機の調整を促すと考えていたマンだったが、一方では、それだけでは十分でないとも感じていた。マンは、イングランドが自由に貿易を行なう能力を強化するためには、国家の介入とともに、市場による解決策が必要だと考えた。彼は国内産業と競合する外国製品にいくつもの関税をかけることを支持し、また、イングランドの海運は、自身の会社が所有するもののようなイングランドの船舶だけで行なうべきだと主張した。これは今日の自由貿易とはかなり様相が異なるように感じられるかもしれないが、マンをはじめとする当時のビジネスリーダーたちにとって、貿易の自由とは、極めて有利な条件で事業を展開するオランダに立ち向かううえで最適な条件を作り出すことを意味していた。[24]

エドワード・ミッセルデンは自著『自由貿易、すなわち貿易を繁栄せしめる諸手段』の中で、同様の考えを表明している。彼は独占に反対し、貿易は自然に永続・成長する売買システムとして機能すると信じていた。また貨幣価値を設定するのは市場であり、それは硬貨で購入できる「商品」との関係から決まると、彼は考えていた。しかしながら、ミッセルデンによる自由貿易の概念は、マンによるそれと同様、国際市場の厳しい現実と、イングランドがまだ支配的な経済大国ではなかったという事実から若干の影響を受けていた。イングランドの産業は脆弱であり、保護される必要があると、彼は信じていた。彼はまた、独占は不健全であると考えつつ、それでも国家は貿易を監督すべきであると感じていた。彼は書いている。

『秩序』も『政府』もなく貿易を行なう者は、自分自身が『乗客』である『船』の『底』に穴を開けているようなものだ」。政府による監視がなければ、「未熟で無秩序な者たち」が貿易を破壊し、特に偽造品や不当表示の商品によって信頼と価値を損なうことになる。[25]

カトリックとプロテスタントの宗教戦争によるフランスおよびドイツ諸邦の荒廃は、一六二〇年代から一六三〇年代にかけてイングランドに貿易をもたらす助けとなったものの、その後まもなく、スチュアート朝のチャールズ一世が、清教徒議会派および軍事指導者オリバー・クロムウェルと対立したイングランド自体の内戦(一六四二～一六五一年)により、国内産業は弱体化の危機にさらされた。贅沢品貿易は低迷し、国際海運は封鎖され、イングランドはいまや苦労して手に入れた商業的有意をオランダ共和国に奪われつつあった。そして一六五一年、ついに清教徒が権力を握ると、議会は航海法を可決した。これは、イングランドの商人や貿易業者による長年の運動の結実であり、その目的は外国との競争から自国の市場を守り、オランダの強大な商業勢力に対抗するための法的な戦線を構築することであった。[26]

航海法により、国内の産業は保護され、また国内に向けた輸送はすべてイングランドの船舶が担うものとされた。同法は同時に、オランダとの競争に拍車をかけた。イングランド内戦が終わるやいなや、一六五二年には第一次英蘭戦争が始まり、そこから戦いは二年にわたって続いたが、結局のところイングランドが決定的な勝利を収めることはなかった。一六五三年のスヘフェニンゲンの海戦はイングランドの勝利に終わったものの、彼らはオランダ艦隊を壊滅させることも、オランダの海岸を封鎖することもできなかった。オランダが支配的な商業国としての地位を保っていたことから、政策立案者たちは、イングランド政府は関税制度を創設すべきであるというマンとミッセルデンの提唱に従い、国内産業の育成を図った。彼らはまた、インドやアフリカから北米に至るまでの世界的な貿易、特に奴隷貿易においてのオランダの支配に対抗するため、国家による支援を求めた。

このように、拡大する商業資本、そして政府に対する商人の強い影響力に後押しされた法律制定が組み合わさったことにより、イングランドは商業の世界で頭角を現し始めた。国家と商業によるこのパートナーシップはすばらしく機能し、一七世紀半ばにはイングランドは先進的な商業国となり、国家と協力して関税法を洗練させる有力な商業階級が形成された。一七世紀イングランドの恐ろしいほどに強大な経済を築いた人々は、国家の支援によってこれを成し遂げた。競争上の優位性と無限の財宝を巡る闘いにおいて、自国の若い産業を守るために外国との競争を制限することを自由貿易と呼ぶのは、彼らにとって矛盾ではなかった。イングランドは世界有数の商業国としてゆっくりと、しかし着実に上昇を始めていた。ただし、彼らがまず立ち向かうべき課題は、オランダおよびフランスとの競争に打ち勝つことであった。[27]

第6章 オランダ共和国の自由と富

神は人間を「アウテクスシオン」、すなわち「自由で法的に独立した」存在として創造され、各個人の行動と所有物の使用は、別のだれかの意志ではなく、自分自身の意志に従うようにされた……。それが以下のように言われる由縁である。「すべての人間は、自分の財産に関する問題の統治者であり、調停者である」

――フーゴー・グロティウス『捕獲法論』一六〇三年

一五七六年、オランダがスペインの世襲統治者であるフェリペ二世に反旗を翻したことをきっかけに、スペイン軍は貿易で栄える大都市アントウェルペンを略奪する。街の人口のほぼ半分が北のアムステルダムに逃れたため、世界貿易の中心はそちらへ移ることになった。一五八一年にはオランダ北部の七州がスペイン領オランダから分離独立し、オランダ共和国が成立する。カルヴァン主義を支配的な宗教とする諸都市が集まる分散型国家であったオランダ共和国は、ある程度の宗教的な寛容さと、商人階級による統治を特徴としていた。新たな共和国の指導者となった彼ら商人たちは、自然な成り行きとして、自由市場という革新的なアイデアと極めて親ビジネス的な国家に基づく国のビジョンを推進していった。

イングランドも着実に商業力を高めつつあったものの、オランダはいまだにヨーロッパ経済を支配し続けていた。いわゆるオランダ黄金時代には、経済、特に自由市場についての複雑な概念が育まれた。この時代における自由市場思想の登場はいかにも早すぎるように思われるかもしれないが、これもまたイングランドとフランスの経済思想と同じく、政府による経済への大々的な関与を前提としたものであった。政治と帝国経済の現実は、オランダの共和主義思想家が唱える自由の理想と常に合致していたわけではなかった。ほかの多くの時代と同様、自由主義の理想は、国家の介入という複雑な現実と共存していた。

オランダを代表する人文主義者のひとりであるシモン・ステヴィンは、オランダ共和国が成立したころにブルッヘからライデンに移り住んだ。生まれはさほど大きくない商家であったが、ライデンの大学に在学中、彼はナッサウ伯、のちのオラニエ公マウリッツと親しくなる。沈黙公ウィレム一世の息子であるマウリッツは、一五八五年にオランダ共和国の総督に就任した際、首席顧問兼家庭教師としてステヴィンを指名した。一六二五年に亡くなるまで、マウリッツは総督の任を担い続ける。在任中、彼は重要な水管理事業——運河、堤防、水路、水門など、海水の侵入を防ぐための施設の建設——の指揮をすべてステヴィンに任せ、また彼を陸軍の主計総監に任命して、さらには彼が取り組んだライデンの工科学校設立を支援した。多才な人物であったステヴィンは、多大な影響力を誇った会計マニュアル『王侯のための会計学』(一六〇四年)を執筆し、政府は商業の技術に精通した者によって運営されなければならないと主張した。▼1

ステヴィンは、複式簿記が商業企業にとっていかに重要であるかを説き、国家と自治体の行政が、オランダの国内市場において信頼を築く必要性を強調した。健全な商業共和国とは、すべての国民が財務に精通している国のことであると、彼は述べている。だれもがバランスシートを読むことができれば、人々は商いをし、自信を持って財務監査を行ない、自己も他者も律することができるようになる。ステヴィンはオラニエ公に対し、商人たちはあなたに雇われている官僚や税務官よりも優れた財務担当者になれるし、また、会計に精通している君主であれば、財務官の言葉をそのまま信じるのではなく、自ら財務書類を読むことができるようになると請け合った。[2]

ステヴィンをはじめとするオランダの指導者層は、市場の信頼を鼓舞し、外国の関心を共和国に引きつけるうえでは、寛容が大きな役割を果たすと考えていた。カルヴァン派の織物製造業者たちは、オランダ独立戦争とも呼ばれる八十年戦争（一五六八～一六四八年）の最中、スペインの侵攻を逃れてオランダ共和国の諸都市に移り住んだ。一六〇九年には、アムステルダムにはほぼ同数のカルヴァン派とカトリック派のほか、多くのユダヤ人とルター派がいた。そしてその全員が、投資と会社設立の権利を有していた。寛容と信頼、そして金融リテラシー、透明性、効率性が、すでに豊かで成長を続けている市場文化にいっそうの拍車をかけた。[3]

当然の成り行きとして、オランダ市場は拡大した。オランダは大量の可燃性泥炭と無限に供給される水と風とを、自然のエネルギー源として製造に活用した。一五九二年、同国では、木材の裁断をはじめとする産業に役立てることを目的として、大規模な風車網の建設が開始された。風車を生み出したのは、共同投資というオランダの伝統であり、その起源は私費で資金が賄われた中世の公共事業にさかのぼる。たとえば、ひとつの風車に対しては最大七〇人が、自身の投資に対する持ち分を保有することができた。これは、市民投資家の協力のもとに公共インフラが構築されたことを意味する。共和国の商業的基盤の多くは、こうした民間と公共のパートナーシップの長い伝統によって築かれた。[4]

一七世紀半ばには、オランダ経済は世界で最も洗練されたものとなっていた。経済成長の基盤は農業ではなく製造業であることを理解したオランダの農民たちは、製造業のための作物の栽培に力を入れ、食料用の小麦は輸入に頼るようになった。純粋に農業のために行なう農作業は、より複雑な産業目的の農業ほど生産性が高くないことを、彼らは見抜いていた。彼らは多年草であるアカネを育て、その根からは、古くから皮革や織物に使われてきた赤い染料が作られた。彼らはまた、地方でタバコを栽培し、アムステルダムで加工・包装を行なうという高度なタバコ産業を発展させた。[5]

　強力な地方自治体の行政を通じて、国家は主導的立場から経済の発展を促し、自国に有利な貿易条約を積極的に締結していった。オランダの外交官に常に出し抜かれる状況を腹に据えかねたフランスとイングランドは、関税をもってこれに対抗した。それでも、独自の比類なき市場を有し、北海やバルト海、ハンザ同盟諸都市へのアクセスを掌握し、製造業への広範な需要に恵まれたオランダ共和国は、一七世紀を通じて経済を支配し続けた。[6]

　かつてのフィレンツェがそうであったように、オランダもまた、産業と品質管理の発展においてはギルドに頼っていた。芸術家、パン職人、銀行家、仕立て屋、革なめし業者などは、いずれも独自のギルドを持っていた。デーフェンテルなどの都市は、特権や独占権を提供することによって外国の織物製造業者を誘致し、地元の工芸を発展させた。彼らはまた、現金で補助を提供したり、関税を利用したりすることで、幼稚産業の保護にも取り組んだ。これにより、地域の専門的な産業が育まれた。たとえば、ゴーダの街には二万人の住民がおり、そのうち四〇〇〇人がタバコ用の長い粘土製パイプを作る仕事に従事していた――ゴーダでは今も、一軒の製造業者でこのパイプの製造が続けられている。[7]

　かつてのヴェネツィアよりも、またフランスとイングランドを合わせたよりも大きな船団を擁するオランダ人は、商船の乗組員として、ヨーロッパで最も熟練し、教養があり、有能であった。彼らの二〇〇トンのフリュート船はわずか九～一〇人の船員で航行できるのに対し、同規模のイングランドの船は三〇人を必要とした。一五九〇年代にスペインによる貿易禁止が解除されたことで、オランダ船はアフリカ沿岸まで遠征できるようになった。一六三四年には西インド諸島に進出してアルバ島、ボネール島、キュラソー島を占領し、これを奴隷貿易の拠点とした。[8]

スペインおよびポルトガルの帝国領土に交易所を設置して貿易を取り込むことにより、オランダの商人は、ヨーロッパのどの国よりも多くの利益を上げることに成功した。一五九九年に香辛料を求めて東インドへ向かったヤコブ・コルネリスゾーン・ファン・ネックの船団は、三九九パーセントの利益を上げた。オランダ各地に新しい会社が続々と設立され、すると今度は、オランダ人同士の競争が激化することで貿易が損なわれるのではないかとの懸念が生じた。法律顧問として首相の権限を持ち、オランダにおける最も重要な指導者のひとりであったヨーハン・ファン・オルデンバルネフェルトは、オランダ七州にある会社をすべて、外国貿易を担う企業連合としてひとつに統合すべきだと強く主張した。そして一六〇二年、オランダ連合東インド会社（オランダ語で Vereenigde Oost Indische Compagnie、略称ＶＯＣ）が設立される。会社の定款には、民間資本と国益の両方を重視することが示されていた。それが共和国への貢献を最大化する方法だと、オルデンバルネフェルトは考えていた。同社には、単に貿易の独占を目指すだけでなく、国家の利益を守るという責務が課されていた。イギリスの東インド会社と同じように、ＶＯＣは国によって設立された民間企業であり、独自の海軍と陸軍を保有する権利などの独占的な特権を与えられていた。会社の内部文書からは、立法府がＶＯＣをはじめとする複数の会社を監督・規制し、一六二〇年代の商業奴隷貿易政策の形成に重要な役割を果たしていたことがわかる。オランダは国家として意思決定に参加し、その記録や情報をＶＯＣと共有して戦略の策定に役立てた。このように、オランダにおいてもイングランドやフランスと同様に、帝国としての経済活動と最初の大規模なグローバル企業の形成は、国家と民間セクターの協力によって実現されたものであった。[9]

ＶＯＣ設立からまもない一六〇二年、オランダ共和国は会社の株主とともに、市場構築という大規模プロジェクトに着手する。オルデンバルネフェルトとオランダ当局は、ＶＯＣからの支援のもと、同社の株の取引を促進するために、史上初となる真の証券取引所をアムステルダムに設立した。ＶＯＣは初の株式公開企業となり、その株はヨーロッパ全土で販売された。この先駆的かつ洗練された市場は、何もないところからふいに発生したわけではなかった。一六〇九年、アムステルダムの指導者たちは、市庁舎内に「振替銀行（アムステルダム銀行）」を設立し、その運営を監督した。彼らの目的は、信認を築くことで貴金属通貨と預金の価値を保証し、ＶＯＣへの支払いが滞りなく行なわれるようにすることであった。[10]

　ＶＯＣの定款には、オランダ市民であればだれでも会社の株を購入できること、「帰り荷がもたらす利益の五パーセントが現金化され次第、配当金が支払われる」ことが明記されていた。会社の運営は、主要株主からなる一七人会と、それに続く大口株主である無限責任投資家約六〇人からなる取締役が担った。オランダ市民は、共同出資者として資本投資を引き揚げることなく、単に株式を売買するだけで、自由に会社への投資を行なったり、これをやめたりすることができた。オランダの株式市場は、商業的創造性の勝利であると同時に、市場における信頼の勝利でもあった。投資家たちはこのとき歴史上初めて、公的に販売される紙の株式が所有権の一部を表すという事実に信認を置いたのだ。[11]

　大衆は前例のない規模でこの新会社に投資した。ＶＯＣの資本金六四二万四五八八ギルダーは、イギリス東インド会社のそれの一〇倍に相当した。これは、定款に記された途方もない帝国の野望が現実となることを意味していた。投資家の資金は、船舶の建造（イングランドは船を借りていた）や、モザンビーク、ゴア、モルッカ諸島、アンボンにおけるスペインやポルトガルの権益に対抗する軍事力の派遣などに活用され、大きな成果を上げた。[12]

　ＶＯＣはいわば、起業家精神、慎重な国家管理、政府による規制と適度に調和した市場原理の活用が組み合わされた、強力な混合物のようなものであった。オランダの指導者たちはこの偉業を、信頼関係の構築を通じて成し遂げた。開かれた政府というオランダ流の精神に則り、VOCの定款には、会計と監査結果を六年ごとに、完全な公開聴聞会において、あるいは監査報告書という形で公表すると記されていた。民間企業であるVOCは、株主に対して責任を負っており、株主は国に訴えることができた。一六二〇年には、同社は配当を支払わず、またインサイダー取引の告発を受けている。社内の馴れ合い売買によって上げた利益や、株式資本をバランスシートに含めなかったことが、資産を実際よりも大きく見せていた。VOCの収益率は平均一八パーセントから六・四パーセントまで下落した。世間ではVOCに対する厳しい意見が聞かれるようになり、その株はいまや財務データではなく、市場の憶測に応じて売られるようになった。おそらくは秘密主義と不正会計が、公開株式を提供する世界初の資本主義ベンチャーの評判に傷をつけていたものと思われる。[13]

一六二二年、株主からの抗議により、マウリッツはついに東インド会社の監査の実施を決意する。徐々に明らかになりつつあったのは、「自然な」市場メカニズムが確実に機能するのは、投資家が国家規制の安定性と誠実さを信頼している場合に限られる、ということであった。国家元首が非公開の監査を行ない、経営陣の汚職に終止符を打つと、会社に対する国民の信頼は回復に向かった。VOCはその後、さらに一世紀にわたって莫大な利益を上げ続けた。[14]

一五八一年にハプスブルク朝スペインからの独立を宣言したオランダ共和国は、以前にはかなわなかったスペインおよびポルトガルの市場や交易所への参入を試みた。VOCの狙いはアジア貿易の支配であった。オランダがイベリア諸国によるビジネスを妨害し、財宝を奪取するうえでは、海賊行為が大きな役割を果たした。一六〇三年二月、オランダ人船長ヤコブ・ファン・ヘームスケルクは、シンガポール東方海域でポルトガル船サンタ・カタリナ号に攻撃を仕掛け、これを拿捕する。海軍本部は以前よりファン・ヘームスケルクに対し、戦闘行為に参加しないよう直接指示を出していた。この船に積まれた財宝にはしかし、オランダの法律を遵守することよりもはるかに大きな魅力があった。一二〇〇梱の希少な中国産の絹と何百オンスものジャコウを積んでアムステルダムに戻ったサンタ・カタリナ号の価値は、三〇〇万ギルダー（三〇万英ポンド）を優に超えていた。当然ながらファン・ヘームスケルクには、この船を拿捕する法的な権限はなかった。オランダの海事裁判所は最終的に拿捕の正当性を認めたものの、こうした明らかな窃盗は一部の株主から不道徳な行為とみなされ、新たな帝国市場に打って出ようとしていたVOCは難しい課題を突きつけられることになった。▼15

スペインおよびポルトガル帝国の貿易に参入するというオランダ共和国の望みは、この時代において強い影響力を持ったある自由市場哲学の誕生につながった。サンタ・カタリナ号のスキャンダルが激化する中、VOCは著名な人文学者、天才法学者で、ファン・ヘームスケルクの年若い従兄弟にあたる若干二〇歳のフーゴー・グロティウスに、自社の利益を擁護するための弁明書を書くよう依頼した。グロティウスに託された使命は、同社には、スペインおよびポルトガル帝国の市場に参入するために海賊行為を行なう道義的権利があると主張することであった。著名な学者兼政治家の息子として生まれたグロティウスは、一一歳で名門ライデン大学に入学した。大学では古典に没頭し、とりわけキケロの著作を好んだ。グロティウスの生涯は、偉大なローマの法学者であるキケロのそれに劣らず、波乱に富んだものとなる。彼は幽閉されていたルーフェスティン城の牢屋から、本を入れるための箱に身を潜めて脱出し（この箱は今もルーフェスティン城に展示されている）、パリへと逃れ、船の難破を生き延びたのち、政治の世界に入った。その人文主義的な博識を生かして、彼は同時代で最も重要な法理論家、そしてカルヴァン派の神学者となった。

グロティウスの『捕獲法論』（一六〇四年）は、自由主義思想に関する強力かつ多大な影響力を持つテキストであり、近代自然権理論の創設者としてのグロティウスのキャリアはここからスタートした。同論評において彼は、普遍的な自然法のロジックを用いて、オランダによる攻撃、さらにはポルトガル帝国領への侵入の正当化を試みている。その原稿は長く専門的であり、おそらくはVOCが望んでいたようなプロパガンダではなかった。『捕獲法論』は一方で、グロティウスのその後の執筆活動を支える枠組みを形成した。道徳的な自然法は普遍であり、理性を用いればどんな人間でもその法則を理解できるというキケロの概念を借用しつつ、グロティウスは、世界の海を支配しようとする「不誠実で残酷な」ポルトガル人は、道徳的な害をもたらしていると主張した。そのうえポルトガル人は、自国の植民地に住む先住民との貿易をオランダ人に許可しなかったことにより、オランダ人の自然権を奪っており、グロティウスによればこれは犯罪であった。したがって、ファン・ヘームスケルクによるポルトガル船の拿捕は、「誠実さ」をもって獲得された正当な戦利品と考えられた。統治権は自然権であり、キリスト教徒に限定されるものではないため、スペイン帝国領の先住民には、オランダを貿易相手として選ぶ権利と自由があった。オランダの大砲や要塞の規模を考えると、スペインやポルトガルよりもオランダを選ぶという先住民による自由な選択は、ほぼ強制的なものとなり得たことだろう。[16]

グロティウスは同書から第一二章を取り出して『海洋自由論』と名付け、それを一六〇九年に匿名で出版している。その目的はVOCの擁護であったが、これは同時に彼が法学者として世に出るきっかけともなった。この本は哲学の分野でも、またプロパガンダとしても驚くべき成果を上げた。グロティウスは自然、海、個人の自由の原理について論じ、それによって一七世紀後半のザミュエル・フォン・プーフェンドルフやジョン・ロックをはじめ、自然や人権を扱ったのちの時代のヨーロッパ人による思想の基礎を築いた。グロティウスの主張は、自由は自然からもたらされるものであり、神はすべての存在のために自然を創造された、というものであった。キケロが財産という概念そのものについて、人間が共同体の合意を通じて作り出したものであると考えていたのに対し、グロティウスは、この世には人間や国家が所有できる範囲を超えるほど大きなものが存在すると考えた。キケロの『義務について』を引用しつつ、彼は地上のものは「自然によって、共通の用途のために生み出された」と述べている。たとえば、世界全体を覆う海は「無限」であって所有することはできないし、そこに住む無限の魚についても、どこかの国が所有権を主張することはできない。言い換えるなら、漁業には「外国人」は存在せず、そのため、イングランドとポルトガルがそれぞれの水域でのオランダ人漁師の操業を禁止することは、海での自由な貿易という彼らの自然権を侵害していることになる。[17]

ここでもキケロを引き合いに出しつつ、グロティウスは、この自由を妨げるいかなる国家も正しい戦争を招くことになると主張した。この議論は、国際法を扱ったグロティウスの傑作『戦争と平和の法』(一六二五年)において中心的なテーマとなる。国家間のかかわりに関する諸法を提示しつつ、グロティウスは、個人は自身の行動を選ぶ自然権を有していると強調した。この「国家法」は、自然法とはまた別の観点から、個人は他者に害を与えない限り、自らの行動を選択できる積極的な自由を有していることを明確にした。これは今日に至るまで、私有財産所有の基本的な論拠となっている。自然界に存在する「枯渇することのない」広大な要素は、いかなる国にも所有することができない。「湖、池、川」など、国境の内側にしっかりと位置している有限のものだけが、個人や国による所有が可能となる。[18]

『戦争と平和の法』におけるグロティウスの主張、またVOCを支持する彼の議論の中心には、奴隷制の擁護があった。フランスの法学者ジャン・ボダンと同様、グロティウスは、正しい戦争で捕虜となった人々を奴隷とするのは合法であると考えていた。奴隷となることは死よりもはるかにましであり、その理由は「生命は自由よりもはるかに望ましい」からであると、彼は述べている。神は、戦争で捕虜となった人々に「自由な」選択を与えている。なぜなら、彼らには死を選ぶことも、「捕虜」という新たな身分を受け入れることもできるからだ。市場メカニズムの厳しい道徳的および経済的計算において、死を選ぶか捕虜になるかの選択は、捕虜の権利、すなわち自然権であった。当然ながら、ここで言う捕虜とは先住民のことを指す。[19]

グロティウスは明らかに、VOCが奴隷貿易で利益を得ていることを認識しており、また、そうした捕虜が実際には戦争において捕らえられた人々ではないことも知っていた。そして、彼がヨーロッパ諸国間の戦争における捕虜の存在に基づいて奴隷制を擁護するというのは決してあり得ない仮定だが、戦争で奴隷を得るというのはローマ法にも記載のある、かつてはヨーロッパにおいても実践されていた行為であった。それが終わりを迎えたのは紀元一〇〇〇年頃のことであり、それ以降、農業奴隷制は農業封建制に置き換えられていった。封建制度は、残酷さという点では奴隷制よりはるかにましではあったものの、奴隷制が持つ強制的な要素は数多く残されていた。「労働者が主人による保護と引き換えに奴隷状態を選ぶ自由意志による契約」という概念に基づいていた封建制度と、グロティウスがローマ法の概念をもとに海外および戦時の奴隷制を擁護する際に用いた論理には通底するものがある。かくして、奴隷制はグロティウスが考える自然法と権利の概念に組み込まれた。それは戦争と平和の論理内における選択の自由の歪んだ解釈であった一方、奴隷制度に依存するVOCの利益にはかなうものであった。[20]

奴隷貿易の擁護はさておき、グロティウスの著作はスペイン王室のみならず、より友好的なオランダの貿易相手国からも脅威として受け止められた。スコットランド人のウィリアム・ウェルウォドはこれを、スコットランドの島々や「狭い海」周辺のスコットランドの漁業資源を横取りする試みとみなした。その一方で、多くのイングランド人思想家は、イングランド人自身にも帝国による支配拡大の道を開くグロティウスの主張に有用性を見出していた。というのも、イングランドはすでに独自の東インド会社を一五九九年に設立していたからだ。植民地推進論者のリチャード・ハクルートは一六〇九年、グロティウスの著作を英訳・出版しており、その意図はおそらく、ブリテンの植民地拡大を正当化する主張において、彼と同じ論点を適用することにあったと思われる。その後まもなく、同じテーマを扱った関連作品が数多く登場した。[21]

グロティウスの著作には、自由な海、自由な貿易、そして個人の経済的・政治的権利に関する理論が明確に述べられていたものの、現実ははるかに怪しげかつあいまいであった。オランダ東インド会社は、自由貿易を遂行する過程で国家とその残忍な軍事力に依存する一方、奴隷制に関しては、グロティウスの人権と自由の概念を考慮することはなかった。結果として、海は、どこであれ最も強力な大国が自由に搾取できる場所となった。イングランドとフランスは、やがてオランダに代わってインド洋の覇者となり、互いに連携しつつ植民地支配を維持した。

海外の経済大国の実情はしかし、オランダの経済思想家たちにとって、さほど重視すべき対象ではなかった。オランダ商業が絶頂期にあった一七世紀中期における同国の経済理論の最も重要な著作は、プロテスタントの織物業者、経済学者、自由市場および共和主義の理論家であるペーテル・ド・ラ・クールによる『オランダ共和国の真の利益と政治的格言』（一六六二年）であった。当時の最も洗練された自由市場理論のひとつであるこの著作において、ド・ラ・クールは、政治的自由と自由貿易は君主の力にまさると述べている。事実上の首相にあたる「ラートペンショナリス」の役職にあったヨハン・デ・ウィットの支援を受けて執筆された同書は、君主制に対する痛烈な一撃であり、政治と宗教の自由、自由貿易と競争、製造と輸送は、どれも自己調整的経済システムの一部であることを丁寧に概説している。ド・ラ・クールは、王侯よりも商人の方が優位にあると主張するにあたり、イングランド系オランダ人の商人作家ジェラール・ド・マリーンと、その著作『レクス・メルカトリア（商人法）』（一六二二年）に直接言及している。[22]ド・

ラ・クールは極めて率直に、君主制は経済成長という観点からは有害であり、オランダの住民たちにとって「君主や最高権力者によって統治される以上に、政治における大きな災いはない」と主張した。「伯爵」は権力を握ろうとする試みによって政治を不安定にし、また「おべっか使いの廷臣」は、「航海、製造、商業」という国を豊かにする諸要素を損なう存在であった。[23]

「魚と貿易」だけでは国の経済を維持することはできないと、ド・ラ・クールは述べている。富は農業と自然の恵みからではなく、「製造業」によってもたらされる。産業だけが一次産品を利用して財に変え、それを国際市場で販売することによって真の富を生み出す。自然とはすなわち、商業的な目的に利用されるべきものであった。オランダの製造業と海運業の成功の鍵は、水力の効率的な利用における「倹約と優れた管理」にあった。自然の財を集めるだけでは不十分であり、それらは製造と流通の複雑な市場システムを通じて加工処理される必要があった。[24]

オランダの経済システムが機能するのは、住民が「自由の状態」にあるからにほかならないと、ド・ラ・クールは述べている。個人的、宗教的、経済的な自由こそが「真の利益」であり、それが製造業の富を生み出す。オランダ共和国が繁栄を謳歌してきたのは、宗教機関が莫大な富を支配していなかったからだと、彼は考えていた。ド・ラ・クールは、オランダ市民はギルドからだけでなく、オランダ東インド会社の独占からも自由であるべきだと主張した。彼はまた、共和国が成功したのは、外国人を寛容に受け入れ、彼らに製造業を興し、それに参加する自由を与えたためであるとみなしていた。貿易の自由、そして個人的・宗教的自由があったからこそ、アムステルダムは世界の商品市場の中心となった。[25]

帝国の富はオランダの「倉庫」に蓄えられており、熟練した商人たちは原材料を加工して、それを迅速に船に積んで輸送し、他に類を見ない速度で流通させることができた。オランダ共和国では、課される税金こそ高かったものの、この流れが成り立っていた。スペインとの戦争中も、オランダはライバルであるイングランドをたやすく圧倒した。この国の市民の自由が、ヨーロッパ中から才能ある人々を引き寄せていた。ド・ラ・クールは、ほとんどの国がオランダと対立し、その貿易政策に怒りを覚えていることを認識していた。それでも彼は、オランダが「利益」を得ることは「共通善」のためであり、すべての同盟国にとって「相互に有益である」と主張した。ド・ラ・クールの傲慢な物言いはしかし、オランダの商業政策は公正であるという理屈を、貿易相手国に納得させることはできなかった。政治的、植民地的、貿易的利害関係が火種となり、一六六五年から一六六七年、また一六七二年から一六七四年にかけて英蘭戦争が起こり、さらには一六七二年から一六七八年にかけて、フランスがオランダに侵攻した。[26]

オランダ共和国の比類なき経済的成功が持続したのは、災厄《ランプヤール》の年と呼ばれる一六七二年までであった。同年、デ・ウィットは、オランダの最も有力な貴族であり、共和国支配を狙うオラニエ公ウィレム三世の勢力を抑えようと試みた。この年、好戦的なフランス王ルイ一四世による共和国への侵攻を機に、ウィレムはオランダにおける自身の権威の拡大を図る。ウィレムは終身陸軍総司令官の称号を要求し、フランスは自分を王にすることを望んでいるとの噂を煽った。共和国が窮地に立たされる中、ウィレムは七月九日に総督に就任、デ・ウィットとド・ラ・クールの影響力を公然と脅かすようになった。七月二三日、ドルドレヒトのオラニエ派が、デ・ウィットの兄コルネリスを捕らえて拷問にかけた。ウィレムに対する陰謀を企てたというのが、その理由であった。ウィレムはヨハン・デ・ウィットに対し、兄の解放を望むなら多額の罰金を支払えと命じた。ヨハンはオラニエ派の怒りを鎮めることは可能だろうという予想のもと、ドルドレヒトに向かったが、現地に着いたところで刃物での襲撃を受けた。群衆はデ・ウィット兄弟を殺害し、彼らの首をはね、遺体を吊るし、その一部を食べた——この暴力への関与を、ウィレムは否定していない。[27]

オラニエ公の台頭とともに、オランダ共和国とその自由の衰退が始まった。ウィレムは巨額の借金をして、自身の権力を強固なものにするために軍備を増強した。彼の計画はしかし、それにとどまらなかった。彼は密かにイングランドのプロテスタントの王となるための交渉を開始しており、最終的にはカトリックのイングランド王ジェームズ二世の追放を成し遂げる。一六八八年二月二三日、ウィレムと、ジェームズの娘にあたる彼の妻メアリーは、新生ブリテンの立憲君主となった。しかし、この名誉革命が憲法的自由と経済拡大の時代の幕開けを告げるものであったとするならば、同時にそれはオランダ共和制と、オランダの世界貿易における支配の終焉を告げるものでもあった。[28]

　フランスとイングランドは今や、オランダ共和国に代わってヨーロッパの商業大国となり、ここに一九世紀まで続く激しい競争の幕が切って落とされた。君主制へと傾いていくオランダは、フランスやイングランドの商業、科学、帝国主義、産業と、真の意味で対抗することはかなわなかった。結局のところ、オランダの自由はド・ラ・クールの自信に満ちた予想を実現するには至らず、また明白な自由放任主義《レッセフェール》運動を生み出すこともなかった。自由市場思想の最も強力かつ永続的な表現は、オランダではなく、フランスとイングランドという大国間の長い対立から生まれることとなる。

第7章 ジャン＝バティスト・コルベールと国家が作る市場

商業を再興するうえでは、必要なものがふたつある。確実性と自由だ。

——ジャン・バティスト・コルベール『イングランドとの通商に関する覚書』一六五一年

一七世紀半ば、オランダとイングランドが商業的覇権を争っているまさにそのとき、眠れる巨人たるフランスは目覚めようとしていた。それは一六六〇年時点の人口が約二三〇〇万人という怪物級の国であり、五〇〇万人のイングランド、一八〇〇万人のオランダとは比べものにならない大きさを誇っていた。その大国はしかし、内戦によって弱体化していた。宗教戦争のあとには、さらにフロンドの乱（一六四八～一六五三年）というまた別の一連の戦争が続き、今度は有力な貴族たちが王の中央集権に反旗を翻した。最終的には王権側が勝利を収めたものの、一六六一年にルイ一四世が王位を継承した時点で、王室はほぼ破産状態にあり、フランスの商業はすっかり停滞していた。一七世紀の初めには羊毛産業におけるヨーロッパのリーダーであったはずのフランスは、一六四〇年代には生産量の激減に直面した。同国の商船隊や海軍、植民地、貿易ネットワーク、製造拠点などはどれも、オランダとイングランドのそれにははるかに及ばなかった。度重なる宗教的・市民的動乱によって、リヨン、ボルドー、マルセイユ、ルーアンといった主要な商業都市からは腕のいい職人が消え失せ、フランス全体が明らかに競争力を失っていた。▼1

若く、野心的で、かなり貧しい王であったルイ一四世は、新たな収入源を必要としていた。裕福な土地所有貴族や高位の聖職者は税を免除されていたため、国家が頼れるのは、地方の農民と、低迷した数十年間をかろうじて生き延びた商業への課税からもたらされる資金であった。それだけでは、とうてい太陽王の財政を賄うことはできない。ナポリの経済学者アントニオ・セッラがかつて警告したように、収穫は頼りにならず、せいぜい限られた黒字と不安定な税収しかもたらさなかった。近代的な王国に必要なのは、産業、革新、経済的拡大であった。

一六六一年、ルイ一四世は、事実上の首相としてジャン＝バティスト・コルベールを指名する。コルベールの慎重かつ的確な行政手腕、冷酷さと忠誠心、産業と貿易に関する深い知識を、王は高く評価していた。コルベールは、長い伝統を持つフィレンツェの商業とつながりのある家に生まれた。彼の故郷ランスは、シャンパーニュ地方の中心都市であり、中世ブルゴーニュの多大な富とフランドルの市場をもとに発展したリヨン＝フィレンツェ間の織物貿易において重要な一端を担っていた。コルベール家の財産は、初期のフィレンツェ商人の多くがそうであったように、羊毛貿易、金融、国家への奉仕によって築かれたものであった。会計官としての訓練を受けていたコルベールは、フランスにはオランダやイングランドと競い合えるだけの商業的スキルも、規律もないことを憂慮していた。彼にとってはまた、王室が産業ではなく農業に収入を頼っていることも、不満の種であった。「古代ローマ、アジアの諸王国、フランス、スペイン」といった大国は、「商業に没頭」しなかったせいで栄光への道を閉ざしてしまったと、彼は書いている。コルベールは、フランスの経済が農業に重点を置いていることが「産業を弱体化させている」と批判し、この国には、今日で言うところの新たな「ブランド」、すなわち産業、革新、贅沢の国としてのイメージが必要だと考えた。そこで彼は、イタリアの技術的専門知識と文化的影響力、スペインの帝国的権勢、オランダやイングランドの商業における実力とを融合させて、世界の舞台で正当な地位に位置づけられるフランスを作り上げることを目指した。▼2

この仕事を始めたときから、コルベールは自身の任務について、現代においては開発経済と呼ばれているものを通じてフランスを工業化することだと捉えていた。フランスは国家として、商業と産業が競争力を高められるよう支援する必要があった。当然ながらコルベールは、自身が生きている間にフランスがオランダの商業的優位を上回ることを期待してはいなかった。オランダとイングランドには、何十年もかけて会社や製造業を構築してきた巨大なアドバンテージがあることを、彼はよく知っており、またイングランドについては、保護主義的な航海法を制定することで自国の商業の発展を促していることも、当然理解していた。いよいよフランスが活躍する番が回ってきた今、必要とされているのはより迅速かつ大規模な行動であり、そしてそれは実現可能な課題であった。コルベールは、国家権力と中央集権を、フランスにあってイングランドにはない発展の手段と認識していた。ステュアート朝の王たちは絶対王政を推し進めようとしていたものの、彼らは議会と対立してその試みに失敗した挙げ句、ジェームズ二世がウィリアム三世によって追放されるという事態に見舞われていた。イングランドでは、王や大臣が命令によって大規模な経済政策を制定することはできなかった。一方、フランスにはそれができた。フランスを初期産業時代へと引き入れるために、コルベールは権威主義に近いアプローチを採用した。このような市場構築のモデルは、今日においても、アジアで台頭する権威主義的経済国に見ることができる。

コルベールが重要視したアイデアのひとつは、フランスが国際自由市場に参入するには、まずは国内で安定した市場条件を整えなければならない、というものであった。そうした状況はまだ存在しなかったため、その構築については国家が担う必要があった。一六五一年、コルベールは、内乱によってフランスは「商業の技術と利点を失った」と書いている。商人たちは「自らの財を輸送する」ための「自由」と「自信」を失っていた。フランスは農業主体の広大な封建社会であり、中世的な国内関税が存在していた。特権、裁判所、通行料といった地域独自の制度、閉鎖的な地方市場など、そのすべてが貿易を妨げていると、コルベールは考えていた。彼の目から見れば、ビジネスとは、自信および自由な流通を可能にする手段がなければ機能しないものであった。コルベールは、フランスの国内市場を自由化しつつ、インフラを構築し、同時に商業的な自信を築くことを目指した。[3]

このほかにも成長の妨げとなっていたのは、過剰に訴訟を起こしやすい法制度と、怪しげな地方債市場での債権取引であり、コルベールはこれらが商業を「抑制」し、信頼を損なっていると感じていた。そこへフランスの商人やギルドが引き起こす問題が加わり、それが基準の低さや海賊行為の容認につながっていた。コルベールが目標としたのは、地方の制約を回避しつつ、全国的な産業基準を築き、また布地を中心とするさまざまな製品のサイズ、名称、品質を統一することであった。新たに導入されたこれらの規制は、国家による厳しい検査制度のもとに施行された。一六七〇年代、彼はすべての市やギルドのリーダーに対し、自身が「工場や染色所に送付した規則と指示を常に手元に置き、それらが体系的に実行されるようにすること」を強く求めている。統一された基準が自信を生み、また、よりよいインフラに支えられることで都市および地域間の貿易が自由になることを、コルベールは確信していた。[4]

コルベールはまた、フランスの脆弱な産業基盤を発展させるために、現在に至るまで議論の的となっている、ある大規模な計画の策定も行なっている。コルベールによるビジネス育成のアプローチは、イタリア商人のそれに近く、さらには、補助金による外国人労働者誘致の長い歴史を持つオランダ諸都市のやり方にもよく似ていた。彼はゴブリン織りのタペストリー製作やサン＝ゴバンのガラス工房など、国が助成する新たな産業を興した。ルーアンにはオランダ人製造業者を誘致して織物貿易を興し、運河の建設においてもオランダ人技術者の助けを借りた。コルベールはこうした新規参入者に対し、現代の免税開発特区とよく似たやり方で、国からの給与、資金援助、さらには独占権を与えて、産業の立ち上げや新技術の開発を支援した。▼5

彼は特に羊毛と絹産業の成功に大きな関心を寄せ、アミアンなどの都市に新しい織物技術を導入して、繊維産業の復活を図った。港を建設し、それと並行してフランスの植民地事業を支えるための海運業を発展させた。インド、北米、アフリカ、フランス領西インド諸島では、既存の企業の拡大にも力を入れた。今やフランスは、領土を拡大し、奴隷労働力による砂糖プランテーションを運営することで世界規模の商業帝国を築くレースにおいて、スペイン、ポルトガル、オランダ、イングランドを相手に覇権を争う立場となった。コルベールが重視したのは革新だけではなかった。国家の強化という名目のもと、彼はスパイや残忍な内部警察を使役し、貨幣や文書を偽造する者、国王に反対するパンフレットを発行する者に厳しい刑罰を科した。現代人の目からは、コルベールは矛盾を抱えた人物のようにも見える。一方では先見的な市場構築者でありながら、もう一方では権威主義的な政府への道を切り開く先導者でもあったからだ。しかし、彼の中では、これらふたつは相反するものではなかった。コルベールの功績については、これまで長い間議論が交わされてきた。しかし、統計は彼の改革が製造業を拡大し、長期的な成長の基盤を築いたことを示している。たとえば、彼が織物技術の改良に取り組んだことにより、ルーアンやアミアンといった織物の生産が盛んな都市では、繊維業界における見習工の数が倍増している。アミアンのセイエテリー（ヒツジやヤギの毛と絹を組み合わせて作る布）に補助金を支給したときには、より多くの熟練工が都市の名簿に名を連ねるようになり、品質と生産能力の拡大につながった。一六八〇年には、リールなどの製造拠点には、繊維関連の職種が新たに八〇〇種類以上誕生した。こうした発展は緩やかであっても、同時に堅実なものであった。この時期、フランスの羊毛、絹、綿の綾織物産業は大きな発展を遂げた。コルベールの産業輸出品は、フランドル、オランダ、イングランドのそれと競合し、彼が導入した技術は、一八世紀フランスの経済拡大において重要な役割を担っていく。ルーアンの綿織物生産量は年間三・二パーセントの割合で成長し、一七八〇年代には八〇万点に到達した。[6]

　コルベールの経済プロジェクトは、すべてが爆発的な成功を収めたわけではなく、イングランドの成長はフランスのそれをはるかに上回っていた。それでも、イングランドが石炭、金属、綿、船舶の生産でリードしていた一方、フランスは、重要性の高い羊毛産業から帆布、レース、リヨンの絹織物に至るまで、コルベールが開発した強力な諸産業においては他国を引き離していた。一八世紀には、こうしたフランスの産業に対する恐れから、英国は自由放任主義《レッセフェール》の要求を拒否し、保護貿易政策を採用することになる。推定では、イングランド人ひとり当たりの生産性はフランスより二〇パーセント高かったが、フランスの貿易量は一八世紀を通じてイングランドとほぼ同じ水準を維持した。一六五〇年まで商業的競争力が皆無だったことを考えれば、これは決してささやかな成果とは言えないだろう。[7]

　当時も現代と同じように、国際商取引の世界は荒々しく危険に満ちており、すぐに戦争に発展することも少なくなかった。当然ながらコルベールは、フランスにも、戦争を繰り返している海洋強国であるオランダ、イングランド、スペイン、ポルトガルに対抗できるだけの強力な海軍が必要だと確信していた。しかし、軍国主義者であるとの評判とは裏腹に、コルベールの書簡や政府の内部文書に記された証拠からは、彼が戦争について経済成長に害をなすものであると考えていたことがわかる。オランダとの戦争を望むルイ一四世にギリギリまで反対したコルベールは、戦争の抑止と通商条約の方がはるかに好ましく、それがオランダとイングランドの覇権を打破することにつながると固く信じていた。フランスが「安全と自由」

を見出すには、オランダおよびイングランドと外交を通じて闘う必要があると、彼は書いている。そうすることによって、フランスは「商業の自由」を取り戻すことができる。[8]

コルベールにとっての最大の懸念はオランダであった。というのも、ペーテル・ド・ラ・クールが自由市場についてあれほど高尚な言葉を並べていたにもかかわらず、現実のオランダは、攻撃的で国家主義的な通商政策と圧倒的な海軍力を備えていたからだ。「フランス商業の不調ぶり」も、フランスの四〇〇万ポンドの貿易赤字も、オランダが競争相手の犠牲のもとに自国の貿易を自由化する条約を結んでいることの直接的な結果であると、コルベールは繰り返し批判している。オランダのフランスに対する干渉、特にフランスのさまざまな輸入品に対する不当な支配――たとえばオランダは、バルト海の豊かな市場におけるフランス産のワインや蒸留酒の取引を抑制していた――は、フランスの自然権を侵害するものだと、コルベールは感じていた。加えてオランダは、自国の市場で手強い競合相手となる可能性があるフランスの商人や職人の入国を禁じていた。フランスはまだ競争できるような状態にはなく、自国がいまだに脆弱であることを、コルベールは知っていた。もしオランダとの貿易を禁じれば、それはフランスの発展が損なわれるだけに終わるだろう。そのため、コルベールが求めたのは、貿易障壁ではなく、少なくとも双方の国が利益を得られるような、優れた設計の貿易条約であった。これを実現するうえでは、政府が商業条約や法律の起草のためだけでなく、行政においても経験豊富な商人を登用する必要があった。[9]

フランスの産業構築に向けて戦略を策定するにあたり、コルベールがその土台としたのは、一六五一年に制定されたイングランドの航海法に対する自分なりの解釈であった。この航海法が、イングランド発展の鍵を握っていると、コルベールは(そしてのちの時代のアダム・スミスも)信じていた。コルベールはまた、オランダが関税を設定したせいで、フランスの貿易と製造業が圧迫されていると主張した。一六七〇年、オランダとの長期にわたる交渉を終えたあとも、コルベールは、オランダはあらゆるフランス製品を国内市場から排除しており、またリール市の産業を衰退させることを狙っていると訴え続けた。さらにオランダは、フランス領西インド諸島の貿易を支配することに固執し、フランス領の島々に対してオランダ製品の購入を強制していた。[10]

コルベールは、オランダがフランス国境の一部都市だけでなく、フランス植民地においてもフランス人貿易業者を排除していることを根拠として、自国の保護主義的な関税は正当化されると考えていた。こうした状況への対応として彼は、フランス領内でのフランス人による自由貿易を促進する方法を模索した。コルベールが提案したのは、アンティル諸島の住民たちが自ら武装してオランダからの干渉に対抗するという方法であった。これが実現すれば、彼らは「完全な自由」のもとで商いをすることができるようになる。フランス領アンティル諸島にある奴隷植民地の残忍な総督ジャン゠シャルル・ド・バースに宛てた書簡において、コルベールは、「商業の自由」は単にフランス西インド会社による独占を促進するためだけにあるのではないと書いている。その自由は、コルベールが「公共善」と呼ぶもののために、すべてのフランス人商人に適用される必要があった。ただし、彼が考える自由とは、「国家が与える特権としての経済的自由」という中世的な概念であった。自由は、農奴、年季労働者、犯罪者、奴隷にまで適用されるものではなかった。それが認められるのは貴族のほか、国王が発行した旅券を持つフランス人商人および自由入植者に限られていた。経済的自由の特権は普遍的な自然権ではなく、国家が与えるものであった。とはいえ、いかに限定的なものであったとしても、そこには自由貿易の未来像を見ることができる。[11]

多方面にわたるコルベールの取り組みが功を奏し、フランスは徐々に世界に通用する商業大国へと変貌していった。イングランドほどの成功を収めたわけではなかったとはいえ、一七〇〇年代初頭には、フランスはオランダを抜いてイングランドの主要な貿易相手かつ競争相手となった。また、コルベールによるアジア貿易支配の試みはおおむね失敗に終わったものの、既存のフランス領カリブ海植民地での奴隷労働力による砂糖生産の継続的な拡大は、イングランドやオランダとの競争で有利に働いた。フランスはまた、地中海におけるレバント貿易の支配にも成功した。コルベールの経済政策が成功を収めていたことは、イングランドが彼の戦略の多くを模倣・称賛したという事実が物語っている。これは、まさしく彼が望んでいた展開であった。フランスを模倣したいという他国のそうした欲求こそが、フランスの市場を機能させる鍵となると、コルベールは信じていた。もしほかの国々がフランスとその製品に信認と称賛を寄せるなら、彼らはフランスの商品を購入し、ひいては国内の経済を活性化させるというのが、彼の考えであった。こうしてコルベールは、時を超えて生き残るあるものを生み出すことに大いに貢献した。そのあるものとはすなわち、贅沢さと専門性を備えたブランドであり、それは今日もなお強い影響力を保っている。[12]

市場構築において重要なのはしかし、経済発展と改革だけではなかった。それは信頼と信認にも大きなかかわりがあった。自由市場は認識と選択に大きく依存している。人が物を購入するのは、必要性、入手可能性、価格設定、欲求、執着、信仰、信認といった、しばしば奇妙かつ自己矛盾するさまざまな感情や状況の結果だ。商業にかかわる感情には、合理的で客観的なものも、そうでないものも存在する。コルベールは、フランスに対する信頼と信認について、実績に基づくものと想像上のもの、その両方を作り出すための計画を策定した。ブランディングと厳しい管理とを組み合わせることがフランスに力強い商業イメージを与えると、彼は確信していた。これを実現するために、コルベールは商業に関する一連の法律と基準を制定し、違反者には例外なく厳しい罰則を科した。コルベールの下で働いていた優秀かつ冷酷な警視総監ガブリエル゠ニコラ・ド・ラ・レニーは、パリの市場や街頭——肉屋、仕立屋、娼婦、街灯の点灯、印刷業など——を監視し、貿易ギルドに対しては、メンバーに規則を守らせるよう指導を行なった。彼はまた、密輸品として大量に流入してフランスの産業を脅かしていた、外国製のプリント生地の違法な流通を取り締まった。イタリア人、オランダ人、イングランド人は従前より、商品に対するフランスの監視の甘さを利用して不正を行なっていた。その対策としてコルベールは、フランスの織物に品質検査済みであることを示すスタンプ制度を導入し、これが外国市場での信認の獲得につながった。イングランド人がフランス王室のスタンプを偽造した際には、ラ・レニーによって外国製の布が大量に押収された。こうした警察による努力も相まって、フランスの毛織物産業は、イングランドのそれに深刻な脅威を与えるまでに成長した。[13]

コルベールにとって、フランスの評判への信認を築くことは、商業および海外植民地貿易を発展させるうえで、規制や保護貿易政策に負けない重要性を持っていた。そのため、フランス商業市場を構築する彼のプロジェクトにおいては、プロパガンダ（今日で言う広告）が鍵を握っていた。彼は尊敬を集める学者たちを定期的に採用し、彼らに知識、文化、技術革新の中心地としてのフランスの評判を高めるという自身の計画を喧伝する役割を担わせた。一六六三年にフランス東インド会社を設立した際には、知識人で学者のフランソワ・シャルパンティエに、東インド貿易の歴史と有用性に関する論文の作成を依頼している。この論文の目的は、フランスの商業を鼓舞することだけでなく、その優秀さを外国の競争相手に知らしめることであった。コルベールの意向に従い、シャルパンティエは「危険な怠惰」がフランスを席巻し、戦争や動乱による被害が王国の繁栄を損なっていると主張した。商業は「リベラルアーツのようなもの」であり、つまりは集中力と努力によって「培う」ことが可能だ。だからこそ、新しい海を航海し、発見から新たな「富」を見出そうではないかと、シャルパンティエは読者に向かって呼びかけた。「発明者」こそが富を生み出すと、彼は述べている。[14]

コルベールはまた、アヴランシュ司教でアカデミー・フランセーズの学識豊かな会員であったイエズス会の学者ピエール＝ダニエル・ユエを採用し、ルイ一四世を戴くフランスとローマ帝国の栄光とを比較した商業史を執筆させた。この『古代人の商業と航海の歴史』(一七六三年)の序文においてユエは、コルベールがフランス国の「利点」をどのように活用して、国にとっての商業の重要性を示したかを説明している。フランスが商業において競争力を得るためには、航海と帝国建設に目を向けなければならない。ローマ帝国は貿易と帝国の領土のおかげで成功を収めた。フランスも今こそそのモデルに従い、新たな商業的ローマとなるべきであると、彼は書いている。[15]

コルベールは同時に、信認と確実性を「回復」するための道筋は、国家の財政管理と会計の質に基づくものであるとも考えていた。彼は、負債や減価償却を正確に把握できる優れた帳簿を付けられないような、才能のない「腐敗した」国家公務員を一掃することを望んでいた。財務総監に就任してから最初の一〇年間で、コルベールはフランスの公共財政を黒字に転換させ、一六七〇年代初頭のごく短い期間ではあったが、これを維持するという偉業を成し遂げた。アダム・スミスはのちに、コルベールによる公共会計の管理を、市場社会創出の鍵として称賛している。[16]

コルベールが一六六三年に出版した『歴史に寄与するフランスの財務に関する備忘録』には、マキャヴェッリ、ボダン、ボテロによる主張と同じように、国家が生き残れるのは、「その手段が適切に管理されている」場合のみであると記されている。これはつまり、大臣は財政的な能力をもって国家を運営し、効率的に税金を徴収し、収入、支出、資産、負債を管理しなければならないことを意味していた。そうした優れた管理は信認を生み、貿易を円滑にし、そしてコルベールが幾度となく繰り返した常套句を使って表現するなら、「商業の自由」を創造する。コルベールは、マキャヴェッリの国家観から、オランダの会計重視、イングランドの開発における保護主義に至るまで、ありとあらゆる経済モデルやツールを手当り次第に活用した――その目的は、市場に信認をもたらすことであった。[17]

一般の読者層に働きかける方策として、コルベールは、フランス市民に商業の知識と自信を与えるための一連の書籍の出版に出資した。たとえば、数学者で会計の達人であったフランソワ・バレームには、複式簿記のマニュアルや両替に関する著作の執筆を依頼している。会計学校では、彼が手がけた実用数学の手引き『バレーム卿の算術』（一六七二年）が使用されるようになった。その序文においてバレームは、フランスでは、国家の最高レベルにおいても財務の知識がある人材が足りないと指摘している。「コルベール氏は、王の事業すべてについて複式簿記を採用することを常に望んでいたが、実務に精通し、会計検査院の旧来の手法を最新の状態に更新できるだけの人材を十分な人数見つけることはかなわなかった」。バレームの仕事は大きな成果を上げ、会計マニュアル『バレーム・ユニヴェルセル』は、一九世紀になっても発行が続けられた。[18]

一六七三年、コルベールは貿易を専門とする商人ジャック・サヴァリーとともに執筆した名著『商法典』を出版する。この有名な法典があるからこそ、米下院議事堂のギャラリーには、二三人の偉大な法律制定者のひとりとして、コルベールの浮き彫りの肖像が、モーゼ、リキュルゴス、ユスティニアヌス、トーマス・ジェファーソンなどと並んで飾られている。驚くほどシンプルなこの商法典は一二章一二二条から成り、貿易に関する法的枠組みや最良慣行の標準化だけでなく、どのように複式簿記を記帳し、事務処理を行ない、見本市を開催するのか、また、コルベールが非常に重視していた破産や訴訟にどのように対処すべきかについての説明が記されている。同法典にはさらに、為替手形や約束手形の定型文や使用法までが含まれていた。[19]

サヴァリーはコルベールのプロジェクトを発展させ、より詳細なビジネスの手引きおよび参考書である『完全なる商人』（一六七五年）を出版した。同書はいわば、ルネサンス時代の商人ベネデット・コトルリが書いた『商業技術の本』の同時代版であった。商法、規則、最良慣行が掲載されているこの本は「ビジネスに信認」をもたらすはずだと、サヴァリーは主張した。商業にまつわる情報の他に類を見ない概説書であったサヴァリーの本は、フランスのプロパガンダとしても驚くほどの成功を収めた。これによってコルベールは、フランスがビジネス基準と専門知識の世界的な中心地であることを示した。その二〇年前にはとうてい考えられなかった状況だ。あらゆる商取引において事実が重要であるように、幻想もまた同じように重要であることを、コルベールは知っていた。一六八三年にコルベールが亡くなったあとも、彼が手がけた法の体系化計画(およびその宣伝)は、引き続き大きな効果をもたらした。一六八五年、フランス政府は悪名高い奴隷法典『黒人法典』を公布する。アダム・スミスはのちに、このおぞましい法典に言及し、同書のおかげでフランスの奴隷制度はイングランドのそれよりも残忍ではなく、より効果的になったと称賛している――まるでそんなことが可能であるかのように。[20]

言うまでもなく、ヴェルサイユ宮殿の建設と、今も存続しているルイ一四世の学術アカデミーの設立はコルベールの功績だ。歴史家たちは、文化はルイ一四世による「栄光」の追求の一部であり、太陽王としての自身のイメージを形成するためのツールであったと捉えてきた。ヴェルサイユ建設と有名な王立アカデミーの設立を通じて、コルベールがルイの評判を高めたのは確かだが、それだけではいささか表面的な見方となるだろう。コルベールがこれらの機関によって真に高まることを期待していたのは、国としてのフランスの商業的信認であった。もしフランスに最も優れた科学者、最も美しい芸術や建築、最も魅力的なファッションが揃っていたなら、フランス製品の国際貿易を構築することが可能となる。コルベールは、イメージと市場の信認との重要な関係性をよく理解していた。[21]

科学的な専門知識とそれによる検証には、商業的な利用価値があった。『備忘録』において彼は、科学、芸術、文学といった分野の「偉人たち」が王国に「名声」をもたらし、外国の消費者と貿易を引き寄せるだろうと述べている。コルベールは、ヨーロッパ中の著名な科学者や歴史家に直接書簡を送り、たとえばストックホルムに住んでいたニコラース・ヘインシウスや、当時ウィンザーにいたイサーク・フォシウスといったオランダ人に、ルイ一四世はあなたの「功績」に感謝の意を表すことを望んでおり、ついては多額の「報酬」を送らせていただくと伝えている。彼らが太陽王に重要な作品を献呈することを選んだ場合、王の感謝はその後も継続し、互いに利益をもたらすだろうことは、言うまでもなく明らかであった。[22]

一六六三年、ルーヴル宮殿の東側ファサードを設計した著名な学者で建築家のクロード・ペローは、コルベールと協力して、王立科学アカデミーの設立計画に取り組み始めた。これはルイ一四世の栄光を称える場所というだけでなく、フランスの科学の信頼性を宣伝し、「研究の成果を発表して広く知らしめ」、フランスに「世界的な名声をもたらす」場であると、ペローからコルベールに送られた書簡にはある。この計画に関する最初の覚書からは、対象となる研究分野――化学、解剖学、幾何学、天文学、代数学など――が実用的なものであり、フランスの商業および金融事業に役立てることができるものであったことがわかる。彼らが目指したのは、アカデミーを実験と一般教育の中心地とすることで科学的権威を王権のもとに置き、それを世界に宣伝することであった。[23]

一六六六年、オランダの数学者、物理学者、天文学者、発明家であるクリスティアン・ホイヘンスの協力を得て、コルベールはルイ一三世の宰相であったマザラン枢機卿がかつて所有していた邸宅に、新しい王立図書館と科学アカデミーを設立した。ホイヘンスは同年、アカデミーが子午線の長さと経度を測定・確立すること、そしてその結果は「地球の大きさを測定し……［また］従来よりも正確な地理学的地図を作る手段について助言する」ために活用されると書いている。新たに作成されるこうした権威ある地図は、航海術の向上だけでなく、フランスが植民地の領有権を主張する際にも強力な武器となるものであった。ホイヘンスが行なった数々の天文学的および実用的な科学実験の中には、コルベールの偉大な功績のひとつとなるものも含まれていた。その功績とは、「振り子を用いた、決定的かつ普遍的な時間の測定基準の確立」だ。ホイヘンスは、植民地探査の航海において経度を計算する「海洋時計」として使用できる、実用的な振り子時計の作成計画を策定している。[24]

ホイヘンスはコルベールに対し、アカデミーの最も重要な活動のひとつは、科学実験について「一般的」なわかりやすい言葉で説明し、大衆が科学に親しみを感じられるような博物誌を出版することであると訴えた。一六六五年、コルベールは、国家が運営する科学雑誌『ジュルナル・デ・サヴァン（知識人の雑誌）』を創刊するというドニ・ド・サロによる計画への支援を開始する。同誌は、フランスを科学の権威として信頼の置ける情報源とすることを目的としたものであり、「学問の共和国」、すなわち国際的な学問の世界における「新たな動向」を伝えると謳っていた。この雑誌は「役立つ」内容に焦点を当て、「毎年起こる主要な出来事」を知ることができる場所になると、サロは述べている。後年、ルイ一四世による戦争や政治的・宗教的抑圧が激しさを増した時期にも、ヨーロッパ中の学者たちは、この雑誌を科学、哲学、数学、機械学のほか、「芸術と工芸」、すなわち工学という重要な分野における中心的権威とみなしていた。たとえ戦争の時代であろうとも、この雑誌のおかげで、フランスには国際的な信用が寄せられた。[25]

コルベールは王立科学アカデミーに対し、機械工学と産業をテーマとした図解入り大百科事典の制作に取りかかるよう指示を出した。この事典においてコルベールは、実用的な商業知識を形式的な学問と同等の重要性を持つものとして扱い、それによって前者への世間的な評価を高めた。ホイヘンスやペローをはじめ多くの人々が、発明品の計画書を提供した。コルベールの百科事典プロジェクトは一八世紀に多大な影響を及ぼし、芸術、科学、技術の将来的な発展を導くことによって、フランスの経済拡大に不可欠な役割を果たした。[26]

こうした科学関連の出版物は、フランスに産業と商業のリーダーとしての評判を（誇張されたものも含めて）もたらした。この戦略の成功により、一六七〇年代には、イングランドはフランスをオランダよりも強力な商業大国とみなすようになる――一六六一年の時点では想像もできなかった成果だ。一六六八年、コルベールは弟のシャルル・コルベール・ド・クロワシー侯爵をロンドンに大使として派遣する。現地で周囲からの信望を得た彼は、国王チャールズ二世を説得して、オランダに対するフランスの経済的な動きを秘密裏に支持してもらう代わりに、年間二三万ポンドを個人的に支払うという約束を取り付けた。わずか数年のうちに、ジャン＝バティスト・コルベールはフランスを真の商業大国にしたばかりか、(少なくとも見かけ上の)リーダーにまで押し上げた。▼27

著名な日記作者で、海軍本部で秘書を務めていたイングランド人のサミュエル・ピープスは、コルベール・ド・クロワシーに大いに感銘を受けた。ピープスをはじめ周囲の人々は、クロワシーが兄に命じられてイングランドの産業や海軍の計画にひそかに探りを入れていることを知っていた。その事実が、ジャン＝バティスト・コルベールは恐ろしい人物であるという印象にいっそうの拍車をかけた。ピープスはまた、コルベールによる商業プロパガンダの熱心な読者でもあった。一六六九年一月三〇日のピープスの日記には、航海に関する「フランス語の論文を読み始めた」とある。この論文から彼は、フランスの海軍と貿易能力がじきにイングランドのそれを凌駕するとの印象を受け、不安をつのらせている。彼が読んでいた論文とは、フランソワ・シャルパンティエが東インド会社設立にあたって手がけた、あのプロパガンダ本であった。この書籍はあざやかな効果を発揮し、ピープスに、フランスはすでに成功した貿易国家へと変貌を遂げ、イングランドの最も重要な競争相手となっているという印象を与えた。フランスの技術的専門知識もまた、称賛の対象であった。一六九〇年代の『海軍議事録』においてピープスは、フランスは最高の造船技術、船、港、船員を有していると記し、コルベールが一六七一年に定めた造船に関する規則と、一六七三年のガレー船に関する規則に言及している。これらの規則は、フランス海軍がイングランド海軍よりもはるかに進んでいることの証拠であるとピープスは考え、「われわれの海軍に、フランスでまだ確立されていない優れた規則がひとつでもあるだろうか」と嘆いている。コルベールの政策とプロパガンダは、まさに狙い通りの効果を上げていた。[28]

一六八三年に他界するまでに、ジャン＝バティスト・コルベールは、フランスに対してイングランド市場を開かせることに成功していた。それだけにとどまらず、フランスはイングランドとの貿易で黒字を出せるまでになっていた。イングランドの商人にしてみれば、これは危機的状況であり、優勢になりつつあるフランスを阻止しなければならないと、彼らは感じていた。一七世紀の間、自由貿易条約は遅々として進まず、各国は競争上の優位を巡って互いに争っていた。[29]

そして、フランスを商業国家に変貌させようというコルベールの試みが太陽王の不興を買っている兆候は、すでに表れていた。商人のことを品のない成り上がり者と軽蔑していたルイ一四世は、コルベールの改革の多くを撤廃しようと試みた。当時フランスにとって最大の貿易相手国であったイングランドとの自由貿易を促進するどころか、ルイは戦争を望んでいた。一六七二年にも、王はコルベールの助言に反してオランダに侵攻している。

海外への侵略に飽き足らず、ルイは国内でも市民に対する暴力の道を歩んだ。コルベールの死から二年後の一六八五年、彼はフランスで少数派だったプロテスタントの保護に寄与していたナントの勅令を廃止する。二〇万人以上のフランス人プロテスタントが拷問を受け、改宗を強制され、弾圧、投獄、国外追放の憂き目にあった。コルベールが宗教的弾圧は貿易に悪影響を及ぼすとして反対していたことを知りながら、ルイは非道にも、コルベールの息子であるセニュレー侯に強制改宗の実行役を命じた。フランス人プロテスタントの離散《ディアスポラ》は今や、オランダ、デンマーク、イングランドから、ドイツ各地やアメリカの植民地にまで広がっていた。この出来事は、フランス商業にとって大きな打撃となった。「ユグノー」と呼ばれるプロテスタントの商人や職人たちは、コルベールが莫大な費用をかけて培った専門知識とともに、フランスを離れていった。ガラス職人、銀細工師、家具職人のほか、あらゆる種類の商人たちは、その技術の高さからヨーロッパ中の君主から歓迎された。実のところ、時計作りの優れた伝統がフランスに存在しない理由は、この勅令の廃止にある。フランスのプロテスタントの時計職人たちがカルヴァン派のジュネーブに逃れたことから、この街は今日でも世界の時計貿易の中心地となっている。

経済史家たちが長い間信じていたこととは異なり、コルベール主義と自由市場拡大への希望を実質的に挫折させたのは、ルイ一四世自身であった。貴族が集う豪華な宮廷に君臨する国王ルイは、自身のことを、平民である商人の王とはみなしていなかった。浅慮な国王は海軍への資金提供も停止し、植民地にもさほど関心を払わなくなった。彼の目は今や戦争だけに向けられていた。一六八八年、ルイは国境と領土の拡大を目指して一方的にライン川を越え、米国でウィリアム王戦争と呼ばれている九年戦争〔日本で言う大同盟戦争あるいはプファルツ継承戦争〕を開始する。ルイの侵略に対抗するため、イングランド、オランダ共和国、オーストリア・ハプスブルク神聖ローマ帝国、スペイン、ポルトガル、サヴォイア公国は同盟を結成した。ルイに反対の声を上げるユグノーの影響も相まって、プロテスタントの君主たちは、太陽王を恒久的な脅威とみなすようになっていく。自由貿易への希望は、長きにわたる戦争と飢餓の時代へと消えていった。

一六九三年、フランス北部は不作にあえいだ。戦争税と食糧不足が人々を苦しめる中、飢饉は腸チフスの流行へと発展した。腸チフスは、サルモネラ菌に似た細菌により、腹痛や発熱などの極めて不快な症状が引き起こされる致死的な病気だ。一六九三年から一六九四年にかけての大飢饉では、通常の死亡率に加えて約一三〇万人が命を落とした。腸チフスは兵士たちにも広まり始め、彼らは病気を押して戦わされることになった。財政は混乱し、国民に大量死の危機が迫る中、フランスではルイによる気まぐれな戦争とその破壊的な影響に脅かされる状況が続いた。やがてオランダ共和国やイングランドへの侵攻に成功の目がないことを悟ったルイは、今度は世界各地でそうした国々の貿易業者を妨害し、西インド諸島からイン

ド に至るまでのイングランド植民地と貿易ルートを脅かした。一六九七年にようやく九年戦争が終結したときには、すべての当事国が深い傷を負っていた。ウィリアム三世のイングランドはフランスに対して常に戦時体制をとるようになり、ブリテンの商人たちは隣国を軍事的にも商業的にも脅威とみなすようになった。

それは、コルベールが意図したこととは正反対の結果であった。コルベールが夢見ていた、条約および対等な貿易相手との相互利益に基づくバランスの取れた自由貿易は、暴力的な戦争とフランス国内の大量死に取って代わられた。過去との決別を図るため、改革派は、ルイ一四世の無意味な破壊行為の責任をコルベールに押し付けた。フランスで改革と自由市場の支持を訴え始めた人々は、とっくの昔にこの世を去った財務総監を、変革を必要とするものの象徴として利用した。コルベール主義も、コルベールの経済史における位置づけも、ルイ一四世がその治世の後期に大きな失敗を犯したことによってゆがめられ、損なわれた。自由主義思想の発展は、コルベールの実際の経済政策に対する反発としてではなく、ルイの好戦的かつ絶対主義的な愚行が生み出した、コルベールのゆがんだ影に対する反発としてもたらされることとなった。

第8章 太陽王の悪夢と自由市場の夢

われわれの美徳とは多くの場合、偽装された悪徳のことである。

——ド・ラ・ロシュフコー公爵『箴言集』一六六五年

九年戦争(一六八八～一六九七年)が終わるころには、二〇年以上にわたってほぼ絶え間なく続いた戦争により、フランスはほかのヨーロッパ諸国と同じく疲弊しきっていた。ルイはスペイン領ネーデルラントを恐怖に陥れ、自身の影響力を駆使して自国のプロテスタント難民を迫害し、近隣諸国へと追いやった。ルイに仕えた陸軍大臣で、その残忍さで知られたルーヴォワ侯爵は、ヨーロッパ大陸、さらには世界各地において、暴力による支配を推し進めた。国が戦費を賄うために恐ろしいほどの高い税金を課したせいで、フランスでは広範な人々が困窮に陥り、今や国民の大半が恒常的な飢餓状態に置かれていた。

永遠に続くかと思われたこの暴力と苦難のサイクルが、フランス産業の勃興と時を同じくしていたことにより、多くの哲学者が過去に目を向け、その遠い時代にあったはずのより自由で、平和で、豊かなモデルを求めるようになった。キケロやかつての貴族が有していた農業的価値観に触発された一部のフランス人思想家は、富は都市、改革、製造業によってのみもたらされるという考えを否定し、農業とストア的道徳に基づく経済成長の自由市場モデルを発展させることを試みた。

現代人から見ると大きな矛盾のようにも感じられるが、この改革運動を主導したのは、コルベールの後継者たちであった。一七世紀になるころ、コルベールの子供や甥たちは、宮廷内で最も強力な集団を形成していた。彼らが目指したのは、コルベール主義に修正を加えて、改革の新時代に適合させることであった。優れた政府管理も、自由市場と平和の追求も軽視するルイ一四世の姿勢が、コルベールが遺した最も基本的な諸政策の効果をむしばんでいると、彼らは感じていた。コルベール家の人々はこの難局に際し、一連の政府政策および書籍の立案や支援によって応じ、それはやがて一八世紀の自由市場運動の盛り上がりへとつながっていく。

一七世紀後半には、より多くの思想家たちが、おそらくは当然の流れとして、人間社会に対して非常に絶望的な見解を持つようになっていった。戦争と抑圧により、一部の哲学者たちは、利己心こそがすべてに優先し、真に徳の高い無私の行動を望むことは、絶え間ない苦しみの連続であるこの現世においては不可能であるというシニカルな結論を持つに至った。ローマの地主貴族の間で交わされる愛、義務、友情といった感情が、市場取引の触媒および保障として作用するという考えがキケロによって初めて提唱されて以来、哲学者たちは、感情と経済の関係についての議論を続けていた。

キリスト教思想家たちは、天国の救済を求める願望を市場に取り入れたうえで、個人の自由意志および地上の宝を天国の宝と交換したいという願望こそが、神の神聖な仕組みを動かし続ける原動力であると主張した。しかし、この時代の哲学者たちが求めていたのは、人間の中に存在するそこまで高貴ではない情熱をうまく活用して、それを社会全体の福祉に生かすことができる、より実用的な経済・政治システムであった。人間の欲望のエネルギーを、宗教的信念や貴族の軍事的栄光のための闘いではなく、交換の契約、すなわち商業的合意に注ぎ込むことにより、合理的な自己利益を実現することができると、彼らは考えた。▼1

イングランドの政治理論家トマス・ホッブズは、政治的・経済的生活の基盤としての自己利益という概念を、すでに一六五一年に発表した著作『リヴァイアサン』において提示していた。アウグスティヌスやマキャヴェッリにならい、人類は本質的に悪であると主張するホッブズは、人間というものは各人が「各人の敵」であるとし、われわれは「利益」、「名声」、「自己保存」を望む生得的な欲望から生じる絶え間ない争いの状態にあると考えた。自然法は人間に、いかなる対価を払ってでも命と財産を守る権利を与えた。財産を巡るこの果てしない戦争状態から抜け出す唯一の方法は、人々が政治において共通の「契約」を結び、平和的な商業取引に従事することであった。絶対王政を唱えたジャン・ボダンと同じく、ホッブズは、個人は自身の自由を絶対君主にゆだね、その君主が慎重に「公共の利益を獲得」すべきであると考えた。▼2

自己利益について考察した一七世紀の哲学者の中でもとりわけ重要な人物といえば、フランス貴族の傑物フランソワ・ド・ラ・ロシュフコー公爵だろう。個人の機会主義が商業社会や市場を動かすという信念を唱える彼の著作は、自由市場思想にとって不可欠なものとなっていく。愛と友情が交換の原動力であるというキケロの主張に懐疑的だったロシュフコーは、聖アウグスティヌスやホッブズと同様、人間は善意からではなく、自分自身の利益への関心から行動すると信じていた。そして彼は、欲望や、彼が「自己愛」（フランス語で amour propre《アムール・プロプル》）と呼ぶものが、すべての人間の行動にどのように影響を与えるのかを解明することを試みた。適切な状況下であれば、人はストア派的な規律を通じて徳を見出すことができると、彼は考えた。しかし、絶対主義的かつ道徳的に堕落した王のもとでは、そのような倫理的自由は存在し得ない。ラ・ロシュフコーが特に強く非難したのは、ルイ一四世の絶対王政によって貴族から伝統的な農業的美徳が奪われたことであり、彼はヴェルサイユ宮殿を名誉と特権の「株式取引所」にたとえて、今やそこは貴族たちが利益を追求する場になっていると主張した。ルイの世界では、すべての行動や友情は「利己心のみに基づいて」いると、彼は訴えている。[3]

それでも、ラ・ロシュフコーには希望が見えていた。こうした利己的な感情は、適切な方向へ導かれた場合には公共の利益に資することが可能だと、彼は考えた。「悪行の原因とされる利己心は、善行の要因となることも少なくない」と彼は書いている。これは、現代の市場経済思想にとって欠くことのできない基本原則だ。利己心のおかげで「取引は続く。われわれが代金を支払うのは、返済をするのが正しいからではなく、そうすることで人々が信用貸しをしてくれる可能性が高くなるからだ」。このように、貪欲と欲望は強力な交換の力を生み出し、たとえその目的が自己の利益を守るためであるにせよ、人間をより誠実にさせる。[4]

ルイ一四世の弾圧的なカトリック信仰に対する批判の急先鋒を務めたのは、ジャンセニスム派のカトリック教徒たちであった。ラ・ロシュフコーと同じように、彼らは利己心を活用して、それを善なるものに変えるためのシステムを模索した。一七世紀初頭のフランドル地方イーペルで活動した司教コルネリウス・ヤンセンの思想に触発された者たちの集まりであるフランスのジャンセニストたちが求めたのは、霊的な完全性だけではなく、原罪の影響を緩和して地上の生活を改善するためのシステムであった。彼らは聖アウグスティヌスの著作を熱心に読み込み、神が完璧な世界を創造したにもかかわらず、人間がそれを罪によって破壊したと信じていた。ルイの貪欲とナルシシズムに疲弊した彼らは、自己維持的な商業市場こそが、人間の罪と欲望を美徳へと導く最良の可能性を提供すると考えた。奇跡の時代は終わり、「神は隠れておられる」と、彼らは確信していた。神の恩寵によって救いを受けることができる選ばれた少数を除いて、神は人類の救済のために来られることはなく、われわれは己の罪深い本能の餌食となり、裸のまま孤独に放置されることになる。ジャンセニストの思想に感化された、著名な劇作家ジャン・ラシーヌをはじめとするごく一部のフランス人思想家は、世俗を完全に離れて修道院の独房に引きこもり、アウグスティヌス的な自己否定と敬虔さを追求した。しかし、こうした純粋主義は広い層に受け入れられるものではなかった。大多数の人々にとって、罪と自己利益を完全に回避しつつ社会で生きていくことは不可能であった。実際のところ、ルイが支配するフランスにおいては、彼の政権に与しない限り、社会の一員としてまっとうな生活を送ることはできなかった。そのため一部の人々は、人間の欲や自己利益が支配するこの世界を、せめて適切に管理するための方法を模索した。[5]

有力なジャンセニストでローマ法に精通していたジャン・ドマは、かつてのフィレンツェで理想とされていた、「国家を豊かにする市民的善としての商業」という概念のキリスト教版を作り上げた。市場が罪をどのように特定の方向へ導き、さらには無効化するのかを詳細に分析することにより、ドマはキリスト教的な自由市場思想の概念的枠組みを考案し、それは長きにわたって影響力を持ち続けることとなった。ローマ法をまとめた彼の国際的名著『自然秩序における市民法』（一六八九～一六九四年）は、人間の欲望や感情に応じて市場がいかに自由に機能するかについて、明確なビジョンを示している。キケロにならい、ドマは自然の中に不変の法則を見出すことは可能であり、いったん自由に作用することを許されれば、その法則は人間が持つ利益優先の傾向を制御するダイナミックな市場システムを作動させるだろうと考えた。

肉体労働とは、エデンの園の「無垢の状態」以外の場所で神が人間に「科した」罰であると、ドマはみなしていた。人間は労働を通して「商業」のための「物」や富を作ることにより、神の罰からよきものを生み出す方法を見つけなければならない。ドマの理論では、神が地上に置いた「共有財」を、「人間」は「農業、商業、芸術、科学」および「生活の必要を満たす」さまざまなものに「変える」ことができる。そしてこれらの「物」が、社会の中での「契約」、つまり合意の基礎となる。取引によって自身の「義務」を果たすことで、その人の行動は公的な「混乱」を引き起こさず、むしろ「不義、不誠実、欺瞞、不正行為のほか、ありとあらゆる害悪や悪事」など、否定的なものへの「関与」からエネルギーをそらすことにつながる。市場はいわば、商業取引を通じて罪が互いを確実に打ち消し合うシステムの中で、人を美徳へと導く流れのようなものだ。こうした過程を経て、労働という神の罰は、富を生み出し、国家の公益のために「税金や関税」を支払うという市民の利点に転換される。ドマのシステムは事実上、古いキリスト教の聖なる救済市場を、幸福と市民の美徳という完全に現世的な市場へと置き換えるものであった。法律の目的とは、個人が取引を通じて満足と救済を見出すことを可能にするものであると主張することにより、ドマは商業社会に宗教的な正当性を与えた。▼6

ラ・ロシュフコーやドマといった哲学者が、個人の悪徳を公共の美徳に変えるための公式を模索していた一方で、ルイ一四世の国家運営により直接的にかかわっていた多くの人々もまた、この国に深く根を張る病を癒す処方箋を探していた。ジャンセニストのピエール・ル・ペザン・ドゥ・ボアギュベールは、ルーアン出身の税務官であり、また自由市場と経済均衡の先駆的理論家でもあった。彼は、コルベールの甥かつ職業上の後継者であったニコラ・デマレを含むルイの財務総監たちに、自身が考える自由市場による解決策を直接提案するところまでたどり着いている。ボアギュベールは、コルベールが手がけた商業地域の中で最も大きな成功を収めたもののひとつであり、毛織物産業で栄えた都市ルーアンの警察監察官として働いていた。自身が貴族として所有する土地および行政管轄区域における徴税の経験を生かして、彼は、国家政策への実際の適用を目的とした自己永続的市場の近代的概念を初めて提唱した。フランスの経済的苦境は人間の誤った判断の結果であると信じていたボアギュベールは、経済がどのように自らを動かすことができるのかについての著作に取り組み始めた。一六九五年に出版された『フランス詳論』は、自己維持的な市場のメカニズムを説明することのみに焦点を当てた、初めての包括的な経済思想の本であった。同書においてボアギュベールは、フランスには貨幣が流通しているが、それは富を生み出していない、なぜなら貨幣は富裕層の利益にしか役立っていないか、税金によって消耗されてしまうかのどちらかであるからだと述べている。農民に対する不公平かつ過酷な課税は消費を停滞させ、農業を衰退させ、貨幣の価値と流通量を減少させ、富の生産と市場そのものを阻害している。▼7

ボアギュベールは多くの点で正しかったが、とりわけ優れていた点は、市場には消費者基盤が必要であると信じていたことであった。ただし彼は、富は基本的に農業に根ざしているものであるとみなしていた。伝統的な価値観を持つ貴族であったボアギュベールには、ルーアンの毛織物産業の有する経済力が、イングランドの商人を脅かすほど強大なものであることがわかっていなかった。彼はまた、キケロと同じように、すべての富は農業から生まれ、貨幣の価値は農業生産に由来すると信じていた。同時に彼は、封建経済の不公正さを問題視し、市場が機能するためには農業労働に対する報酬が改善されなければならないと考えていた。彼はまた、フランスの大規模な農業経済はすでに崩壊しているという事実も、正確に指摘している。ルイはフランスの人口の大半を占める農民に重税を課し、彼らを飢餓と困窮へと追い込んでいた。ボアギュベールは、貧しい農業労働者への税負担を軽減し、通貨が「血液のように」循環の中へ戻り、経済全体を自由に流れるようにすべきだと提唱した。成長のための税制改革の先駆者であった彼は、貧困層に対する不公平な課税が、自然な市場システムに「人工的な乱れ」を引き起こしていると考えていた。貴族に対する課税を避ける代わりに、ボアギュベールが提案したのは人頭税、つまり財力に応じて調整される頭割り税《カピタシオン》の導入であった〔ルイ一四世時代の頭割り税は、すべての人に課される一方、その額は年収に基づいて定められることを特徴とした〕。つまり彼は、労働をしない富裕層である貴族や裕福な聖職者に、それぞれの収入に応じて課税し、農業労働者の税金を引き下げることを目指したのだ。もし貴族が税金を支払い、貧しい人々の負担が軽くなれば、必ずや消費と成長の徳にかなった循環が生まれ、生活水準が向上し、農民たちの労働と生産の能力も向上すると、彼は考えた。[8]

　市場とは、適切にバランスが取れていれば自力で富を生み出す装置であるとボアギュベールは説明しており、そこにはジャン・ドマによる初期経済均衡理論の影響を見てとることができる。税負担を軽減する最善の方法は戦争をやめることであると、ボアギュベールは指摘した。彼は平和主義と自由市場とを明確に結びつけた最初の人物であり、戦争は飢饉を生み出し、農業を破壊し、税を押し上げ、貿易と健全な市場メカニズムを損なうと主張した。国家が平和を保ち、農業への課税をやめれば、自然な市場システムが自ら機能するようになるだろうと、彼は考えた。ボアギュベールの先駆的かつ理想主義的な自由市場計画は、ある意味、キケロの考え方を真逆にしたようなものであった。なぜなら彼は、貧しい人々のために富を生み出すことを目的に農業を自由化し、それがすべての人に富をもたらすと考えたからだ。[9]

　ボアギュベールは、抽象的な概念を唱えるだけの理論家ではなかった。高位の税務官である彼は、財務を担当する省庁やコルベールの甥であるニコラ・デマレと直接意見を交わしていた。自由市場経済理論を初めて体系的に唱えた人物と、コルベールの文字通りの後継者として財務総監を務めた人物との間に交流があったという事実は、経済史に関する議論においてよく言われるお決まりのイメージに反して、コルベールが残した思想がこうした新しいアイデアに対して比較的オープンであったことを示している。

　デマレは財務監察官としてコルベールのそばで仕事をし、彼のもとで訓練を受け、彼のやり方を心に刻み込んでいた。彼の仕事ぶりに明らかに満足していたコルベールは、甥を自身の後継者とする道筋をつけ、結果としてデマレは一七〇三年に財務総監補〔Directeur des finances＝総監の実務を支える役職〕となり、一七〇八年から一七一五年までは財務総監を務めた。ルイ一四世の命令に従うことと同時に、叔父が定めた産業および政府に関する規則を擁護するという使命を背負っていたデマレは、特定の経済的イデオロギーを信望することなく、ボアギュベールの自由放任《レッセフェール》主義のアイデアに対しても驚くほど寛容な姿勢を示した。彼らの交流のきっかけは、ボアギュベールが自由市場思想に関する原稿を、コルベール家の一員で自身の親しい友人でもあったミシェル・シャミヤールに送ったことであった。シャミヤールは一六九九年から一七〇八年まで財務総監、一七〇一年から一七〇九年まで陸軍卿を務めた人物だ。シャミヤールはまたルーアンの地方総監でもあり、おそらくはそうした立場から、「理論」を「現実に変える」方法についての自身の意見をボアギュベールに返答として伝えたものと思われる。シャミヤールはやがて、ボアギュベールから送られてくる書簡をデマレにも見せるようになった。これらの書簡からは――余白には、ボアギュベールの理論を応用する方法を示唆するメモが書き込まれている――、当初は懐疑的だったふたりの大臣が、やがてルーアンの徴税官が提案する自由放任主義のアイデアに賛同するようになっていく様子が見てとれる。[10]

デマレの返信からはっきりとわかるのは、コルベール主義は自由市場思想の対極にあるとする現代の常套句が、いかに不正確であるかということだ。コルベールとデマレは、現代の経済史家が言うような、いわゆる重商主義者ではなかった。コルベール一族による改革プロジェクトは、自己利益の慎重な管理を特徴としており、それは市場構築、会計や海事管理などの商業経営スキル、さらには法律および外交の専門知識を政府に取り入れるという信念と結びついていた。一七〇四年、ボアギュベールはデマレに自著『フランス詳論』からの抜粋を送り始める。穀物貿易の自由化と税制改革についてのアイデアに、デマレが耳を傾けてくれることを期待しての行動であった。ボアギュベールは、これが現実となれば、自然の摂理によってフランス経済は機能するようになると説明しようと試みた。興味深いことに、彼はデマレのことを経済の「時計仕掛けの統率者」と呼んでいる。時計のように機能する自己永続的な市場システムを信じる一方で、ボアギュベールは、その時計をセットするには政府に強力な大臣がいることが必要であるとも信じていたわけだ。国家財政を指揮する立場にあるデマレには、国富を解放してさらなる富を生み出し、税制をより公平かつ効率的にすることで、市場が自力で機能するよう促すことができる権限があった。ただし、自由放任主義の初期の提唱者たるボアギュベールが、これら一連の書簡の中で、自身の息子のために国家公務員の職を求めていたことについては、ここで言及しておく必要があるだろう。[11]

自身の補佐官たちに、ボアギュベールの書簡には興味深いアイデアが含まれていると伝えていたデマレだったが、書簡の余白には、国家の差し迫った財政的ニーズを考えると、ボアギュベールの提案は非現実的かつ適用不可能だとの不満を書き込んでいる。しかし一七〇五年、万策尽きたデマレはボアギュベールによる税制案の再検討に取りかかり、これについて真剣に「考慮」することを約束している。心を決めかねていたデマレは、最終的にボアギュベールの助言の一部を採用するものの、彼のプロジェクトの最も重要な目的は損なわれる結果となった。フランスの戦時財政が壊滅的な状況に陥る中、デマレは短期的な普遍税である「ディジエーム」の導入にこぎつける。唯一の難点は、彼がそれを既存のすべての税に上乗せしたことであった。これにより、富裕層もいくらか税を支払うようになった一方で、貧困層には以前よりさらに多くの税が課されることとなった。ルイの戦争がありとあらゆる資金を吸い上げていく中、デマレはボアギュベールに、理想主義に割く余裕はないと告げた。コルベールの甥が、自由放任主義の改革を試みたいとどれほど願っていたとしても、それはまだ時を待つ必要があった。[12]

コルベール直系の後継者たちの政策において自由市場哲学が実践されていたことを示すこうした例は、決して一度切りのことではなかった。事実、一七世紀末には、コルベール一族は自由市場思想の最前線に立っていた。デマレのほかにも、自由市場改革のために他者と連携を図った者たちは存在した。コルベールの義理の息子たちは、当時最も影響力のある作家のひとりで、熱心な自由放任主義理論家であったカンブレー大司教、フランソワ・ド・サリニャック・ド・ラ・モート＝フェヌロンと密接に協力していた。一六八九年から一六九七年にかけて、ルイ一四世の推定相続人である若きブルゴーニュ公の師傅《しふ》を務めたフェヌロンは、王室の一員として国王とその家族、および大臣たちと定期的な交流があった。宗教的な演説に優れるフェヌロンはまた、自由放任主義のビジョンを提唱した一七世紀の作家としても、最も広範な読者を獲得することになる。そのフェヌロンが師と仰ぐ人物に、ルイの寵愛を受けた神学者で、ヴェルサイユの王宮礼拝堂で説教をしていたジャック＝ベニーニュ・ボシュエがいた。ボシュエは宗教的な絶対主義政治理論だけでなく、宗教的不寛容の支持者でもあった。一六八五年のナントの勅令の廃止後、ルイはボシュエとフェヌロンを、フランス南西部の大西洋岸に位置するラ・ロシェル周辺のプロテスタントを改宗させるための国家使節として派遣した。現地でフェヌロンは、改宗のために用いられる暴力的な軍事手段、そしてルイの政治および経済政策に幻滅を覚えるようになった。

宮廷において驚くほど広い人脈を持っていた彼は、コルベールの義理の息子である第二代サンテニャン公ポール・ド・ボーヴィリエと親しくなり、その縁からデマレとも親交を持つようになる。ボーヴィリエの別の親しい友人としてはまた、コルベールのもうひとりの義理の息子であり、宮廷で力を増しつつあったリュイヌ公シャルル＝オノレ・ダルベール（一族に引き継がれる別の称号シュヴルーズ公爵として知られる）がいた。コルベールの娘婿であるボーヴィリエとシュヴルーズが宮廷で権力を握り、デマレが財務総監を務め、コルベールの甥であるトルシー侯ジャン＝バティスト・コルベール（またはコルベール・ド・トルシー）が一六九六年に外務大臣に就任したことにより、コルベール一族はルイ一四世の宮廷と政府の頂点において無敵のロビーを形成した。彼らが交わした書簡からは、一族が一体となって活動し、フェヌロンの思想を支持しつつ、自分たちの財産や利益をさらに増やしていったことがうかがわれる。ボーヴィリエとデマレによって率いられるこの強力な集団は、力を合わせて戦略を練り、コルベールの優れた政府運営を復活させて、より自由な市場を構築する方法を模索した。[13]

ボーヴィリエはまた、王家の子供たちの教育係でもあったことから、王室内で絶大な影響力を持っていた。彼らがチームとして活動していることを認識していたルイ一四世は、コルベール家の政府関係者の主要メンバーであるコルベール・ド・トルシー、ボーヴィリエ、デマレを招集して公式な会議の場を設けていた。ルイの意向により、彼らは七歳になるルイの孫で、のちに王位継承者となるブルゴーニュ公の師傅としてフェヌロンを選んだ。ボーヴィリエとフェヌロンは、改革への道――そして自分たちの権力拡大への道――は、この幼い王子を通じて開かれると信じていた。彼らは若き公爵の学習計画を、コルベール流の統治手法に基づいて作成することにした。一六九七年、ボーヴィリエとフェヌロンは、ブルゴーニュ公のためのプロジェクトを開始し、大規模な統計書『ショルンヌの表』の作成を委託する。その目的は、王位継承者たるブルゴーニュ公に、経済を自由化するための政府改革を通じて、フランスの人口と商業をどのように拡大していくかを示すことであった。同書では、コルベールが用いた古い統計手法、すなわち王国のすべての富と管轄区域を数え、測定し、地図上に記すという手法を通した市場構築に重点が置かれた。同書にはまた、税制改革に役立てるという目的もあり、課税対象となるあらゆる富が記録されることになっていた。[14]

一六九九年、コルベール家は、ブルゴーニュ公の教育のために小説『テレマックの冒険』を執筆するフェヌロンを積極的に支援した。この時代における最も明確かつ影響力の強い農業自由市場思想の表明である『テレマック』は、一八世紀のベストセラーとなり、モーツァルトからアダム・スミスに至るまで、多くの著名人にインスピレーションを与えた。フェヌロンの小説は、ホメロスの『オデュッセイア』に欠けている部分を補うものであり、オデュッセウスの息子テレマックの冒険と教育の物語となっている。物語の中では、テレマックのそばに賢明な師傅であるメントルが付き添っているが、この人物は実のところ、知恵の女神ミネルヴァが変装した姿であると、フェヌロンは明かしている。[15]

この作品はルイへの称賛どころか、彼の治世とヴェルサイユに対する批判であり、また自由貿易の必要性を呼びかけるものでもあった。物語の中では、テレマックがルイを真逆にしたような人物になることを通してよき王となる方法を学ぶ様子が描かれる。フェヌロンの理想とする君主は、戦争、追従、贅沢、変化する流行、実用性のない壮大な建造物を拒絶する。彼は正義を重んじ、臣民に対しては親切で寛大な態度で接する。ちょうどキケロのように、彼は「美徳」とよき交流は友情と誠実さの中に見出されると信じている。王は自らが「正義を愛すること……忠誠、自制心、無欲」といったキリスト教の禁欲主義的価値観を鼓舞しなければならない。王は国民に「実直な」農業労働に専念するよう促すべきである。[16]

フェヌロンによれば、徳高い君主は「すべての市民の自由」を重んじる。最も「絶対的な」支配者は最も弱いと、彼は警告する。恐怖によって支配する者は「人類の厄災」のようなものであり、彼らは自分を「ほかの人間よりもはるかに上に」置いているせいで「自分の目で真実を見ることができず」、自分の周りを「追従」で取り囲むと、フェヌロンは述べている。つまるところ、よき王の義務とは戦争を避けることであった。[17]

『テレマック』の中では、フェヌロンが持つキケロ的な王の美徳のビジョンと、コルベール主義の一般的な経済救済策とが混ぜ合わされている。コルベールと同様、フェヌロンもまた、「航海」、充実した「兵器工場」、そして「海の帝国」に支えられた良好な商業の発展の必要性を説いた。コルベールの商業法に言及しつつ、彼は「破産」を抑制し、商人の帳簿を監査するための適切な「規制」の必要性を強調した。「罰則」により、商人が不正な事業で他者の富を危険にさらすことはなくなるだろうと、彼は述べている。一方で、フェヌロンは贅沢品に基づく産業経済には反対していた。宮廷でさんざん繰り返される愚行を見ていた彼は、王に「贅沢と軟弱さ」、「音楽」、「宴」、宮殿の建築を禁止することを強く求めた。身分の高い者も低い者も、国民は土に近くあり、勤勉に働き、たくましくあるべきだと、彼は主張した。フェヌロンは、フランス人が「高価な刺繍や金銀の器」などの「異国の製品」や、「酒や香水」に金を使うことを好まなかった。「贅沢は国全体をむしばむ」と、彼は警告している。それは裕福な者と貧しい者とを隔て、いずれ「悪徳」が「まるで美徳のように称賛される」ようになるからだ。[18]

フェヌロンは、「単純かつ明確な」規則に基づく自由放任経済を思い描いていた。何よりもまず、個人が自由に貿易を追求できることが重要だと、彼は述べている。その自由が、外国人とより多くの富をフランスに引きつける。専門的な訓練を受けた国家の統治者が自由貿易を維持し、必要な知識を持たない商人にとっては複雑すぎるプロジェクトのための「組織」の設立を支援する。よき王の仕事とは、すべての人々の自由と自然な富の創造を保障することであった。[19]

ローマの保守的な農業作家カトーの言葉を思わせる一文において、フェヌロンは、支配者は決して土地を放置したり、過剰な税を課したりしてはならないと訴えている。地主はすべての資金を収穫量の向上に使うことを許され、彼の強靭かつ大規模な一族は健康な体で土地を耕し、公立学校に通い、「身体の運動」に参加しなければならない。産業や貿易から生まれる不健康で「人工的な富」は軽蔑されるべき対象であった。要するに、農業こそが豊かな国の基盤であるとフェヌロンは強調し、「よく耕された畑こそ真の財宝である」と指摘している。[20]

言うまでもなく、ルイ一四世が、フェヌロンやコルベール家の人々の言葉に耳を貸すことはなかった。フェヌロンが提唱した自由市場改革は、どれも日の目を見ずに終わった。ルイの後期の治世はむしろ、コルベールとその後継者たちの真の野望を破壊するものであったと言えるだろう。フェヌロンによる批判に激怒したルイは、一六九九年に彼を宮廷から追放し、スペイン継承戦争(一七〇一～一七一四年)へと邁進していった。それはまさしくフェヌロンが警告していた悪夢そのものであった。ルイの戦争により、フランスはイングランド、オランダ共和国、オーストリア大公国、そしてのちにはスペインとサヴォイア公国まで加わった大同盟と対立することになる。軍事史家によると、この戦争での死者は七〇万から一二〇万人にのぼるという——しかもその直前、一六九三年から一六九四年にかけての大飢饉によって、フランスでは一二〇万人が命を落としている。一七〇九年には、太陽の黒点の活動が原因で大寒波が襲来し、さらに六〇万人のフランス人が亡くなった。疲弊し、飢え、希望を失ったことにより失われた人口は数百万人にのぼった。

優れた教育を受けたブルゴーニュ公は、一七一二年、妻から感染した麻疹によって亡くなった。病の床にある妻のそばを離れることを拒んだことの結果であった。その時点で、彼はすでに三人の息子のうち二人に感染を広げており、彼らも同じく命を落とした。世話係の女性によって公の末の息子は隔離され、ひとり生き延びたこの幼子がルイ一五世となる。一七一五年に曾祖父のルイ一四世が脚の壊疽によって亡くなったとき、彼はわずか五歳であった。ルイの健康状態は、彼の統治を象徴していた。彼の王朝は内部から腐敗し、彼はフランスにトラウマと飢餓、破産を遺してこの世を去った。ルイの死を悼む者はなく、彼の葬列が行なわれた日、通りは閑散とし、中には密かに快哉を叫ぶ者までいた。

ルイはコルベールの遺産を踏みにじり、商業の自由や経済成長への希望をすべて打ち砕いた。しかし、これほど多くの失策が重ねられたにもかかわらず、コルベールの最も重要な改革の一部は生き残った。フランスが貴族と絶対君主制に支配される農業社会であることは変わらなかったが、この国の産業は生産を続け、世界の商取引の舞台でイングランドと競い合った。フランスは世界の科学大国のひとつであり続けただけでなく、ヨーロッパ啓蒙主義の発祥の地となった。啓蒙主義は科学と進歩の思想が絡み合った複雑な運動であり、自由市場思想の近代哲学において中心的な役割を果たしていく。フランスの経済思想家たちは、哲学者であるモンテスキュー男爵シャルル＝ルイ・ド・スゴンダが「穏やかな」商業と呼ぶものを通じて、恒久的な平和と繁栄の道を模索した。その道においては、自己愛に基づく戦争本能は、貿易という相互利益に置き換えられる。別の言い方をするならば、自由貿易とは嫉妬、戦争、貧困に対する解毒剤であった。この点において、フランスはブリテンの経済哲学に多大な影響を与えることになる。というのも、いずれの国においても、人類が農業市場を開放することで自然を適切に活用することができれば、市場はその驚異の力を平和的に発揮し、無限の富を生み出すという根強い信念が残っていたからだ。[21]

第9章　惑星の運動とイングランド自由貿易の新世界

貿易はその本質において自由であり、独自の流通経路を見出し、独自の進路を最も適切に導く。また、貿易に規則と指針を与え、それを制限し、制約を課すすべての法律は、私人にとっての特定の目的には役立つとしても、公共の利益に資することはほとんどない。

——チャールズ・ダヴナント『東インド貿易論』一六九六年

一五〇〇年代初頭、ポーランドの数学者、天文学者のニコラウス・コペルニクスは、宇宙を理解するための新たな太陽中心モデルを考案し、惑星は定められた運動法則に従って太陽の周りを回っていると説明した。二〇世紀の哲学者ルートヴィヒ・ウィトゲンシュタインは、このコペルニクスの発見について、自然の仕組みに関する「新しい視点」と表現している。もし惑星が知的な設計図のような一定のパターンに従って円を描いているのであれば、同じ理屈を社会と経済にも当てはめることができるはずだと、人々が考えるようになったからだ。自然というものを神の神秘と捉えていた世界にとって、これは非常に刺激的な考え方であった。人間にかかわる問題に惑星のような均衡をもたらし、それによって地上の平和と繁栄を確立できる力を探していた一七世紀の哲学者たちは、自己永続的なシステムの研究に夢中で取り組んだ。彼らは今や、至るところに永続的な運動を見出した。星々の中にも、自然の季節の中にも、人体の中にも、そして人間の法律と経済市場の中にも。▼1

一七世紀最初の数十年間、フィレンツェ貴族の家に生まれた天文学者ガリレオ・ガリレイは、コペルニクスの研究をさらに深く追求し、厳格かつ客観的な数学法則を用いれば、基本的な物理学を惑星に適用できると主張した。ガリレオは、惑星を方向の変化に抵抗させ、その結果として太陽の周りを常に一定の速度で回り続けられるようにする慣性の力を通じて、惑星の運動を理解しようと試みた。ガリレオの発見は一七世紀初頭において大きな影響力を持ったが、力学の研究に取り組んでいた優れた科学者は彼のほかにも存在した。一六二八年、イングランド人の医師ウィリアム・ハーヴィは、『動物における心臓と血液の運動に関する解剖学的研究』を出版し、心臓が血液を全身に自己永続的なループで送り出していることを示した。これはつまり、運動と流れの有機的な機械であることにおいて、人間の体は星々とよく似ていることを意味していた。ガリレオとハーヴィの仕事は、フランス人哲学者ルネ・デカルトの『世界論』(一六三三年)にインスピレーションを与えた。同書においては、物体は神秘的な推進力ではなく、物体の相互作用によって独自の自然な軌道をたどることが示されている。デカルトは、運動の力学は神からではなく、小さな物体(微粒子)同士の機械的相互作用によって生じると考えた。▼2

イングランドの自然哲学者、数学者、天文学者のアイザック・ニュートンは、自然は自己永続的な物理法則に従って予測可能な働きをすると主張した。これによって彼は、神は自然の働きにおける直接的な行為者ではなく、その監督者であるという、神の行動についての新しい見方を考案した。たとえば、神は雷や嵐を罰として創造したのではなく、また彗星は何かの予兆ではない。それらはむしろ、自然という偉大な機械の一部として動いている。ニュートンは、自然現象は一定の物理法則に従って起こるのであり、人間は数学を通じてそれを理解することができると主張した。さらに彼は、惑星に当てはまることは社会や市場にも当てはまると考えた。そうしたものもまた、それを動かしている仕組みを理解すれば、予測可能な動きをするからだ。[3]

ニュートンは、もし人間が自然のプロセスを理解することができれば、金銀を無限に作り出す秘密も解明されるだろうと考えていた。彼は錬金術の長く神秘的な伝統に則り、地球は「植物の精霊」の力を通じて動いているものであり、それ自体が呼吸し、「活力の回復」を求め、自身の生命を維持している「偉大なる動物」であると説明した。地球はその内部に、硫黄と水銀からできた「賢者の石」を源とする秘密のエネルギーを持っていると、彼は確信していた。これは空想ばかりをもとにした主張ではなかった。ニュートンの代表的な著作『自然哲学の数学的諸原理』(一六八七年)は、惑星の引力運動と太陽中心説の数学的原理を示すものであり、普遍的な混沌こそが神の計画が存在しないことの証拠だとする無神論を否定することを目的としていた。このシステムは基本的に機械的なものであり、そのベースとなる明確なパターンには神の創造の業を見ることができると、ニュートンは考えていた。[4]

ニュートンと同時期に活躍したドイツのプロテスタント派哲学者ゴットフリート・ヴィルヘルム・ライプニッツもまた、宇宙を動かす原動力を探し求めていた。微積分法と近代物理学の発展に寄与した博識家のライプニッツは、神は人間の生命と自然を、無限の動きの可能性を持つ複雑な時計のように創造したと考えていた。ドイツ語で時計の天輪を意味する単語は「Unruhe(ウンルーエ)」であり、これは「不安」や「落ち着きのなさ」を意味する場合もあると、ライプニッツは指摘している。ライプニッツによると、この落ち着きのなさこそが動きを生み出す源であり、宇宙とは「あらかじめ確立された調和のシステム」の中で循環するすべてのものの無限の総和であった。絶え間ない動きを理解することの難しさを、彼は「連続体の構成物の迷宮」と表現した。[5]

一七世紀の哲学者たちは、重力が惑星を動かすのと同じように、人間の自由で道徳的な選択が社会的・経済的な動きを生み出すと推測した。個人の行動が地上のメカニズムを駆動させるというこの考え方は、自由市場思想の基礎となっていく。イングランドの哲学者ウィリアム・ペティは、経済・社会統計に関する名著『政治算術』(一六七二年)において、個人が経済全体にどのような影響を与えるかについての新たな概念を解説している。ペティの主要なアイデアのひとつは、富は人間の労働効率と天然資源の価値の積として計算することができる、というものであった。特定の人々の労働が社会のためにより多くの富を生み出すと提唱しつつ、彼はイングランド住民の多様な層の経済的生産性をもとに、国民純資産の初歩的なバランスシートを作成した。[6]

フランスに対するイングランドの貿易赤字を憂慮する人々は、国富について根本的な勘違いをしていると、ペティは主張した。イングランドの経済は総生産高、つまり今日われわれがざっくりと国内総生産(GDP)と呼んでいるようなものではなく、イングランド人ひとり当たりが生産する純資産によって理解すべきものである。イングランドの生産高はフランスのそれよりも少ないが、実際にはイングランド国民の方が生産性が高いことを、ペティは示してみせた。彼は貿易統計、職業別のひとり当たり生産高、税収統計について両国を比較することによって、自身の理論の正しさを証明している。フランスは依然としてイングランドにとって商業上の脅威であり、七年戦争(一七五六〜一七六三年)までは、特に製造業においては総経済産出でイングランドを上回っていた。しかしペティは、このままいけばイングランドの経済規模はいずれフランスのそれを上回ることになると、正しく予見した。[7]

フランスの経済的な弱さはカトリック信仰と結びついていると、ペティは示唆している。カトリックは個人の労働生産性を損なうと、彼は信じていた。古くからある反カトリックの論拠を用いて、彼は教会――強力な経済的役割を担い、多数の司祭、修道士、修道女を抱えている施設――が商業的な富を生み出すことなく資産を吸い上げ、実質的にひとり当たりの効率とフランス経済全体を妨げていると主張した。フランスにおいて宗教的自由が確立されればプロテスタントへの支持が高まり、それが非効率な聖職者の数を減らし、生産性を向上させる。貸付の制限を撤廃し、経済的に最も成功している職業の税金を引き下げることも、産業の活性化につながると、ペティは述べている。▼8

市場の効率性を信じ、自由放任政策を推奨していた一方で、ペティは、社会や経済の歯車が自律的に機能しない場合には、人間――多くの場合は国家――が適切に調整しなければならないとも考えていた。人間はすでにエデンの園から追放され、完全無欠ではあり得ないため、神の自然のシステムをうまく利用できるかどうかは、常に人間の行動にかかっていた。もしペティの予想通りアイルランド人が十分に生産的でなかった場合、彼らは土地の所有権を失い、イングランド国家は彼らを征服してその土地を奪う道徳的権利を有することになる。アイルランド人カトリックの財産をより生産的なイングランド国教会教徒に分配することにより、アイルランドはより豊かになると、彼は考えた。ペティはオリバー・クロムウェルによるアイルランド侵略（一六四九～一六五三年）に参加し、イングランド軍がアイルランドの土地を没収し、住民たちを暴力で服従させて貧困に陥れるのを目の当たりにしている。アイルランドを一七世紀の植民地征服の実験場として位置づけたペティは、イングランドの軍事入植者たちに土地を分配し、没収した領地とその潜在的生産性についての経済調査を行ない、この経済データは国の統治に不可欠なものであると主張した。ただし、これらの統計ツールが最も大きな効力を発揮したのは、ペティ自身による土地収奪の正当化においてであった。ペティは自由貿易ではなく、略奪を通して財を成した。最終的に彼は五万エーカーの土地を手に入れ、織物の製造販売を生業とする家の息子から、裕福な地主紳士、またオックスフォード大学ブレーズノーズ・カレッジの高名なフェロー兼副学長にまで登りつめた。[9]

政治理論家のジョン・ロックが唱えた、人間社会は合理的な原則に従って自ら組織されるというビジョンには、ニュートンの運動力学理論と、個人が自由な選択を通じて経済効率を生み出すことができるというペティの思想が反映されている。政治的絶対主義に断固として反対していたロックは、この時代において最も影響力のある立憲政治および個人の権利の理論家となった。ロックが『統治二論』(一六八九年)を執筆したのは、ステュアート朝やブルボン朝の絶対君主制と、彼らによる個人の権利の侵害に深い嫌悪を覚えていたからであった。キケロとキリスト教からのインスピレーションをもとに、彼は、私有財産は政治的自由および機能する市場の要であると説明した。すべての物が共有されていたエデンの園からのアダムの堕落が、私有財産と人間の労働の必要性を生み出した。[10]

私有財産はすべての土地所有者に、個人の選択に基づいて自身の経済生産を最大化する可能性を与えるものであると、ロックは考えた。彼らは何を買い、だれと取引するかを自由に選ぶことができ、その結果として市場条件を作り出す。同時にロックは、自由とは他者に害を加えたり、その財産を侵害したりしない限り、人が自分の望み通りに行動することであると信じていた。したがって、個人は公共の利益を考慮する必要があった。人間は「自然の法」に従う存在であり、この法によって選ばれた民間政府、契約、通貨および為替を規制する法律を通じて自身の財産を守る力を与えられているが、それと同時に、良好かつ生産的な管理を維持する責任も負わされている。財産所有者には公共の利益のために生産し、取引を行なう責任があった。[11]

法の支配についてのロックの見解は、政治、宗教、経済の自由を擁護する一方で、国家による規制が果たす役割にも大きな余地を残していた。事実、ロックは社会における自己規制システムの可能性を認識していたが、原罪を信じていたことから、人間の失敗が避けられない場合には、政府が介入する必要があると考えた。人間の堕落した状態が、政府という存在の必要性を生み出す。なぜなら人間の堕落は、エデンの園の共同生活が失われたことを意味するからだ。政府とは「多数派による決定」が法律を定めるという契約であるとロックはみなし、「契約と合意が、労働と産業によって始まった財産を確立した」と述べた。だからこそ、契約を結ぶことは財産所有の動力となる。ロックは、議会を通じて、憲法上の代表制プロセスに従って行なわれる限り、経済や私有財産に対する国家の介入を否定しなかった。それは自然法の政治的反映であると、彼は考えていた。[12]

同時にロックは、自由は万人に与えられるべきものとは考えていなかった。私有財産、農業、貿易を発展させてこなかった社会は、自由の獲得も成し遂げていない。私有財産、そして法によって縛られた契約が存在するキリスト教社会で暮らす人々だけが、自由を享受することができる。財産と契約がまだ存在しない社会は、強制的な手段をもってそのような社会の一員とする必要があった。ロックはこうした論点から、植民地化を通じた市場活動の拡大と活性化を主張した。アメリカ大陸の奴隷や先住民は生まれながらにして自然な自由を持っており、「インディアン」はヨーロッパ人よりも「良識と礼儀正しさ」を備えていると認識していたにもかかわらず、ロックは、自由になるためには、彼らは契約を結び、財産を基盤とした社会を築く必要があると訴えた。豊富な土地と「自然が一般に提供する」天然資源を有しながらも、先住民は社会全体の利益のために財産、農業、商業を発展させることができずに、その自然の富を浪費してしまったと、彼は確信していた。したがって、北米においては、この道徳的および経済的な失敗を正し、彼らの市場への参加を強制するために植民地政府が必要とされる。これを成し遂げるためには、キリスト教を信仰する植民地国家が強硬な手段によって現地を平定し、また先住民とヨーロッパ人双方の私有財産とその効率的な使用を保障しなければならない。ただしロックは、土地を奪われた先住民がどのようにすれば独自の財産所有者になれるのかについては、十分な説明を提供しなかった。[13]

ロックの哲学は、一七世紀末のイングランドにおける矛盾をはらんだ経済思想群の一部であり、そうした思想においては、国内の場合は立憲的な法の支配が、海外の場合は植民地の征服が、富を生み出す鍵であると認識された。トーリー党の経済学者、哲学者、税務官、国会議員であったチャールズ・ダヴナントは、英国による個人の自由と砲艦外交を通じた自由貿易を、最も雄弁かつ率直に擁護した人物だ。ダヴナントは従来的な思想の持ち主であり、自由貿易は貿易の「つながり」や「鎖」を通じて存在しており、経済に対する最も有利かつ自然なアプローチである一方、国家は依然として商業「全体に対する神意による配慮」を施さなければならないと考えていた。[14]

彼が懸念していたのは、フランスとの戦争によって国家債務が生まれ、それが腐敗や、債権者という専門職階級による少数支配につながったことであった。植民地貿易を通じて国家債務を返済することが、寄生虫のようにはびこる金融階級を排除するための解決策になると、彼は提案した。ダヴナントは、マキャヴェッリ的な古い政府観にこだわり、自由と透明性を維持して寡頭政治、専制政治、汚職の絶え間ない脅威を退けるためには、国が常に裕福で債務を抱え込まないようにする必要があると考えていた。[15]

ダヴナントは、国内については政治的自由と市場の擁護者であったが、海外については、富を生み出すための重要な要素として抑圧を支持していた。ロックが帝国主義と奴隷制という大きな道徳的ジレンマについての議論を避けたのに対し、ダヴナントは、大胆にもこれを自由市場帝国経済の一形態として受け入れた。『東インド貿易論』(一六九六年)の中で彼は、イングランドの平和、繁栄、政治的自由への道は、奴隷農園と植民地貿易を活用することによって築かれると説明している。イングランドの自由がはるか遠くにある領土の略奪によって購入され得るという理屈に、彼はまるで矛盾や皮肉を感じていなかった。のちに彼は、複雑な株式会社を通じたアフリカ奴隷貿易の適切な管理が、イングランドの富と「国家の強み」の基礎となることについて詳細に記述しており、この点については後年、アダム・スミスも部分的に同意している。また、ダヴナントが「貿易はその本質において自由であり、独自の流通経路を見出し、独自の進路を最も適切に導く」と言ったことはよく知られている。[16]

イングランドの帝国自由貿易経済圏は、製造価格と消費者価格を引き下げる一方で生活水準を引き上げると、ダヴナントは信じていた。プランテーションは必要不可欠な商品を安価に生産しつつ、本国製品の重要な追加市場として機能することができる。奴隷プランテーションはこうして、「母国にとっての尽きることのない宝の山」となる。インドとの貿易もまたこの計画には不可欠であり、その大きな理由のひとつは、絹の価格を二五パーセント引き下げられることであった。この貿易を維持するうえでは、「駐屯地」と海軍が必要とされた。軍事力の存在により、インド、ムガル帝国の偉大な支配者たちでさえ、イングランド人を「侮辱」することができなくなるからだ。オランダ人とフーゴー・グロティウスはかつて、外国貿易の自由なシステムを維持するためには武力が必要であることを示した。そして今、イングランドはこの商業戦略を、世界がそれまで目にしたこともないほど強大な世界帝国へと変貌させようとしていた。カリブ海でのプランテーション運営から、インドをはじめとする、世界各地に広がる軍事化された自由貿易圏の豊かな植民地の略奪まで、帝国政府はさまざまな活動を通して国内の産業革命を後押ししていくことになる。[17]

ダヴナントの『東インド貿易論』には、イングランド人がコルベールの古い手法をどのように借用したかが示されている。ダヴナントは、貿易を自由化し経済を支えるうえでは、政府が重要な役割を果たさなければならないと認識していた。彼は国家が立法権を行使して救貧院を設立し、低賃金で困窮者を雇用して製造コストを下げることで、より安価な商品を生産することを推奨した。同時に、彼は自由貿易を信じ、それは力学の法則によって機能すると考えていた。しかし、ダヴナントの初期の一般均衡モデルは、イングランド人にとって一方的に有利なものであった。国内で低価格を維持しつつ高価な贅沢品を輸出することにより、イングランドには最大の繁栄がもたらされると、彼は考えていた。彼はまた、イングランドの国内市場向けに地域で安価な贅沢品産業を興すことも提唱し、これは国の富や美徳を損なうものではないと主張した。

ロックとダヴナントの考え方は、当時の科学や政治と非常に相性がよかった。事実、一六八八年の名誉革命では、オレンジ公ウィリアム〔オラニエ公ウィレム三世〕とそのイングランド人の妻メアリーが、メアリーの父で絶対王政を望むジェームズ二世を追放している。彼らは「権利の章典」を制定した立憲君主制を樹立し、ここにイングランドのグローバルな商業時代が本格的に幕を開けた。ここからは、世界経済における覇権をかけた闘いが、イングランドとフランスとの間でさらに激化していくことになる。皮肉なことに、この経済的優位性を巡る争いがきっかけとなり、経済および政治思想の新たな動きが登場する。両国が商業と産業を巡って争うほど、哲学者たちは、キケロの農業と平和への信念を永続的な運動および富の創造の概念と融合させることにより、自由貿易の理想を実現したいと強く願うようになっていった。[18]

第10章 イギリスVSフランス——貿易戦争、債務、新たな楽園の夢

かように、すべての要素はどれも悪徳に満ち、ただし全体としては楽園であった。

——バーナード・デ・マンデヴィル『蜂の寓話』一七一四年

スペイン継承戦争は、自由市場思想の誕生において多大な役割を果たした。哲学者らは、戦争を終わらせて、長く保たれる自己永続的な平和を確立する方法を模索した。国同士の間に、商業を巡る嫉妬も戦争も生じさせることなく富を生み出すシステムを、彼らは探し求めた。しかし、こうした懸念よりもさらに差し迫った問題があった。公的債務だ。イングランドとフランスはいずれも国民ひとり当たりにつきほぼ同程度の負債を抱えており、戦争が終結するころには、前者の総負債額は前代未聞の約五〇〇〇万ポンド、後者の国家債務とさまざまな負債を合わせた額は驚異の約二三億リーヴル（一英ポンドは約一三リーヴル）に達していた。フランスにとって、これは一六七五年の三倍、国内総生産の約七〇パーセントに相当した。▼1

経済学者たちはここから、この圧倒的規模の公的財政問題に対処するための市場解決策を見つける作業

に取りかかった。一七〇〇年代初頭、両国の主要な経済学者は、民間企業が独占権と引き換えに公的債務を支払う仕組みを考案しようと試みた。これは一見、自由市場的な解決策とはほど遠いように思われるかもしれないが、実際には多くの点で自由市場の原則に基づいていた。こうした試みのベースにあったのは、もし経済学者や事業家たちが、無限にわき出す莫大なアメリカの天然資源を適切に活用することができたなら、この新たな植民地市場システムが、政府や税金ではどうすることもできない債務問題を解決して、経済全体を活性化してくれるだろうという皮算用であった。

当時の英国は財政革命の真っ只中にあった。一六九四年、ウィリアム三世の政府は、フランスとの戦争のために有利な信用条件を必要としていた。そこで政府が目指したのは、国の支援のもとにイングランド銀行を設立し、それによって妥当な金利で資金を借り入れて債務を管理するとともに、信用市場への信認を築き、事業家のプロジェクトに資金を供給することであった。ジョン・ロックがかつて主張したように、社会は市場に対する信頼を築くための信念と合意のシステムを必要としていた。しかし、それでも債務は増加を続け、一六八八年には一〇〇万ポンドだったものが、一六九七年には一九〇〇万ポンドを超え、その内容は七パーセントの年金債、流動負債、くじ引きローン、さらにはイングランド銀行・南海会社・東インド会社からのローンなどが、複雑に混ざり合っていた。新しい銀行を設立しても、国家債務は依然として解決の見込めない問題として残された。[2]

そのうえ、イングランドは当時、政治の大変動に見舞われていた。一七〇七年、イングランドとスコットランドが合邦してグレートブリテン王国が成立した。一七一四年にメアリーの妹アン女王が跡継ぎを遺さずに他界したことで、名誉革命後に制定された王位継承法が発動された。同法では、女王の最も近い血縁のプロテスタント信者に王位を継承することが定められており、その人物に該当したドイツのハノーファー選帝侯、ブラウンシュヴァイク＝リューネブルク公爵のジョージ・ルイスが、英国王の座を継いでジョージ一世となった。一七一四年八月一日、国家の負債は、王座とともに彼に引き継がれた。[3]

複雑化する経済と、制御不能なほどに膨らんでいく債務に対処しようと、政府高官、事業家、哲学者、錬金術師、初期の科学者たちは、無限の富を生み出して、終わりの見えない金融危機を解決してくれる魔法のレシピを探し始めた。彼らが望んだのは、アメリカの富が解決策を提供してくれることであった。紳士探検家サー・ウォルター・ローリーが発表したオリノコ川（現在のコロンビアとベネズエラを流れる川）を下る旅の記録は大きな反響を呼び、エルドラドを探し求めることは、一八世紀初頭の経済思想において重要な位置を占めるようになった。ケンブリッジ大学を拠点とする国際的な学者グループ「ハートリブ・サークル」は、「錬金術と科学」には「隠された資源を引き出す」力があると主張している。ある者はアメリカにおいてこの隠された資源を見つけようと試み、またある者は、富への道は市場メカニズムの秘密を解き明かすことにあると考えた。これを成し遂げるために、彼らは信用、確率の法則、さらにはギャンブルまでを研究対象とした。リスクや不測の事態、トランプのデッキに含まれるカードの枚数さえも、理論上は、投資家が保険や信頼できる投資スキームを設計する際の参考となる可能性を持っていた。[4]

こうしたアイデアは、すぐさま世間の注目を集めた。一七〇七年のロンドンでは、ある匿名の人物により、こんな突飛なタイトルの小冊子が発行されている。『成功をもたらすもの、あるいはトゥーロンに匹敵するものについての説明――アメリカ南西部における貿易を改善し、東インド貿易および王室の歳入のために金銀を年間約三〇〇万ポンド増やすための友好的な出資の提案。これらは、この提案が推奨された場合に結果として実現されるであろう』。アメリカは「金銀の唯一の泉」であり、それを手に入れる者は「世界のすべての物質的財宝」を所有し、「全宇宙の貿易」を支配できると主張するこの小冊子には、イングランドはフランスよりも先に西インド諸島を支配しなければならないと書かれていた。国家は「プロジェクター」——冒険的な事業家のこと——が、必要に応じて暴力的な手段を使ってでもアメリカを手に入れるのを支援すべきであり、それによって英国はすべての富を支配することが可能となる。そうすることにより、英国はほかのどの国よりも優れた海軍を構築し、世界的な帝国を築くことができる。[5]

こうした世論が盛り上がりを見せる中、オランダ系イギリス人の風刺作家、医師、経済哲学者であるバーナード・マンデヴィルは、『蜂の寓話——あるいは私的な悪徳は公共の利益』(一七一四年)を執筆する。これは初期自由市場哲学の最も明快な——また最も物議を醸し、かつ最も有名な——著作のひとつとなった。この作品には、英国の商業社会に対する、批判的でありながらも希望に満ちたビジョンが示されている。マキャヴェッリ、ホッブズ、ラ・ロシュフコーが描いた人間の本性に対する皮肉な解釈と同様、マンデヴィルもまた、国家という蜂の巣の中で悪徳にまみれる商業文化を描写している。その国では、法律家、実業家、聖職者、地主階級は、「ペテン、贅沢、高慢」の軽微な中毒に陥っていることにおいて、「詐欺師、たかり、女衒、博打打ち、スリ、にせ金造り、にせ医者、占い師」と何ら変わるところがない。事実彼は、詩の形式に則ってこう書いている。「すべての職業や立場に不正があった。いかなる召しにも欺瞞があった」。マンデヴィルは、「利己心」こそが人間の行動の原動力であると信じていた。[6]

一方で彼は、私的な悪徳は完全な悪ではないとも述べている。なぜなら、それは蜂の巣における富の集団的創造の原動力となるからだ——「かように、すべての要素はどれも悪徳に満ち、ただし全体としては楽園であった」。私的な悪徳は公共にとっての利益であるという彼の言葉は、よく知られている。悪徳と「策略」は惑星のように「調和」して、富と「輝き」を生み出す。マンデヴィルは、英国が成長するためには、貿易収支を黒字にすることが必須であると信じていた。これを実現するには、国は贅沢品を消費するのではなく、輸出する必要がある。ただし彼は、市場活動を活性化させる根本的なエネルギーは強欲であると主張した。こうしたマンデヴィルの意見は、実にスキャンダラスなものであった。コルベールでさえ、実業家にはキケロのような品位ある誠実さが必要とされると信じていた。しかし、終わりのない戦争と貿易を巡る争いは、多くの人々を疲弊させていた。マンデヴィルのような人物は、宗教心とかかわりなく、ずうずうしくも古いジャンセニスム派の信仰に追随し、罪というものは、貿易のシステムに取り込まれることによって地上の楽園を生み出すことができると主張したのだ。[7]

英国と同様、フランスもまた、債務と破綻した経済システムに対する奇跡的な解決策を探し求めていた。この国は飢餓と迫りくる破産に押しつぶされようとしていた。一七一四年、コルベールの甥で財務総監のニコラ・デマレは、フランスの事実上の破産を食い止めようと必死の努力を続けていた。すべての改革が行き詰まる中、デマレは、疲れ果てた国民からさらに搾り取れる限りの税金を徴収しようとしていた。この国には国立銀行がなく、貴族が定期的に税金を支払わないせいで、税収基盤も脆弱であった。状況はまさに絶望的だった。有名なスコットランドの経済理論家で、賭博師でもあったジョン・ロー（フランス語では、「エース」を意味する「ラス」と発音された）についての噂は、デマレの耳にも入っていた。かつてスコットランドにおいて、国立銀行と紙幣の構想を提唱した人物だ。一七〇五年にローが発表した『貨幣と貿易についての考察』という驚くべき著作には、国家が持つ貨幣の量が多いほど、貿易も多く生まれると記されている。このアイデアが意味するところはすなわち、富の一形態としてではなく、富を生み出す触媒として貨幣を発行する、ということであった。[8]

ローは現代の市場ツールを先見していた。彼は、銀や土地の価値に連動した紙幣の発行を提案した。アムステルダム、ニュルンベルク、ストックホルム、ロンドンの銀行は、すでに硬貨の保有量に基づく紙幣を発行しており、ローの理論はこうした動きを支持するものであった。貨幣には、安定性、信頼性、そして豊富さによって、英国の活発な経済交換と成長を支えることが求められる。その点、貴金属の硬貨とは異なり、紙幣には偽造されたり、端を切り取られたりするリスクがない。そうした理由から、紙幣はより安定性に優れ、市場の信頼を高めることができると、ローは主張した。[9]

スコットランド国立銀行の設立と紙幣発行プロジェクトの立ち上げに失敗したのち、ローは、この計画をフランス政府にもちかけた。ローの話に耳を傾け、市場改革に取り組むことに同意してくれたのは、コルベールの甥であった。デマレはローの計画をルイに提案することを望んだが、年老いた王は病床にあり、革新的な政策に取りかかれるような状態ではなかった。ところが、一七一五年にルイが崩御したことにより、ローに門戸が開かれる。デマレはすでに職を辞していたものの、そのころにはローは、ルイ一四世の甥にあたり、五歳の王位継承者ルイ一五世の摂政を務めることになる、オルレアン公フィリップ二世と友人関係を築いていた。ローが以前よりもさらに野心的な提案をこの摂政にもちかけると、資金を必要としていた彼はそのチャンスに飛びついた。[10]

スコットランド人のローとフランス人の摂政とは、パリの上流階級向けの賭博場で出会った。確率に基づく金儲けの方法を研究している点でも、またリスクを冒すことに耽溺している点でも、ローはギャンブラーであった。フランスの財務総監になる人物として、こうした特徴はとうてい理想的とは言えなかった。一七一六年、オルレアン公はローに対し、金の蓄えに基づいて紙幣を発行できる民間資本の銀行、総合銀行《バンク・ジェネラール》を設立する許可を与える。その紙幣を、政府は税金の支払いとして受け入れた。一七一八年には、ローの総合銀行は王立銀行となった。王立銀行は預金を受け入れ、融資を行ない、さらには国家から、植民地で生産されるタバコの貿易と販売の独占権を与えられ、これは大きな利益を上げることが期待された。同年、ローは新しく西方会社（旧ミシシッピ会社）を設立し、それを奴隷貿易を行なうセネガル会社およびギニア会社と合併させた。一七一九年には、ローの会社はフランス東インド会社や中国会社を吸収して、奴隷などの植民地貿易から利益を得るグローバルな金融コングロマリット、インド会社となった。摂政の望みは、ローの独占企業が国家のために貨幣を管理し、喉から手が出るほど必要な資金を調達することであった。[11]

一七二〇年、オルレアン公はローを財務総監に任命する――コルベールやデマレがかつて務めた役職だ。スコットランドのギャンブラーたるローはここに、フランス国家の頂点に登りつめた。彼は王立銀行とインド会社を融合させ、今度はこの組織が、植民地での独占権と引き換えに政府の債務を引き受けることになった。この取引により、国家にのしかかる財政問題は解決したかに思われた。しかし、ローの植民地会社が取引の条件を満たすうえでは、短期間で多額の利益を上げる必要があった。摂政からの信認はすでに得ていたものの、今ローに必要なのは、一般市民に自身の新しいプロジェクトに投資してもらうことであった。

一見したところ、ローの「システム」と呼ばれるものは、自由市場の話とはまるでかけ離れているかのようにも見える。しかし、ローの金融理論と、会社が国家債務を管理できるという斬新なアイデアは、少なくとも債務管理に対する市場ベースの対応策として考案され、またそのように宣伝されていた。ギャンブラーであるローは、信用を支えて市場を動かすうえで想像力が果たす重要な役割を理解しており、秘められたアメリカの富を宣伝する大々的なプロパガンダキャンペーンを立ち上げて、一般市民に自身の銀行と会社の株式に投資してもらうことを目指した。ミシシッピ川流域はローにとってのエルドラドであり、フランスにとってのアメリカンドリームであった。ローは王立アカデミーの会員たちを雇い入れて、ミシシッピ川を探検したルネ＝ロベール・カヴリエ・シュ・ド・ラ・サールの文章や、出版実績のある地図製作者ギヨーム・ド・リールが広大な未開拓地ルイジアナを描いた見事な地図をもとに、フランスが手に入れた新世界の自然の富を称賛する本を執筆させた。[12]

フランス人司祭ジャン・テラソン神父による『無限の創造に関する論文』（一六九五～一七一五年頃）は、ルイジアナを富の驚異とするローの見解を支持する重要なプロパガンダであった。地球は「まったくもって無限」であり、アメリカ大陸に渡った者たちにとって、その富もまた無限であると宣言するこのテキストは、パリにおいて大いに広まり、人気を博した。国家経済には、それを導く専門家や財務管理者、会計士は必要ないと、テラソンは述べている。経済はむしろ、ただ信仰によってのみ駆動され、自己調整的なシステムに収束する。王立銀行はローの会社への投資を希望するすべての人に融資を行ない、それによって「国家全体が商人の集団」に変貌を遂げる。この国家的な投資スキームは、インド会社の保証および紙幣が生み出す経済的エネルギーによって支えられる。このようにして富は共有され、一般化され、社会のすべての構成員が公平な分配の恩恵を受ける。リスクは存在しない。なぜなら、いかなる困難も、全権を掌握する「啓蒙された」君主である摂政その人によって取り除かれるからだ。[13]

自身の考案した市場計画は完璧であると、ローは主張した。その推進力となるのは信用、安定した貨幣供給、ミシシッピ川の無限の富、そしてビジネスに友好的かつ絶対的な権限を持ち、減税の実現を目指す王政であった。ただし、そこにはひとつ大きな問題があった――これはポンジスキームだったのだ。ローは銀行の貴金属保有量を上回る紙幣を発行し、さらには会社の実際の価値を反映していない価格で株式を販売し始めるなど、過剰に強気な手法をとっていた。このスキームの致命的な欠陥に気づかないまま、忠実なる信望者テラソンは、ローのシステムを擁護する最後の文章を、一七二〇年五月一八日に発表している。一方、ローの敵対者たちは株を購入することで、のちに「ミシシッピバブル」と呼ばれることになる状態に拍車をかけたうえで、銀行の準備金を枯渇させるために株をできる限り多く現金化した。この攻撃は見事な成功を収める。紙幣の量が現金準備高を上回ったことで、ローのシステムは崩壊した。

一七二〇年五月二一日、政府は株の価値を一株当たり九〇〇〇リーヴルから五〇〇〇リーヴルに引き下げるよう命じたが、これは大株主からの反発を招いた。パニックが起こり、王立銀行の外や、パリ旧市街の中心部にある有名な証券取引街、カンパンポワ通りで激しい抗議行動が起こった。政府は紙幣の価値を無効化し、王立銀行は崩壊した。そして一二月、初めて実践された自己調整市場の発明者であるジョン・

ロー――一八世紀を生きたあるギャンブラー兼冒険者を描いたスタンリー・キューブリック監督の映画『バリー・リンドン』（一九七五年）の主人公そのもののような人物――は、恥辱のうちにフランスを離れ、ブリュッセル、そしてヴェネツィアへと逃れた。この街でギャンブルで生計を立てていた彼が他界したのは、一七二九年のことであった。一方、彼の株主たちはすべてを失った。[14]

ローが去ったあと、摂政は国家財政と会計の専門家であるパリス兄弟を起用して、財政を立て直し、急増する国家債務を管理しようと試みた。一夜にして大金持ちになるという夢はバランスシートに置き換えられ、その内容は決して楽観できるものではなかった。摂政のために密かに書かれた手稿において、クロード・パリス・ラ・モンターニュは、ローのスキームの背後にある原理が腐敗を引き起こし、その唯一の解毒剤は透明性であると警告している。複式簿記の「忠実な表」という「堅固で幾何学的な計画」だけが、すべての国家財政の「総合的な管理」を可能にする。健全な公共財政管理は「公共の利益」の基盤であると、彼は結論づけた。パリス・ラ・モンターニュにとって、富を生み出す市場システムはアメリカの黄金の夢の中ではなく、帳簿の帳尻の中にあった。正しく管理されている場合、帳簿は独自の引力を持つ。しかし、一般市民が求めていたのは生真面目なバランスシートではなく、アメリカンドリームであった。ローの計画は失敗に終わったものの、彼は自由市場思想におけるある基本的な側面を明らかにした。それは、自由市場は確固たる証拠よりも、情熱や欲望によって動かされることが少なくない、という事実だ。ジャン・ドマとバーナード・マンデヴィルは、強欲や自己利益といった「私的な悪徳」によって駆り立てられる自由市場は自動的に機能すると主張したが、それは誤りであった――それが利益につながることがあるのが事実だとしても、同時にそれは、暴落や経済的大災害をもたらす可能性を持っていた。[15]

英国の金融、さらには政治および商業階級の洗練を鑑みると、同国が公的債務を管理するうえで先述のものと似たようなスキームを試みたことには驚かされる。しかし、英国もまたアメリカの富の約束と、それが信用市場を支えてくれるという希望に魅入られていた。あらゆる財政問題を解決するシステムという夢は、実に強力であった。第一大蔵卿で財務大臣のロバート・ハーレーは、ジョン・ブラント——イングランド銀行の宝くじの販売促進を担当し、ある株式会社兼銀行の取締役でもあった人物——と手を組み、一七一一年に南海会社を設立した。王室はこの会社に対し、南米の東海岸全域——オリノコ川からティエラ・デル・フエゴにかけての伝説の富の源——および西海岸全域の貿易独占権を与えた。一七一九年、同社はローの手法にならい、政府債務の保有者全員に会社の株式を提供した。このように、イギリスにおいてもまた、政府債務は魔法のように南海会社の株式に変貌した。[16]

ホイッグ党の有力な政治家であり、のちに首相となるロバート・ウォルポールは、市場を通して国債を売却することで、投資家が「好機をうまく利用し、公的信用の好況という恩恵を国民が享受できる」ことを期待した。この取引は、投資家への配当金を生み出しつつ、国家債務を返済できる近代金融の奇跡として歓迎された。しかし、フランスの場合と同様、期待された収益が現実となることはなかった。南海会社が依存していたのは虚偽の決算発表であり、それによって投機ブームが引き起こされた。ローが採用したものと同じポンジスキームの論理に従い、南海会社は配当金を支払うためにさらに多くの株式を発行した。[17]

当然の成り行きとして、一七二〇年八月には株価が急落し、システム全体が崩壊して、投資家たちは多大な損失を被ることとなった。そうした人々の中には、大貴族や政府高官も含まれており、アイザック・ニュートンでさえ、この詐欺の最盛期に投機を行なって二万ポンドという莫大な損失を被っている。惑星の運動の法則を発見し、英国造幣局の局長を務め、その業績によって多くの人々に市場は重力の法則のように機能すると信じさせた天才も、決して暴落することのない自己維持的な市場という約束に基づく詐欺によって地に落とされた。[18]

それでも、フランスには国立銀行と紙幣が必要だというローの言葉は正しかった。こうした前代未聞の失敗にもかかわらず、市場メカニズムへの理解と信頼が深まるにつれて、いつの日か富を創造する完璧な方法が見つかるかもしれないという希望は生き続けた。驚くべきことに、あるいはあまりに自明のこととして、自己維持的な自由市場の哲学は、ルイ一四世の破産した夢の国ヴェルサイユにおいて復活することになる。

第11章　フランスの自然崇拝と啓蒙主義経済学の発明

土地こそが、そこからあらゆる富が生み出される源、あるいは素材である。

――リシャール・カンティヨン『商業試論』一七三〇年頃

一八世紀半ばまでに、世界の二大経済大国であるフランスと英国は、どちらも株価の暴落を経験し、また依然として、高コストかつ破壊的な戦争の連鎖に巻き込まれていた。いずれの国も相手に後れを取ったと感じており、そうした感情について、スコットランドの哲学者でアダム・スミスの師であったデイヴィッド・ヒュームが、商業を巡る「嫉妬心からの危惧」と表現したことはよく知られている。驚くべきことに、財政的にも外交的にも損失の度合いが大きかったにもかかわらず、フランスはこのときもまだ羊毛貿易において優位を保ち続けていた。コルベールの産業政策およびルーアンやリヨンの製造業の成功のおかげで、フランスは今や英国を上回る輸出国となっていた。さらに意外な事実は、国が財政と外交に問題を抱え、国立銀行さえ持っていないという状態にありながら、ルイ一五世がイギリス政府と同じレート

で融資を受けていたことだ。▼1

ただし、経済の見通しは決して明るいものではなかった。フランスは、ローのプロジェクトを巡る混乱の中で紙幣と王立銀行を失っていた。市場制度と信頼を確立するための試みは失敗に終わり、この国にはもはや、抱え切れないほどの借金を返済するための効果的な資本市場や株式市場を構築する手段は残されていなかった。新興の商業階級が挫折を味わう中、社会において農業が支配的立場にあることを支持する哲学者や貴族は、商業よりも農業を優先させることを目指した。こうした状況において台頭したのが、社会階層や経済は自然の規則正しい「因果的」メカニズムの反映に過ぎないという、はるか昔にキケロが唱えた信念を思い起こさせる、重農主義者《フィジオクラート》(ギリシャ語で「自然」を意味する「ピュシス」に由来する言葉)と呼ばれる経済学者グループであった。彼らは、政府が産業に課税する一方、農民が義務や規制なしに働くことができるようになれば、自由な農業によって富が生み出されると強く信じていた。▼2

農業を核とする自由主義思想の登場は、階級意識の歴史において重大な意味を持つ瞬間であった。地主階級および農業が支配する世界というものに依然として信を置く人々は、農業の自由放任主義《レッセフェール》こそが、絶対王政の脅威と商人階級の台頭に対する自然な解決策であるとみなしていた。一七二〇年に起こった経済恐慌、またフランス経済への信認がかつてないほど低下していることを受け、経済哲学者らは、ローのスキームだけでなく、それを生み出した金融界のことも公然と非難した。彼らは国立銀行、紙幣、初期のソブリン債といった金融商品の使用を信用せず、社会的に徳が高いと彼らがみなす農業に基づいた自己駆動的な経済システムの構築を目指した。当時のフランスの社会や経済はまだ、商人によって完全に支配されるには至っていなかったため、一八世紀初期の自由市場改革者たちは、農業の経済的優位をなんとしても維持しようと決意を固めていた。

キケロやニュートンの自然崇拝に賛同する者たちは、フランスで強力な自由市場ロビーを形成した。一七三〇年代初頭には、アイルランド系フランス人の自由市場経済学者リシャール・カンティヨンが農業経済学の基礎となる『商業試論』を執筆し、これは手稿の形で広まったのち、彼の他界後の一七五五年に正式に出版された。カンティヨンによるこの評論は、農業を税や規制から解放すれば資本が生まれて経済成長につながるという、単純かつ機械的な見解を支持している。一九世紀および二〇世紀の経済学者ウィリアム・スタンレー・ジェヴォンズとヨーゼフ・シュンペーターはカンティヨンについて、アダム・スミス以前に登場した初めての「体系的な」経済思想家であると評している。彼らの言う体系的な経済学とは、何であれ経済均衡理論のように聞こえるものを指していた。現実のカンティヨンは、革新と産業が富を生み出す可能性を理解せず、農業の自由化が豊かな社会を築く唯一の方法であると信じていた幾多の思想家のひとりであった。[3]

アイルランドの地主の息子として生まれたカンティヨンは、一七〇〇年代初頭にフランスに移り住み、スペイン継承戦争で軍隊の資金や装備の調達を手がけて財産を築いた。彼はローのスキームに初期から投資を行なっており、株が最高値まで押し上げられたのは、実際のところ、彼の投機もその一因であった。彼は自身の株式を絶好のタイミングで売却して莫大な富を築き、その後、自分はローのシステムが破綻することに前もって気づいただけだと主張した。一方で、カンティヨンの説得に応じて株を購入した人々は破産の憂き目にあった。一財産を得たカンティヨンはヨーロッパ各地を旅行し、やがてロンドンに居を定める。多くの人たちが、彼のことを詐欺師とみなしていた。カンティヨンは他界するまで投資家や債権者からの訴訟に追われ、ロンドンの自宅から火が出て焼死したことさえ、借金の追求を逃れるために自ら仕組んだのだろうと噂された。[4]

カンティヨンはまた、農業労働理論の先駆者でもあった。一七世紀の経済哲学者ウィリアム・ペティが、人口と生産性が国富の原動力であると主張したのに対し、カンティヨンは自身の理論の基盤を農業労働のみに置き、「土地こそが、そこからあらゆる富が生み出される源、あるいは素材である」と主張した。カンティヨンの理論においては、農業労働コストがその他すべてのコスト、価格、価値の基礎とされた。もし農業が税金、規則、規制から解放されていれば、この主要な経済的原動力が富を創出し、市場の均衡を生み出す。カンティヨンにとって、経済の均衡を生み出すこととはすなわち、資本の最も重要な生産者を特定し、彼らに完全なる自由放任という特別なステータスを与えることであった。こうした彼の思想は、いわば地主貴族の理論の近代版であったと言える。なぜなら、富を生み出すプロセスのリーダーである地主は国家から「独立」しており、国家は彼らに依存しているからだ。[5]

カンティヨンの自由貿易に対する信念は農業に限定されており、彼は工業製品の貿易に対しては規制を支持していた。彼の言う自由放任主義は、経済的に成功するとみなされるものにのみ適用された。カンティヨンが望んだのは、海外の買い手に農産物への対価を金で支払わせ、そうすることによって農業労働を産業よりも価値のあるものとし、工業製品の価値を下げて農業を保護することであった。当時のイギリスにおける産業の富の重要性に鑑みると、これは奇妙な発想であったと言える。それでも、農業重視の偏見を払拭するのは容易なことではなかった。カンティヨンは、すべての市場の力は究極的には農業労働のコストによって引き起こされると理論づけ、あらゆる市場価格は農業生産における農家の賃貸料や経費を起点に算出すべきだと主張した。農業価格が決定されてはじめて、価値決定において量と供給が意味を持つようになる。[6]

カンティヨンは、科学的とは言い難い独自の統計に基づき、土地で生産を行なううえで必要な労働量に応じて、農業生産物の正味価値を計算した。次に彼は、その生産物のうち、どれだけが地主側の提供する労働や、土地を貸し、維持するコストとして彼らの手に渡るかを計上した。数字をまとめるにあたり、カンティヨンは商業データを参照することも、農業と製造業の労働生産性の価値を比較することもしなかった。彼の自由市場および農業中心のビジョンにおいては、何百年にもわたる都市の歴史も、商業統計も考慮されていなかった。同時に、こうした欠点があったにもかかわらず、彼が唱えた初期の労働価値説は、長い伝統を持つこの経済理論の基礎を築き、アダム・スミス、デイヴィッド・リカード、カール・マルクスらに影響を与えた。

カンティヨンは、産業がどのように原材料に付加価値を与えるかを示そうとはせず、その代わりに、製品の価値を決定するのは原材料であることを示唆する方程式を編み出した。「事業家」——商人や産業家——は、製品の価格決定を管理する仲介者であり、農産物の本質的価値と市場需要とを組み合わせて最終的な販売価格を決定する。しかし、彼ら自身の労働や技術には何の価値もない。「事業家」がいかに重要であろうと、彼らが商品の価格に影響を与える力はごくわずかであり、価格は依然として土地の上で行なわれる労働価格と固く結びついていると、カンティヨンは主張した。彼はこの理屈をさらに推し進めて、貿易・製造業部門は農作物を市場に持ち込むことで価格に影響を与えるものの、実際のところ彼らは地主の資本を奪っているのであり、それによって経済の正味資産を減少させているとまで述べている。産業は農業を補完する一方で、同時に負債でもあった。もし経済が産業に支配されることを許せば、農業と国家の富は産業に吸い取られてしまうだろう。カンティヨンは、国家が市場介入を控え、農業を自由に営む権利を地主に与えるならば、経済は飛躍的に成長するという誤った信念を持っていた。[7]

カンティヨンの本は、農業自由市場の思想家たちに多大な影響を与えることになる。同時代の経済学者たちはしかし、農業の経済的自由主義を信望しながらも、一方では産業、商業、金融が経済成長の中心要素であることを認識していた。彼らが困惑を覚えたのは、農業の方が産業よりも生産性が高いという概念であった。元ジョン・ローの秘書であったフランスの経済思想家ジャン＝フランソワ・ムロンは、コルベールがかつて提唱した市場構築についての概念を、自己永続的な経済システムの概念と結びつけた。大きな反響を呼んだ著書『商業についての政治的試論』(一七三四年)において彼は、経済発展と商業活動の拡大における紙幣の重要性を改めて強調している。一方でムロンは、市場は国家によって連携が図られ、円滑化される必要があるとも考えていた——そうした必要のある分野としてはたとえば、重さや測定単位の標準化作業が挙げられる。▼8

ムロンは「商業の自由」を信じており、常に自由を優先した方がよいと考えていた。規則や規制を設けようとも、商人たちはどのみちそれを回避する方法を見つけるからだ。同時に彼は、キケロやロックの思想を取り入れた自由な商業のビジョンを提示し、自由とは「各自が好き勝手に振る舞うための許可」ではなく、「公共の利益」のために働くことを義務づけるものであると述べている。商人に自由裁量を与えることは「軽率」であると、彼は警告した。なぜなら、商人は不正を働く傾向にあるからだ。政府は何を輸出し、何を輸入するかを選択して、産業に必要とされる貴重な天然資源が外国に売却されないようにしなければならない。ムロンの信条とはつまり、市場というものは、国の経済戦略を支えるよう設計された国家規制と、自由とのバランスによって機能する、というものであった。▼9

さらに彼は、フランスによるヨーロッパ経済の支配を確立するには、複数の国営独占企業が必要であると主張した。政府はローが試みた計画の改良版を設計し、経済成長のための信用と資本を生み出すシステムを構築しなければならない。自由、信用、貨幣、金利、貿易の適切なバランスを見つけることが、フランスが投資資本を増やすための最善の方法であった。フランスを豊かにするために、政府が「すべてに適用される汎用の」経済アプローチを構築することを、ムロンは望んでいた。一方で彼は、そのような市場システムの構築は極めて困難であり、あらゆる状況に対応できる普遍的なモデルにはなり得ないことも認めていた。フランスは「白紙の状態」ではなく、独自の歴史と特定の国内事情に縛られた国であると、彼は警告している。成果を生む経済システムを設計するには、フランスの特殊な状況を考慮する必要がある。[10]

このほかの思想家たちは、重力の法則や惑星の動きのように機能する、より普遍的な経済アプローチを探し求めた。フランス人哲学者モンテスキューは、広範な影響を及ぼした著書『法の精神』（一七四八年）の中で、繁栄は平和から生まれるとし、社会や国家は調和の取れた方法で自らを管理しなければならないと主張した。彼はさらに、「商業の自然な効果は平和をもたらすこと」であるとも述べている。貿易を通じて協力することにより、国々は共通の利益を分かち合い、互いに「穏やかな」態度を取ることができるようになる。[11]

一七五二年、啓蒙哲学と経済思想の議論が大いに盛り上がりをみせる中、フランスの商業監督官ジャック＝クロード＝マリー・ヴァンサン・ド・グルネーは、経済思想家が集まる「サークル」の創設を決意する。その目的は、フランスの商業的課題に取り組み、市場メカニズムを構築するためのさまざまなアプローチを開発することであった。フランスのサンマロで生まれたグルネーは、家族が経営する会社の仕事の一環として、スペインで国際貿易に携わった経験を持っていた。そうした実務に加えて、彼はコルベールの時代に確立された州の監察官の伝統に基づく商法に関する経営訓練も受けていた。グルネーもまた、首尾一貫した国家経済政策こそが王国の商業を管理する方法であると信じていた。フランスには、政治的・経済的自由の拡大を含む改革が必要であることをグルネーは理解しており、これを実現するために、多くの若手経済思想家を自らのサークルに招いた。[12]

グルネーは政府による一定の介入を支持していたが、彼のモットーは「自由放任《レッセフェール》、自由通行《レッセパッセ》」であり、商業が自由に行なわれ、自然に進行することを許容するという考えであった。著名な哲学者、経済思想家で、リモージュの地方監察官でもあり、のちに財務総監となるローヌ男爵アンヌ＝ロベール＝ジャック・テュルゴーは、グルネーの思想について「自由と保護、しかし何よりも自由」と要約している。グルネーはまた、皮肉を込めて、机上の政治を意味する「官僚主義《ビューロクラシー》」という言葉を作り出した。国家による厳しい規制や秘密主義を批判し、世論や人々の嗜好が市場を動かすことを期待していたグルネーだったが、結局のところ彼が選んだのは、コルベール主義的な発展と自由放任主義の中間にあたるスタンスであった。[13]

グルネーのサークルは、経済思想のみを追求する哲学者による集団を形成した。布地製造業の家庭に生まれたのち、貨幣監察官という要職にまで登りつめた財政の専門家で、グループの主要メンバーであったフランソワ・ヴェロン・ド・フォルボネは、農業を核とする富の理論には反対していた。コルベールの崇拝者である彼は、国家による自由主義的な経済監督を擁護した。フォルボネは商業の自由を信じており、産業の発展を助けるという明確な目的がない限り、国家は経済に介入すべきでないと考えていた。彼の著書『商業の諸要素』(一七五四年)は、カンティヨンに対する綿密な批判であった。フォルボネは、富は農業と製造業の両方から生まれるとしつつ、製造業と商業こそが富の創造の真の源であると正しく主張した。コルベールと同様、彼もまた、貿易が平等な水準に達すれば、市場は自由化できると考えていた。[14]

フォルボネは、管理を受けない自由貿易がうまく機能するという考えには疑問を抱いており、貿易政策はそれぞれの国の強みに応じて、ニーズを考慮したうえで策定されるべきだと信じていた。彼が推奨したのは、双方にとって平等かつ相互的な交換システムを各国が構築することであった。市場が自発的にこれを達成するとは、彼は信じていなかった。適切に設計された、相互に利益をもたらす貿易協定を各国が締結すれば、当該国家間の関税は撤廃され、市場は自由化される。国家と商人がともに「商業の完璧な平等」を設計することがかなえば、国家間に平和と繁栄がもたらされる。[15]

フォルボネは、産業生産が盛んな時代に農業が振るわなかった場合、先進国はオランダのモデルにならって国外から農産物を購入すればよいと指摘している。コルベールを引き合いに出しつつ、彼は、国家にとっての最重要課題は、芸術と科学を発展させることにより、信認、専門性、製造業を構築することだと主張した。カンティヨンへの反論としてフォルボネは、経済にまつわる才は土壌からもたらされるのではなく、国家による教育への投資と、育成・保護すべき特定の革新および製造分野から生まれると述べている。たとえばイギリスが豊かな貿易国家として成功を収めたのは、まさにそうした丁寧な施策を通じて、布地貿易の発展を図ったためであった。[16]

しかし、このリベラルかつコルベール主義的な国家産業発展のビジョンに対してさえ、一部の思想家からは強烈な反発が起こった。グルネーとフォルボネは、いわば中間的立場をとる自由放任主義者とみなすことができるが、グルネーのサークルに所属するまた別のメンバーであるフランソワ・ケネーは、その著作においてカンティヨンの農業モデルを断固として擁護している。農民の息子として生まれたケネーは、医師になったのち、重農主義者と呼ばれる経済思想家の一派を創設した。ケネーはカンティヨンの思想をさらに発展させ、数学的アプローチを用いることにより、初期の均衡理論を生み出した。低い税金と穀物の自由な輸出入が価格を引き下げ、農業生産を増加させ、農業に再投資するための黒字を増やすと、彼は考えた。この業績により、カール・マルクスはケネーのことを資本主義と剰余価値の先駆的思想家と評価し、また二〇世紀にノーベル経済学賞を受賞した米国人ポール・サミュエルソンは、彼のことを均衡理論の発明者と呼んでいる。独自の自由貿易哲学に加えて、ケネーは、農業こそが富の唯一の形態であるという固い信念を持っており、産業や商業は農業生産を促進するうえで「不生産的」かつ補助的な役割しか果たさないとみなしていた。カンティヨンと同様、製品の価値は農業労働の価値によって決定されると、彼は考えた。これはつまり、彼の考える国家のバランスシート上においては、商業と産業は経済的損失として計上され、農業だけが黒字を生むことを意味していた。[17]

ケネーの住居と仕事場はヴェルサイユ宮殿にあり、彼はそこで、患者に血を流させることによって病を治療する、瀉血という恐ろしい技術の医学的利点に関する著作を大量に執筆した。経済は血液の循環のように機能するという彼の信念には、そうした医学的素養の影響を見ることができる。ルイ一五世の聡明な愛妾で、哲学者たちのパトロンであったポンパドゥール夫人の主治医を務めていた彼は、その働きによって貴族に列せられ、それを大いに喜んだ。夫人とケネーはどちらももとは庶民であり、そしてどちらも権勢渦巻くルイ一四世の宮殿において、大きな影響力を持つ地位にまで登りつめた。ポンパドゥール夫人は、ケネーによる経済哲学の研究に資金まで提供している。知的な才と財産に恵まれ、会話術に秀でた彼女は、パリの文学サロンでひときわ輝きを放っていた。彼女は自ら積極的にルイ一五世の歓心を引き、一七四五年に正式な公妾となったことで王室に一大スキャンダルを巻き起こした。ルイ一五世はこの平民女性への愛を公言し、彼女にポンパドゥール侯爵夫人の称号と領地を与え、彼女のためにパリで最も美しい邸宅であるエヴルー邸（現在はフランス大統領官邸のエリゼ宮として知られる）を購入した。

ポンパドゥール夫人が権力の座に就く一年前、ケネーはヴェルサイユ宮殿の地下にある居室に移り住んだ。自由市場思想家による最も強力な初期運動を率いることになるこの人物は、王の宮殿において、自身の哲学の構築に取り組み始めた。かくして自由市場思想は、大勢の自由市場支持者たちがその哲学をもって対抗しようとした、極めて絶対主義的かつ産業重視の国家の内部から発展していくこととなった。ケネー自身は、こうした矛盾をまるで気にかけていなかった。彼は合法的専制主義という大いなる矛盾に満ちた概念の熱烈な信者であった。哲学者ピエール＝ポール・ル・メルシエ・ド・ラ・リヴィエールの影響により、彼は自然のシステムは王の意志を通じて表現されると信じていた。王だけが、穀物市場を自由化し、地主により多くの富をもたらす力を持っていると、ケネーは述べている。[18]

ケネーはパリにあるポンパドゥール夫人の邸宅へ赴き、そこへ当時の主要な哲学者たちを招いて晩餐会を開いた。招待客の中には、ベストセラーの『百科全書』（一七五一〜一七七二年）を中心となって執筆したドゥニ・ディドロとジャン・ル・ロン・ダランベール、無神論的かつ平等主義的な哲学者であり、ルイ一五世の敬虔なポーランド人王妃マリー・レクザンスカの筆頭侍医を務めたクロード＝アドリアン・エルヴェシウス、著名な博物学者で王立庭園「パリ植物園」の園長であったビュフォン伯ジョルジュ＝ルイ・ルクレール、そして偉大な自由放任主義経済学者のテュルゴーらがいた。王室の愛妾という立場から、こうした人々を公式に食事に招くことも、自身でサロンを開くこともかなわなかったポンパドゥール夫人は、ケネーの集まりによく顔を出した。そこでは彼の客人たちが、形而上学や経済学の新たな哲学について、優雅な雰囲気の中で語り合っていた。ケネーの高貴な客人たちは、農業を中心とする自由放任主義を巡る哲学的な会話を楽しみつつ、贅を尽くしたもてなしや王宮の厨房から運ばれてくるごちそう、そしてポンパドゥール夫人を通じて王の耳に直接自分たちの意見を届けることができる状況を満喫していた。▼19

パリのサロンで重農主義者たちが産業に対する農業の富の優位性についてとくとくと語っていたころ、海峡を挟んだ向こう側ではまったく異なる現実が展開されていた。世界初の産業革命が幕を開け、英国経済を力強く成長させていたのだ。蒸気機関が登場しようとしていた。一六九八年にイギリス人のトーマス・セイヴァリがピストンのないエンジンを作り、一七一二年にはトーマス・ニューコメンが連続的なエネルギーと運動を生み出すポンプ式蒸気機関を開発した。蒸気動力に加えて、一七〇〇年代には機械紡績が始まった。一七三三年、ジョン・ケイは巻いた糸を布の端から端へと素早く渡すことができる飛び杼《ひ》を発明し、手織りのスピードを向上させた。一七三八年には、ルイス・ポールとジョン・ワイアットが、羊毛および綿で布を製造するための紡績機を製作した。ケネーと彼の重農主義の弟子たちが執筆に勤しんでいた一七五〇年代、一七六〇年代には、英国の製造業者は、大規模な工場で水力を動力源とした製造設備を広く使用するようになっていた。一七五〇年、イギリスでは手織り機《ばた》によって二五〇万ポンド分の綿花から布が作られていた。一七八〇年代末には、イギリス製の機械式織機には二二〇〇万ポンド分の綿花が送り込まれていた。こうした状況は、ヨーロッパの農業社会秩序と地主貴族に脅威をもたらした。産業が成長するにつれ、依然として封建的かつ農業中心のフランス社会における商業の地位を巡る闘争が開始された。自由市場思想家たちは、農業の優位性を取り戻すために闘った。穀物における自由放任主義の改革が自然の潜在能力を解き放ち、農業が再び経済を支配するようになると、彼らは信じていた。[20]

一七五六年、北米で七年戦争が勃発する。ヨーロッパから北米、南米、インド、アフリカにまで影響を及ぼしたこの史上初の世界紛争において、フランスと英国は――ヨーロッパのほかの大国も巻き込みながら――、国際貿易の支配権を巡って争った。七年戦争により、農業社会が新たな商業秩序に取って代わられつつあることはもはや明白となり、それがフランスの自由市場思想にとっての触媒の役割を果たした。当然ながら、反動的なフランスの貴族支配階級が商人の台頭を黙って見ているはずはなく、中には貴族が生産手段を掌握し、産業階級からこれを奪い取るべきだと主張する者さえいた。一七五六年、フランスの聖職者で産業寄りの経済思想家であったアベ・ガブリエル＝フランソワ・コワイエは、『商人貴族論』という社会秩序に挑戦する著作を発表し、その中で貴族的農業社会秩序を批判してみせた。グルネーのサークルのメンバーであったコワイエは、貴族に対し、兵士や司祭としての召命を放棄せよ、何もせずに自分の土地に暮らしつつ農業から富を搾り取ろうとするのをやめよと呼びかけた。フランスは経済競争と戦争による負担にさらされており、貿易と産業の富を生み出す必要があると、彼は警告した。コワイエは地主貴族のことを、経済の原動力どころか寄生虫であるとみなしていた。フランスの封建法が、貴族が貿易に参加することを禁じているせいで、貴族は経済的に「無用」になっていると、コワイエは批難した。[21]

商業や製造業と比較して、農業とそれに付随する封建制度は危険なほど非生産的であるとコワイエは考え、貴族の地位の変革を求めた。コワイエは、貴族の次男が貿易に従事しているイギリスと同じように貴族が商人となって働いたなら、フランスは今よりもはるかに豊かになると予測した。これは、フランスの封建的体質の実質的な打倒を求める呼びかけであった。コワイエの著作は人気を博し、広く発行されていた雑誌『メルキュール・ド・フランス』に取り上げられ、多くの版と翻訳が出回った。[22]

これに対する反応はすぐに現れた。シュヴァリエ・ダルクの称号で呼ばれた貴族フィリップ゠オーギュスト・ド・サント゠フォワは、『商業貴族に対抗する軍事貴族、あるいはフランスの愛国者』（一七五六年）をすみやかに発表することにより、伝統的秩序を擁護した。出版物を介した論争はさらに続き、政府は、貴族の地位の法的変更を求めるコワイエの呼びかけを広めようとするあらゆる著作を発禁とした。商業と産業を信奉していたグルネーとフォルボネは、それでもなお公然とコワイエを支持し続けた。[23]コワイエとその支持者たちは、経済的自由を望むと同時に、産業化と商業を通じた広範な社会変革も求めていた。地主たちはこの増大しつつある脅威への対応策を必要としており、そしてその対応策は、より声高な自由市場農地改革論の哲学という形で登場した。

有力なフランス貴族には多くの特権があった。貴族はフランスの土地の大半を所有していただけでなく、戦争中の例外的な時期を除き、税を支払わない特権も享受していた。ボアギュベールとデマレによる富裕貴族への課税の試みは、一七世紀への変わり目の時期に、貴族と中央集権的な王室との間に対立を引き起こし、また、富裕層に対する課税の問題を、貧困層の保護だけでなく、生産階級の保護の必要性に初めて結びつける経済的議論を生み出した。貴族である地主は依然として、自分たちに課税しようとするあらゆる試みは不平等を助長するものとみなしていた。なぜなら、自分たちこそが唯一の富の創造者であり、農地に課税することは経済成長の妨げとなるからだと、彼らは主張した。自由市場は公平かつ平等な課税に基づかなければならないという考えに、彼らが耳を傾けることはなかった。[24]

自由市場を信奉する重農主義者のリーダーとして、ケネーは産業の勃興と農業への課税に激しく反対した。彼は事業や製造業に勤しむブルジョワ商人に「愚か者」のレッテルを貼り、彼らの特権と自由をすべて剝奪するよう求めた。ケネーが目指したのは、重農主義を熱狂的な運動に発展させること、そして自由放任の農業経済に基づく社会を信じる人々と、コルベールが奨励しようとした階級——すなわち、フランスの未来は産業と貿易にあると考える商人、製造業者、高級行政官、金融業者など——とを対立させることであった。[▼25]

一八世紀半ばには産業と貿易がどれだけ発展していたかを考えると、ケネーのこうした思考には驚きを禁じ得ない。ディドロとダランベールがかの有名な『百科全書』で展開した中心的主張を、彼は歯牙にもかけなかった。その主張とはすなわち、技術、実用的な機械、貿易、職人の技、産業は今や非常に重要であり、神学や哲学と同じように、正式な知識として評価されるに値する、というものだ。多くの意味で、『百科全書』はブルジョワ商人階級が西欧社会の前面に出てきたことを告げるものであった。ケネーもまた、『百科全書』に執筆者として招かれ、さまざまな経済学派や思想が入り交じるこのプロジェクトに自身の自由市場主義的農業理論を提供していたが、そうした形で多様な思想のひとつとなるだけでは、彼は満足しなかった。彼が望んだのは、自身の思想が他を圧倒することであった。

重農主義を支配的なイデオロギー運動へと発展させるために、ケネーは弟子を探し求めた。一七五七年、彼はミラボー侯ヴィクトール・ド・リケッティをヴェルサイユの地下にある自室に招き、農業経済学の創始者リシャール・カンティヨンの業績について意見を交わした。大貴族の家系(彼の息子ミラボー伯爵は、フランス革命の指導者のひとりとして、よくも悪くもその名を知られる存在となる)に生まれたミラボーは、モンテスキューと友人関係にあった。自著『人間の友あるいは人口論』(一七五六年)の中で、彼は政府の介入に反対し、貴族の財産権と税の権利を擁護していた。ケネーはミラボーに、自身の新しいプロジェクトである『経済表』の執筆に手を貸してくれないかと持ちかけた。この論文の目的は、すべての富は土地からもたらされるというカンティヨンの理論の正しさを証明することであり、その手段として彼が用いたのは、コルベールが産業の発展を通して弱体化させた、疑似科学的な国富のバランスシートであった。この本はやがて、重農主義と一八世紀自由市場思想のバイブルとなっていく。[26]

ミラボーはのちに、ケネーと交わした会話の中で、自分は自然という経済的宗教への知的かつ精神的な「改宗」を経験したと述べている。農業への盲目的な信仰と、ケネーによる自己流の科学的アプローチの組み合わせこそが、押し寄せる産業の潮流を食い止め、主要な哲学者や政策立案者の信認を勝ち取るうえで必要なものであった。ふたりはすぐに『経済表』の執筆に取りかかり、優れた土地管理が農業余剰を通じて大きな富を生み出すという単純な理論を提唱することを通じて、フランス農業の改革と拡大を望む人々の心をつかもうと試みた。[27]

七年戦争という時代背景の中、ケネーが提唱する奇妙なモデルに、国家の自給自足というセールスポイントがあったことは否めない。農業を自由化・改善するだけでフランスは生き延び、さらに豊かになることができる。フランスの農業がイギリスのそれよりも生産性が低いことを、ケネーは正しく指摘している。彼は税金を引き下げ、農業規制をすべて撤廃することによって、貴族の間に新しい農業倫理が生まれることを望んでいた。貴族は広大な土地を所有し、農民の財産の最大四〇パーセントに対して封建的権利を持ちながら、その多くが土地の改良に投資をしない不在地主であった。[28]

しかし、ケネーの『経済表』は農業改革の実践的なマニュアルではなかった。ケネーは、土地だけが富を生み出すという理論に基づいてフランスの経済的産物を疑似科学的に計算することによって、自由な農業市場について説得力のある主張を展開しようと試みた。表の左側の列、歳入の欄に、ケネーは経済の生産的な面、すなわち農業、森林、牧草地、家畜、原料、および一部の製造品の価値を示している。右側の列には支出として、「不生産的な階級」による経済的に「破壊的」な非農業製品、すなわち製造品、倉庫業、商業的コスト、販売などが配置された。左側および右側の列に属するさまざまな経済活動の間にはジグザグの矢印が引かれ、これによって富を生み出すのは農業だけであることが明示されていた。一方、産業と商業は、ケネーが同書の第三版において算出してみせた国の「純生産」にマイナスの影響を与えるとされた。ケネーは、労働価値が富を生み出すということも、また資本余剰の重要性も理解していた。彼が理解していなかったのは、産業生産への投資が、農作物にはとうてい不可能なほどの付加価値と利益を無限にもたらすことであった。[29]

地主に向かって市場の自由を説いたケネーは、その一方で、それを創造し、維持できるのは強力な国家だけであると考えていた。重農主義者たちは、王を完全な権限を持つ専制君主とし、その王が単独で統治を行ない、地主階級の経済的自由を保障することを望んだ。ケネーが模範としたのは中国であった。著書『中国の専制政治』（一七六七年）の中で彼は、皇帝は家父長的かつ農業中心の自然な秩序を維持していると述べている。その秩序のおかげで、中国では「農業と畜産」の技術に集中するよう臣民を訓練することを通して、規律ある農業に重点を置くことが可能になっている。絶対的な権力を持っているからこそ、中国の皇帝は決して法を破らず、また自身の利益と同義である一般の利益に反する行動をとることもないのだと、ケネーは主張した。そのおかげで中国皇帝の臣民は、何の妨げもなく農業を追求する純粋な自由を享受していると、ケネーは信じていた。[30]

ケネーによると、フランスが必要としているのは、独自に全能の専制君主を立て、その権限をもって産業を脇へ押しやり、国から独占や無用な規制を取り除くことであった。植民地においては、こうした措置が特に重要となる。植民地の独占を廃止し、フランス領の島々で奴隷を使って砂糖を作っているプランテーション所有者たちに自由を与えることを、ケネーは提案した。この自由な「君主制帝国」は、植民地主義者が有する農業の力だけでなく、奴隷たちのそれにもよい影響を与えることになる。なぜなら、ケネーの計画においては、奴隷は年季奉公人となり、自由を得るために働くことができるとされていたからだ。プランテーション所有者にも奴隷にも自由を与えることがフランスの再生につながると、ケネーは信じていた。ただし、プランテーション所有者の側には、自分の奴隷を手放すつもりはさらさらなかった。ケネーの唱えた絶対君主制は、理想主義的で、決して実現するはずのない未来像であった。[31]

重農主義者たちは批判に耳を貸そうとせず、グルネーのサークルに所属する有力なメンバーから苦言を呈されても、また、ケネーの統計に対する具体的な疑問を提示されても、まるで気にかけなかった。フォルボネは、ケネーの数字の誤りを公然と批判した。フランスの農業生産がケネーの主張よりも多いこと、また、表に記された数字の多くが不正確であることを、彼は示してみせた。フォルボネには、農民は生産的だが商人はそうでないというケネーの考えが理解できなかった。彼はまた、ケネーが示した国の純生産や、財と貨幣の流通に関する計算に重大な誤りを発見した。フォルボネから見た決定的な問題点は、経済はケネーの経済表の「超越的な経済的真理」をもって理解することが可能である、という考えであった。フォルボネは、ひとつの普遍的な経済モデルがあらゆる場所、あらゆる時代に通用するというケネーの考えに同意せず、ケネーによるでっち上げの統計は、経済が自由放任によって自動的に機能するという理論の証明にはなっていないと結論づけた。[32]

フォルボネの意見をはじめとするさまざまな批判にもかかわらず、ケネーとその弟子たちは、農業の自由と王による専制というビジョンを擁護・拡散するために不断の努力を続けた。ケネーの弟子の中でもとりわけ大きな成功を収めた人物に、熱心な重農主義者で、フランス革命家、また奴隷制の批判者でもあったピエール＝サミュエル・デュ・ポン・ド・ヌムールがいた。デュ・ポン・ド・ヌムールはプロテスタントの時計職人の息子として生まれたが、野心を追い求めるために家を飛び出してパリへ向かい、ミラボーとともに重農主義の崇拝者となった。一七六五年、デュ・ポン・ド・ヌムールは「自然権」についての一連の論文を執筆し、これが彼の最も有名な著作『フィジオクラシー』（一七六八年）の基礎を形作った。同書において彼は、労働と財産の積極的な自然権を擁護し、人間は土地を所有して、その土地での労働によって繁栄する権利があると主張した。個人は自己保存の権利を享受しており、他者の財産、すなわち「所有権」を侵害しない限り、自らを豊かにする自由を持つべきだというロックの主張を、デュ・ポンは改めて繰り返した。政府の役割は、個人の自由と私有財産を保障することであった。こうした個人の権利に対する意識が、デュ・ポンを奴隷制反対へと向かわせた。奴隷制はすべての人間に内在する自然な自由と矛盾するものだと、彼は感じていた。ここで注目すべきは、デュ・ポンもまたケネーと同じように、貴族的封建主義の原則を支持していたことだ。事実、彼はルイ一六世から授けられた貴族の称号を大喜びで受け取っている。▼33

ケネーはデュ・ポンと一致協力して、自由な国際穀物貿易によって農業は繁栄し、各国が自然な比較優位を通じて自国に必要な農産物だけを調和的に輸入するシステムが形成されると主張した。ケネーにとって、自由貿易によってもたらされるものは競争ではなく調和であった。自然は各国に対し、それぞれに異なる豊かな農産物を与えている。したがって、そこに規則は必要とされない。国々は自国にとって必要なものだけを輸出入し、直接の競争を避けるだろうと、彼は考えた。七年戦争によってフランスがさらなる貧困、負債、破産に陥る一方、英国は産業発展に邁進するという状況の中、これは希望的観測に基づいたあまりに単純なメッセージであった。▼34

一七六三年、英国は七年戦争に勝利を収め、植民地市場と奴隷貿易における支配を確固たるものとした。同国は当時、第一次産業革命（一七六〇～一八二〇年）のただ中にあり、発明家や製造業者は手作業による生産から、蒸気や水力を利用した機械化工場、化学製品製造、金属加工へと移行していた。実際問題として、重農主義にはもはや、一連の理想を並べてみせる以上のことをするのは不可能であった。デュ・ポン・

ド・ヌムールの子孫たち――新世界におけるデュ・ポン財閥の創設者たち――がやがて知ることになるように、アメリカの奴隷を解放したのは自然ではなく、産業化され、最後の勝利を手にした北軍の砲兵隊であった。[35]

イギリスの産業が持つ力が徐々に明らかになっても、重農主義者とこれを支持する者たちは、依然として農業が経済成長をもたらすという懐古的な考えに固執していた。この時期、自由市場思想は経済的現実から切り離され、強力な商業国の経済政策にはほとんど影響を与えなかった。それどころか、英国、欧州、北米が産業革命の夜明けを迎える中、再び息を吹き返したのは、複雑な経済市場を構築し、それを維持するためには国家が不可欠であるというコルベール流のアプローチであった。さらには、民主主義が近づく足音も聞こえていた。立憲君主制と貿易によって経済的に躍進を続ける英国を前に、専制君主と少数の農業貴族エリートが国全体の経済的繁栄を監督できるという思想は、一〇〇〇年間にわたる封建制の時代を経たフランスにおいて、もはやほとんど説得力を持たなかった。

第12章　自由市場VS自然

人間は生まれながらにして自由であるが、いたるところで鎖につながれている。

――ルソー『社会契約論』一七六二年

製造業が発展し、海外帝国が拡大し、国際貿易が活況を呈していたこの時代、重農主義は経済理論としてさほど脚光を浴びていたわけではない。現代の自由市場思想家からの称賛とは裏腹に、重農主義哲学者たちの著作の売れ行きは、あまりかんばしくなかった。事実、一八世紀によく売れていた経済関連の書籍においては、経済は完全に自己調整が可能であるというアイデアは批判的に扱われていた。経済成長の最前線で活動する人々は、より自由な市場とともに産業発展を促す方法を模索していた。これはすなわち、自由放任主義《レッセフェール》の要素に加えて、国家が果たす建設的な経済的役割を設計することを意味していた。

そうした背景の中、産業寄りの改革運動が、ヨーロッパ資本主義と貿易の発祥の地であるイタリアで盛り上がりを見せたことは驚くに当たらない。イタリアの哲学者たちは、新しい法制度と啓蒙された政府機関を通して市場を構築するための、よりコルベール主義的な道を探し求めた。博学な聖職者、歴史家、そしてミラノの偉大なアンブロジアーナ図書館の司書であったルドヴィコ・アントニオ・ムラトーリは、コルベールとモンテスキューからのインスピレーションをもとに、自著『公共の幸福について』(一七四九年)を執筆した。ムラトーリの論文は、安全、教育、健康、宗教生活を改善するための政府改革や立法を通して、世界をどのように「より幸福」な場所にすればよいかを説いている。オーストリアの女帝マリア・テレジアをはじめとする幾人かの絶対君主は、自然科学、宗教的寛容、また限定的ではあるが、立憲主義を通じた個人および市場の自由拡大への支援を呼びかけるムラトーリの提言を受け入れている。イタリアとオーストリアの啓蒙思想家は、パリ、ロンドン、スコットランドの思想家たちと密接に協力しつつ、より公正な社会の構築を探求した。一部のイタリア人は、こうした概念のことを、近代化された裁判所や法典、学校、インフラなどの国家機関を通じて社会と市場を構築する計画として「socialism(社会主義)」と呼んだ(歴史家のイシュトファン・ホントは、その支持者たちのことを「society-ists(社会信望者)」と呼んでいる)。この運動はのちに、アダム・スミスに影響を与えることになる。[1]

イタリアにおいて国家による市場構築を唱えた最も重要な人物といえば、ナポリの政治経済学者アントニオ・ジェノヴェージだろう。彼はアダム・スミスよりも早い時代に、経済を一連の自己永続的な市場メカニズムとみなした人物だ。先見の明に長ける市場思想家であったジェノヴェージは、市場条件は政府によって構築される必要があると感じていた。労働そのものが価格を生み出すのではなく、無形の社会的および労働的条件が価格を動かすと、彼は考えていた。広く称賛された『商業すなわち市民経済学の講義』(一七六五年)において、彼は有用性、個人的関係、公的信頼が労働と商品の価値を決定すると主張した。国家は市場を自由にすると同時に、これを慎重に育成する必要がある。たとえば、政府は道路を建設したうえで、それを盗賊から守らなければならない。ムロン、ヒューム、モンテスキューを引用しつつ、ジェノヴェージは、富を生産的な農業と製造業の相互作用であると指摘した。フォルボネと同様、商業の障害を取り除くことは一般的によいことであるとする一方で、商人は規制に従い、一定の関税を支払わなければならないと、彼は考えていた。したがって、自由市場とは国家と商人との間で絶え間なく、かつ慎重に行なわれるギブ・アンド・テイクであるとみなされた。唯一のレシピというものは存在せず、必要とされるのは、地域の状況に応じて信頼と商業的自由を交渉・構築・維持しなければならないという実際的な認識であった。▼2

イタリアとオーストリアでは、産業の発展がイギリスほどには進行していなかった。イタリアの国家指導者たちは、イギリスやオランダのように技術革新に拍車をかけなければならないと感じていた。北イタリアはやがて、重農主義の教えを否定してコルベール主義的な道を歩むことにより、地球上で最も豊かかつ産業化された場所のひとつとなっていく。ミラノの哲学者ピエトロ・ヴェッリのような初期の都市産業思想家らは、重農主義者について、近代的な産業改革を妨げる反動的存在とみなしていた。産業は「不生産的」であるとする重農主義的な考えは重大な経済学的誤りであると、ヴェッリは警告している。産業と労働における国民の専門性は、むしろ「豊かさ」の源であった。▼3

イタリアのあらゆる経済思想家の中で、重農主義にとっての最大の敵となったのが、ロックの著作を翻訳したナポリの修道院長フェルディナンド・ガリアーニだ。一七五九年、ナポリ王カルロ七世〔スペイン王カルロス三世〕は、この有能な経済学者を大使館事務官としてパリに派遣する。現地でガリアーニは社交界や流行のサロンの常連となり、ディドロと親交を持ったことをきっかけに経済学の研究に勤しむようになる。ガリアーニには、ナポリで貨幣改革に取り組んだ際に重農主義者たちと親しく交わった経験があり、その彼の目からは、ケネーの信望者たちの思想は、無知な農業楽観主義にしか見えなかった。社会は自然にただ従うのではなく、自然とともに働かなければならないと、彼は信じていた。自著『小麦の取引に関する対話』（一七七〇年）においてガリアーニは、不作、飢饉、戦争の際に食料不足に対応できる十分な信用を持っているのは国家だけであると主張した。[4] 彼は、自然と社会はシステムの中で機能するという主張には同意しており、また、製造業は農業に依存しているとも考えていた。それでも彼は、市場システムの制御を完全に任せるには、農業は信頼性が低すぎると主張した。一度でも不作が起これば、農業だけでなく、それに関連する産業も急停止を余儀なくされ、社会は経済的・財政的大混乱に見舞われる。国家が穀物を備蓄・管理しておかない限り、農民は、新しく苗を植えるための「資金が枯渇」した状態に容易に陥ってしまうだろう。したがって、農業システムをうまく機能させるには、それを自然任せにも、市場任せにもしてはならない。自然は災害をもたらし、その規模の大きさは国家にしか対処することができないと、ガリアーニは主張した。[5]

一七七〇年代、グルネー・サークルの中で最も有名かつ大きな影響力を持つメンバーであったフランスの哲学者で地方監察官のテュルゴーが、ついに財務総監に就任する。彼は農業自由市場の原則を受け入れて、それを国の政策に適用しようと試みた最初の主要政治家となった。彼の挑戦と失敗は、大規模な暴動のみならず、市場は国家の介入なしに農業に依存することができるという考えに対する断固たる哲学的抵抗を引き起こした。裕福な貴族であり、政府の重鎮でもあったテュルゴーは、人類と社会の進歩を信じていた——彼はリベラルな経済ビジョンを信奉し、貨幣数量説を受け入れ、政府の独占と国家規制に反対した。彼は農業における収益逓減の法則の理論——すなわち、生産能力には限界が存在し、富を増やすのに貢献しないのであれば、労働力を増やすことは非効率であるという市場理論——を構築した。自然と同じように、社会や経済にも自然な均衡があると、テュルゴーは考えた。国家はそのバランスを調整し、人々に富を生み出すための支援と自由を与えることができる。[6]

テュルゴーは自由市場を支持していたが、彼が一七五七年の『百科全書』に寄稿した「定期市と市場」に関する記事の論調は、重農主義の論点をこれでもかと力説したケネーの記事に比べると、かなり穏当なものであった。テュルゴーは、中世の大規模な定期市――近代フランスの偉大な歴史家フェルナン・ブローデルは、これを資本主義の勃興と結びつけている――は抑圧的な独占であると主張した。中世における定期市は、たとえばフランスのシャンパーニュのような、国や地域を結ぶ重要な交易路が交わる地域で開催されていた。そうした場所では、毎年数週間にわたって農民、職人、商人、銀行家がそれぞれの商品や技能を持ち寄ることで巨大な商業地帯を形成し、それが中世経済を動かす原動力となっていた。「利便性」によって定期市は開催場所を固定され、また価格を支配する独占的な性質を持つようになると、テュルゴーは述べている。参加者が固定された定期市においては、競争も取引量も限られたものになる。場所を移動しない定期市はまた、国家が商品への課税を合理化し、管理することを可能にする。テュルゴーは、富の創造よりも課税に利益をもたらすこうしたやり方を「非合理的」と呼んだ。[7]

必要なのは、特定の場所で毎年開催される定期市ではなく、需要があれば時期や場所を問わず、課税なしに行なわれる自由な取引だと、テュルゴーは主張した。そうした経済的自由によって、社会の進歩は促される。特権や規則がなければ貿易が栄え、たとえ君主が税収をいくらか失うにせよ、全体としての社会は豊かになる。重農主義者に比べると、テュルゴーは商人により重きを置いていた。取引量が増えれば貿易は効率的になり、価格が下がって消費と生産を促進することによって限界便益を生み出すと、彼は考えていた。テュルゴーは、オランダには定期市は存在しないと述べている。オランダにおいては、取引は常に、いたるところで行なわれており、だからこそ彼らは非常に豊かなのだと、彼は主張した。テュルゴーがおそらく気づいていなかったのは、オランダがすでに経済基盤としての農業を放棄して貿易と産業に舵を切っていたのみならず、そうした政策と商業規制には、政府が積極的に関与していたという事実だ。[8]

テュルゴーの視点からは、市場は個々の財産所有者ではなく、農村の労働者によって動かされているように見えていた。デュ・ポン・ド・ヌムールと共同で執筆した『富の形成と分配に関する考察』(一七六六年)において、テュルゴーは革命的かつ近代的な封建貴族制擁護を行ない、地主は生産的ではないが、正当的に非活動的であるとする功利主義的な労働概念を提唱した。貴族が有する財産の擁護として彼は、地主は経済にとって社会的に必要不可欠であるとし、次のように書いている。「耕作者が地主を必要とする理由は、ただ人間の慣習と民法によるものである」。キケロ、ロック、モンテスキューにならい、テュルゴーは、地主は自ら活動しなくとも、システム全体のバランスにとって重要であると主張した。なぜなら、彼らは法律や教養を習得できる道徳的能力を備えたエリートを生み出し、社会と農業を導くからだ。[9]

同時にテュルゴーは、独自の功利主義的な農業労働理論を用いて、奴隷制と植民地主義を批判している。自由は積極的なものでなければならず、他者を侵害するものであってはならないと彼は主張し、また、財産の所有権は奴隷制には適用されないとした。なぜなら奴隷は、「暴力的な人間たち」が、労働者が自ら「育てた」「生産物」に対して彼らが当然持っている役割を奪うことによって生まれるものだからだ。テュルゴーはさらに踏み込んで、植民地経済は持続不可能な窃盗であると批判している。彼は封建制についても同じように感じており、その代替案として、自由な労働者が専門性を高めて生産性を向上させるという、分業の基礎となる考え方を提唱した。貴族であり、農業経済の擁護者であり、王室政府の財務総監であった人物が唱えたアイデアとして、これらはどれも革命的なものであった。[10]

自分たちの労働理論をサロンやヴェルサイユの居室で披露していた重農主義者たちとは異なり、テュルゴーは監察官として現場に赴き、自由市場理論を現実世界に適用することを試みた。彼が一七六一年から一七七四年にかけて配属されたのは、フランス中西部の貧しい都市リモージュであった。王室の直接の代理人として、彼はこの街の貧困緩和に努め、税制および穀物市場の改革を行なった。農業の擁護において、重農主義者たちが穀物市場の生産と流通の増大のみに焦点を当てたのに対し、テュルゴーは、貧困層に富を行き渡らせ、穀物市場が社会全体に経済発展をもたらすことを目指した[11]。

　国家に依存していることを重農主義者から批判されても、テュルゴーは、まずは国家が大々的な改革を行なわない限り、市場はその潜在能力を発揮できないというコルベール主義の考えを捨てようとはしなかった。市場を自由化する前になすべきは、自由化による直接的な衝撃から貧困層を守ることであり、また国家は、仕事も食べるものもない人々を助けるために介入しなければならないと、彼は信じていた。彼は貧困層支援の取り組みを地主に強制し、また封建国家による強制的な道路建設の賦役《コルヴェ》を撤廃するために、幹線道路建設に使われる税の導入を推進した。彼が提唱した国家支援による「慈善事務所および作業所」の設立は、貧しい人々に雇用を提供し、さらには女性に「公共事業」を担わせることを目的としていた。最も重点が置かれたプロジェクトは、穀物などの生産物の自由な流通を促進するための道路の建設であった。テュルゴーは、貧困にあえぐ街を支え、働けない人々を養うために、食料を輸入することさえ試みている。彼はまた、コルベールの精神に則り、国家権力を行使して、今ではすっかり有名になったリモージュ磁器産業の創設を支援した。コルベール主義と重農主義の改革を組み合わせた、型破りかつ極めて実用的なテュルゴーの手法はまずまずの成功を収め、よりいっそう野心的な計画に取り組もうとする彼の意欲を掻き立てた[12]。

　一七七四年、かつてコルベールが務めた財務総監の地位に就いたことにより、テュルゴーは自身の政策をより広範に実践する機会を得た。財務総監としての彼の最初の一手は、大きな成果を上げた。彼は国家の借入を停止することを主張し、また金利の引き下げに成功した。しかしその一方で、穀物取引を自由化する試みは大変な惨事を招いた。彼が価格統制と政府による補助金を廃止し、この国に古くから存在していた複雑な小麦粉とパンの流通システムを解体するやいなや、不作が起こったのだ。品不足、混乱、投機、価格の上昇、飢饉は、一七七五年四月から五月にかけて、小麦粉戦争と呼ばれる反乱へと発展した。ガリアーニはここぞとばかりに、自然災害が起こったときには政府が介入する必要があるという自らの主張を繰り返した。貧困層への援助のない規制緩和の結末は、悲惨なものであった。テュルゴーは、自らが提唱する市場発展に関するルールをないがしろにしていたのだ。[13]

小麦粉戦争のさなか、ジャック・ネッケルは『穀物立法と穀物取引について』(一七七五年)を出版し、テュルゴーと重農主義者への厳しい批判を展開した。スイス生まれのネッケルは、大きな成功を収めたプロテスタントの銀行家、財政家、哲学者であり、パリで生活しながらフランス国家に多額の資金を貸し付けていた。経済思想家としての彼は、規制よりも自由の方が好ましく、一般に貿易の自由は望ましいものであるという意見に同意していた。人は自分の貨幣、労働、産業を用いて自分の望むことをする権利を持っていると、彼は主張した。コルベールにならい、ネッケルは、穀物取引における「自由の濫用」が飢饉を引き起こすことを阻止するため、国家の立法者がそれを「禁止する法律」を作るべきだと考えた。ガリアーニと同様、ネッケルは、穀物を単に市場の力に任せることはできないと感じていた。なぜなら、自然はあまりに気まぐれで、社会はあまりに脆弱であるからだ。そのためネッケルは、市場の自由は重要ではあるものの、それが最も適しているのは必需品でないものを扱う場合であるという、昔ながらの主張を展開した。[14]

こうした批判にもかかわらず、テュルゴーは自身の自由化改革を手放そうとせず、封建的な農民の強制労働とギルドの特権を打破しようと試みた。そしてその結果として、彼は農民から商人、貴族に至るまで、あらゆる階層の人々から煙たがられるようになった。テュルゴーの改革と宮廷の権謀術数が、政府内のすべての派閥を彼に敵対させた。一七七六年五月、ルイ一六世は彼の辞任を命じる。農業の自由放任主義を巡る彼の壮大な実験は、大々的な失敗とみなされた。テュルゴーによるそのほかの近代化改革の多くも、彼自身の屈辱的な敗北の混乱の中で失われてしまった。[15]

テュルゴーの失敗により、自由市場は政府の介入なしに自動的に機能するという考えに対する反発はいっそう強まった。一部の急進的な哲学者は、封建的な社会と文化に必要なのは改革ではなく、革命的な変化だと考えた。君主制のもとで成果を上げることができない政府の閣僚たちを見るにつけ、哲学者らは、市場の主要な原動力は感情であるというラ・ロシュフコーやマンデヴィルの主張を再検討するようになった。彼らが目指したのは、そうした人間の感情が、より公正な市場社会をどのように作り出すことができるかを理解することであった。

スイス生まれの哲学者ジャン＝ジャック・ルソーは、経済との関係における人間の感情についてのとりわけ強力な概念を考案した。彼もまた農業の経済的優位性を信じていたが、テュルゴーとは異なり、貴族的な地主が支配する社会制度には反対していた。彼が構想したのは、財産が共同で管理され、大地の実りが共有される、本来の自然状態に基づく民主的かつ平等主義的な農村社会であった。ルソーは、市場がどのように機能するかについてのビジョンをラ・ロシュフコーに求めた。彼は、自然が自発的に健全な、あるいは調和のとれた社会的・経済的秩序を生み出すとは考えていなかった。「自然」と農業はむしろ、社会に階級を生み出すものであり、それによって貧困、不公正、不平等がもたらされる。貴族による納税の拒否がフランスの経済問題の根源であると、彼はみなしていた。フランス社会の圧倒的な不平等に対する彼の怒りが、『人間不平等起源論』（一七五五年）という過激な本の執筆へとつながった。この作品は、マキャヴェッリやホッブズの政治思想に基づいた急進的な共和制民主主義による、市場の抑制と富裕層への課税を求める声と、エリート層による自由放任哲学との間に、明確な戦線を引くものであった。多数決主義の政府が、富、商業、地主の権力を厳しく規制しなければならないことは明らかだと、ルソーは述べている。

ルソーの目から見れば、キケロ的な自然状態への敬意とその不変の法則を反映する社会は、不公平につながるものであった。民主的な政治が介入することで、そうした「自然な」階級制度を壊してより公正な世界を築かなければならないと、彼は考えた。[16]

ルソーはやがて、この時代における最も著名な作家、また有力な急進論者となり、その思想はトマス・ペインをはじめとする欧米の革命家たちに多大な影響を与えることになる。政治について論じた『社会契約論』（一七六二年）は、ヨーロッパの既成秩序の基盤を揺るがし、国民・国家という存在と民主主義の枠組みを築いた。同書においてルソーは、かの有名な「人間は生まれながらにして自由であるが、いたるところで鎖につながれている」という言葉を記している。ホッブズやロックとは対照的に、ルソーは、社会は人間を善良にするのではなく、むしろ本来の善良な状態から腐敗させると認識していた。真の原罪とは、社会と財産そのものであった。ルソーにとって、不平等は利己愛と高慢の産物であり、それによって個人は他者との比較のみにおいて自己を定義するようになる。自身の高慢を満たすために、人間は不自然な「慣習」や「特権」を作り出し、階級の中で自分たちを差別化・称賛する。この意見は、ルソーがいかに反ロック的、反重農主義的であったかを如実に示している。人間の鎖とは、私有財産のことであり、また少数派エリートによる政治的・経済的支配のことであった。[17]

人間の最も肯定的な価値は憐れみの情にあると、ルソーは主張した。憐れみは「理性にかなった正義の高潔な格率」と並行して働く。憐れみは共感の本能をもたらす。苦しみを目にしたとき、人はその苦しみに自分を重ね合わせ、「自分が他者からしてもらいたいことを他者に行なう」という理想を生きることができる。生まれつき持っているこうした寛容の感情がなければ、人間はとっくに存在しなくなっていただろうと、ルソーは考えた。さらに彼は、財産は堕落した悪徳であり、共感や同情、経済的平等を求める政治的な働きかけによって闘うべき対象であるとみなした。大貴族の地主と農民の存在は、近代の人間が伝統を正す必要があることを示しているに過ぎない。「エデンからの堕落」が所有の法則を生み出したという、ロックの唱えたキリスト教的私有財産の歴史を、ルソーは非難した。ロックとは対照的に、ルソーは、土地を見つけて「これはわたしのものだ」と言った最初の人間は「詐欺師」であり、人類の苦しみと不平等の原因であると主張した。財産を認識することが、封建制、寡頭政治、専制政治への長い道のりの第一歩であったと、彼は考えた。なぜなら、それによって人間は、自らが有する個人の権利を貴族や王に譲り渡したからだ。ルソーは、法律は財産や礼儀作法によってではなく、社会の大多数による民主的かつ共同体的な決定をもとに作られるべきであると感じていた。「ひと握りの人々が余分なもので満たされている一方で、飢えた大多数が必要なものを欠いているというのは、明らかに自然法に反している」と、彼は書いている。[18]

利益主導の市場に反対し、急進的な民主主義を通じた市場介入と平等主義を熱烈に支持することにより、ルソーの著作は、あらゆる経済学者に恐ろしい問題を投げかけた。マキャヴェッリ、マンデヴィル、ドマなど、人間の情熱を市場交換の強力な原動力とみなした初期の経済理論家たちとは異なり、ルソーは、私的な悪徳(ドマのキリスト教的語彙で言うところの罪)によって推進される交換が公共の利益をもたらすという考えを断固として否定した。より幸福で、平等で、公正な社会を作るためには、大多数の人々が高慢や利己愛といった悪徳を意識的に拒絶し、代わりに憐れみや共感といった人間の感情を駆使しなければならない。

ルソーの哲学は、君主制、聖職者、貴族から、古参貴族に匹敵するほどの富を蓄えつつあった実業家や金融業者まで、当時のあらゆる権力に対する直接的な脅威であった。それは農業を中心とするすべての物事における人民の主権を求める呼びかけであり、マキャヴェッリが唱えた、いかなる個人も、いかなる少数の支配者集団も、国家より多くの富を持ってはならないという主張を極限まで突き詰めた形であるとみなすこともできた。それはまた、自然の摂理を反映した階層社会と礼儀に対してキケロが抱いていた信念と真っ向から対立するものであった。驚異的なほどの人気を集めた自身の著作を通じて、ルソーは農業の民主化を要求し、またその言葉によって大衆は、自分たちは経済問題において立法にかかわる発言権を持つべきだと考えるようになった。

ルソーは、平等主義的な政治的急進主義の先駆者であっただけではない。人間の感情および経済に関するルソーの分析は、アダム・スミスに大きなインスピレーションを与えることになる。スミスはルソーの中に、自由市場について考えるための方法と、また皮肉なことに、最終的には自由市場を正当化する手段を見出した。スミスはしかし、ルソーの方程式を逆転してみせた。すなわち、ルソーが憐れみや共感といった高次の人間的感情を、貪欲、高慢、利己愛などの市場を動かす情熱への解毒剤として見ていたのに対し、スミスは市場を動かすのは単なる貪欲ではなく、共感や道徳的義務という人間の美徳そのものであるとしたのだ。共感によってエネルギーを得る急進的民主主義こそが平和的かつ道徳的な社会への道であるとルソーは信じたが、一方のスミスは、伝統的な農業を中心とした英国の議会制社会は元来道徳的であり、適切な状況下においては、それは貪欲と階級制度を、公共のために機能する善良な自由市場を創造する方向へと導くことができると考えた。

第13章　アダム・スミスと慈愛の自由貿易社会

彼ら〔商人や製造業者〕は、自らの利益に関する優れた知識を用いて、相手〔紳士階級に属する地主〕の寛大さにつけこんで、相手自身の利益と公共の利益の両方を放棄するよう言いくるめてしまうことが少なくない。そうした行動に出るのは、彼らが極めて単純かつ誠実に、相手の利益ではなく、自分たちの利益こそが公共の利益であると信じているためだ。しかしながら、商人の利益は、それが商業や貿易のいかなる分野であろうとも、常に公共の利益とはどこかの点で違いがあり、ときには正反対であることさえある。

――アダム・スミス『諸国民の富』一七七六年

ルソーと同じく、アダム・スミスも貪欲を好まなかった。彼もまた、マンデヴィルの『蜂の寓話』の冷笑的な論調に不安を覚えていた。英グラスゴー大学のストア派道徳哲学の教授であった彼は、悪徳が美徳になるとは考えていなかった。徳とは容易に達成できるものではなく、彼の仕事はそれを教えることであった。スミスはしかし、それが貪欲であれ憐れみであれ、純粋に生得的な人間の感情というものについてのルソーの見解や、社会は本質的に悪であるという彼の主張には同意しなかった。キケロのストア哲学は、個人が自制と道徳を学んで社会を良くすることができると教えており、スミスはそれを信じていた。スミスによる経済学の著作から学ぶべき明確なアイデアをひとつ挙げるとするなら、それは市場が機能するには道徳が不可欠である、ということだ。『諸国民の富』（一七七六年）には、スミスが現代的な経済自由主義者でも、ましてやリバタリアンでもなかったことが明確に示されている。強力な統治を敷くエリート層を有する道徳的な農業社会だけが、自由市場を創造し、それを維持できると、彼は信じていた。

　こうした見方は、現代の経済学者の多くがスミスに対して抱いている見解とは異なる。スミスという人物は一般に、貪欲やビジネスの利益の擁護と結びつけられることが少なくない。しかし、コルベールの場合と同じように、現代の経済学者たちがスミスを戯画化し、その姿をゆがめたことによって、彼は実際の彼とは違う何かに変えられてしまった。たとえば一九四四年、フリードリヒ・アウグスト・フォン・ハイエクはスミスのことを、あらゆる政府の介入に反対し、経済効率のみを重視する思想家として描写している。ミルトン・フリードマンも例外ではなく、彼はスミスが『諸国民の富』に記した「見えざる手」の一節を、経済生活から政府を完全に排除せよという呼びかけであると解釈した。スミスがもたらした「核心的な洞察」は、経済的な共同は「真に自発的」で、「外部からの力や強制、自由の侵害がない」ものでなければならないというものだと、フリードマンは述べている。ただし、ハイエクもフリードマンも、自分に都合のいい一節を抜き出しており、そうすることによって、スミスを道徳哲学者——商人や企業に不信を抱き、強力なエリート主義政府、植民地支配、奴隷制、公教育、ターゲットを絞った関税を信じる人物——から、近代企業を擁護するリバタリアンへと変貌させてしまった。▼1

　公平を期して言うなら、一〇〇〇ページ近いスミスの『諸国民の富』を読むには大変な労力がいるし、そこに引用されている内容の多くが、彼が完全な自由放任《レッセフェール》を支持しているかのような印象を抱かせるものであるのもたしかだ。彼は、政府が「民間人に対し、自分の資本をどのように使うべきかを指示しようとする」のは愚の骨頂であると警告している。彼はまた、個人の直接的な経済的決定に対する政府の干渉を批判して、「人間社会の大いなるチェス盤の上では、一つひとつの駒が独自の運動の法則を有しており、それは立法府が押しつけようとするものとはまるで違うこともある」と主張した。さらには、のちに徴税の仕事に携わるにもかかわらず、スミスは税についてこんな考えを漏らしている。「国民の懐から金を引き出す技術ほど、政府が他国の政府から素早く学ぶものはない」。スミスは、生産と消費は政府による妨害を一切受けることなく自由でなければならないと信じ、「消費こそがすべての生産の唯一の目的であって、生産者の利益は、消費者の利益を促進するために必要な限りにおいてのみ考慮されるべきである」と主張した。スミスの文章の中には、彼がまるで完全な自由市場の支持者であるかのような印象を与えるものもあり、たとえば彼はこんなふうに書いている。「［貿易制限がなければ］自然な自由という明快かつ単純な仕組みが自ずと確立される。すべての人が……完全に自由に、自身のやり方で自身の利益を追求することができるようになる」▼2

しかし、市場の自由に関連してスミスが引用する言葉を、その歴史的文脈を踏まえたうえで読んでみれば、彼のビジョンが現代の自由市場思想家が考えるそれとはかけはなれていることが明らかになる。『諸国民の富』は、当時の農業寡頭政治および自己調整的な市場のビジョンを、商業および帝国の勃興と調和させようという、きわめて野心的な試みであった。貿易が繁栄することができるのは、農業が支配的な社会においてだけだと、スミスは信じていた。その社会は土地を所有するエリート層によって統治されており、彼らが商人の利益を制限しつつ、学問とストア派の徳を促進する。ローマの道徳哲学の教授という彼の立場は、このキケロ的な道徳の再生を促すうえでうってつけであった。

英国とフランスの間で繰り広げられる絶え間ない対立は、農業への回帰、自由市場、両国間の平和という重農主義者たちの希望を打ち砕いた。両国が等しく追い求めたのは、世界市場の覇権を巡る争いの中で、国内の産業を成長させるための保護戦略であった。一八世紀前半、英国は経済不振の只中にあった。フランスの織物製造業により、英国経済は深刻な打撃を被っていた。フランスが地中海市場で圧倒的な支配力を発揮しているせいで、英国はトルコやスペインを相手に思うような取引をすることができなかった。フランスは砂糖市場も支配しており、国全体の輸出量は、英国と同等かそれを上回るほどであった。一七四〇年代には、フランスの外国貿易は英国の三倍の速さで成長を遂げていた。一七二〇年から一七五〇年代にかけて、フランスの輸出の伸びは年間三〜五パーセントだったのに対し、英国のそれは一・五パーセントにとどまった。世界を巻き込んだ英仏の代理戦争となったオーストリア継承戦争（一七四〇〜一七四八年）においては、両大国が互いに植民地帝国として対峙し、その後の七年戦争（一七五六〜一七六三年）は、商業と帝国の覇権を巡るさらに大規模かつ広範囲の争いとなった。戦いの場はヨーロッパから南北アメリカ大陸、インド、西アフリカにまで広がった。何らかの決着が求められる中、多くの経済思想家は、自由市場が平和をもたらすと信じた。[3]

学者であるスミスから見れば、国際的な学術交流に鑑みれば、自由な取引が相互に有益であることは明らかだと感じられた。フランスと英国が軍事的に争っている間も、両国間の知的・科学的な協力は驚くほど自由に行なわれていた。フランスと英国には、一流の思想家たちが英仏海峡を渡って学業や仕事に励んできた長い伝統があり、両国は対立だけでなく、友情と学問においてもともに発展を続けていた。トマス・ホッブズは一六三〇年代にフランスで教育を受け、一六四〇年には、イギリス内戦の勃発にともなう政治的混乱を避けるために再びフランスへ渡った。彼が『リヴァイアサン』（一六五一年）を執筆したのはフランスにおいてであった。交流は双方向に行なわれた。フランスの哲学者ヴォルテールは、亡命先のロンドンで、イギリスの哲学、政治、生活についての文章を綴った。一八世紀半ばには、ヨーロッパ全土やアメリカ両大陸の知識人がこぞってパリのサロンに集い、そこでは哲学者たちが、科学や政治、そして終わりの見えない世界的な紛争や市場の課題に対する解決策について、さまざまに意見を交わした。こうした英仏の知的交流の長い伝統は、スミスの自由市場理論にとって欠かすことのできない重要性を持っていた。[4]

スミスはまた、社会的および知的な面において、彼の師であるスコットランドの哲学者デイヴィッド・ヒュームを大いに頼っていた。フランスにルーツを持つヒュームの知性、そして自由市場についての彼の文章を基礎として、『諸国民の富』へとつながる道は築かれた。ヒュームの著作はいわば、スミスの著作の青写真であった。貧しい貴族として生まれ、幼いころから才気煥発であったヒュームは、エディンバラ大学で教育を受けたあと、自身の「文学の才」を「向上」させるために、フランスでさらに学問を続けた。一七三四年から一七三九年にかけて、彼はルネ・デカルトが在籍したことで知られるロワール渓谷地方アンジューにあるイエズス会ラ・フレーシュ学院で学んだ。学院に常駐するイエズス会士の多くは元宣教師であり、彼らはこの若きスコットランド人に、アジアや南米への航海の話をたっぷりと語って聞かせ、彼の心に、社会や民族の比較に対する深い興味を植えつけた。ヒュームは、学院の図書館にあるギリシャおよびヨーロッパ大陸の哲学、そしてフランスの歴史的・道徳的・経済的思想についての膨大な蔵書を存分に読みふけった。[5]

このラ・フレーシュ学院において、ヒュームは先駆的な著作『人性論』を執筆し、一七三八年にロンドンに戻ったのちにこれを出版した。同書は、啓蒙的認識論——人間が物事についてどのように学び、それを知るかについての研究——の基礎を成す作品であった。倫理の理解を通じて、人は道徳的な経済システムや社会を構築することができると、彼は信じていた。ヒュームは、ギリシャのストア派やエピクロス派の哲学者が、自然の運動と性質についての永続性のある原理を確立した方法を説明したうえで、それをプトレマイオスやコペルニクスが惑星や恒星の運動に関する理解を深めた方法と比較した。ストア派哲学と天文学とを組み合わせることで、人間の行動と経済についての深い知見が得られると、彼は考えた。こうしたアプローチ法は、スミス独自の経済思想に深い影響を与えることになる。[6]

宗教的懐疑論者であったヒュームは、人類の進歩は、神を理解するための探求を通じてではなく、観察を通じて自然と社会について知り、理解する能力によってもたらされると考えていた。合理的かつ科学的な理解の方法を採用しない宗教的な哲学作品は「火」に「くべて」しまえと、彼は述べている。自ら無神論者を名乗ることはなかったものの、彼は超自然的な話や奇跡を持ち出す説明を一切受け入れようとしなかった。すべてのものには自然で確率的な原因があると、彼は考えていた。[7]

歴史についての自らの研究に基づき、ヒュームは、人間は自由な思考、教育、人文および自然科学、自由貿易を通じて、社会の破綻を回避することができると主張した。ヒュームは、キリスト教的な罪というレンズを通して人生を見ることはせず、キケロ、皇帝マルクス・アウレリウス、ギリシャのストア哲学者エピクテトスを引き合いに出しながら、正義と慈愛という地上的な義務に基づいた楽観的な徳のビジョンを提示し、それが幸福と繁栄につながると考えた。マルクス・アウレリウスは、「悪を行なう者の視点」を考慮することによって、市民の平和への哲学的アプローチを考案した。そうすることが個人の虚栄心を和らげて慈愛を育むと、彼は主張している。プラトンやキケロにならい、マルクス・アウレリウスは、人類を完璧に近づける道は「人文および自然科学」にあると訴えた。学問を成功させる唯一の手段は、自由な政府と「礼儀正しく学識ある社会」であり、それは同胞たる市民による「専制」に対する防壁として機能する。こうした古代ストア派の処方に従い、ヒュームは、英国の指導者たちが、道徳的かつ農業主導の自由貿易を取り入れた、優れた法律を生み出すことが理想だと考えていた。[8]

自由な貿易と商業を繁栄させるには、英国はフランスとの「貿易収支にまつわる嫉妬に基づく危惧」を克服しなければならないと、ヒュームは提唱した。そうしたフランスへの「憎悪」は「際限のない」ものであり、幸福と繁栄を損なっていると、彼は述べている。コルベールやモンテスキューも、これと同じことを望んでいた。商業社会が成熟した状態にまで達すれば、自由貿易が平和と商業的富の恩恵をもたらすだろうと、ヒュームは予想した。フランスにおける自身の肯定的な経験をもとに、ヒュームは、有利な貿易収支や、贅沢を排した世界を求めるよりも、フランスとの「開かれた商業」を追求することが調和、すなわち各国が利益を得る比較優位をもたらすと信じていた。[9]

ヒュームとスミスが執筆活動に勤しんでいた時期は、一七〇七年に合同法が発効し、イングランドとスコットランドがグレートブリテン王国となった直後にあたる。この合併により、スコットランドには、イギリスの国内および植民地の市場へとアクセスする扉が開かれた。エディンバラとグラスゴーは帝国の豊かな貿易都市となり、有利な条約や契約を巡る交渉において、強い影響力を発揮できるようになった。ヒュームとスミスもまた、この経済的拡大を目の当たりにし、その恩恵を受けていた。一七四七年には、グラスゴー市がフランス植民地からのタバコの輸入を独占する協定を結んだ。クライド川はタバコや製造品の中心地となり、スコットランドの商人たちは、そうした商品との交換で奴隷を手に入れた。このような形で循環する貿易など、五〇年前のグラスゴー市民には想像もできなかったはずだ。タバコ、奴隷、綿花、砂糖、ラム酒のおかげで、スコットランドの商人たちは裕福になり、研究機関や名門大学は活気づいた。スコットランドがようやく手に入れた富は、人々を高揚させ、魅了した。こうした帝国的自由貿易がもたらす具体的な約束とその豊かさこそが、デイヴィッド・ヒュームとその弟子であるアダム・スミスをして、両国が合併したこと、また自由貿易と帝国に関する広範な視点を持つことについて、これを支持するようにさせた理由であることは間違いない。[10]

アダム・スミスが成人を迎えたのは、こうした紛争、経済的拡大、知的野心の時代であった。彼は一七二三年、スコットランドのエディンバラからフォース湾を隔てた対岸にある、古くから商業や製造業が盛んなカーコーディの街に生まれた。父親(スミスが生後二カ月のときに他界)は法律家であり、また関税監督官であった。母親は地主階級の出身で、スミスは街の一流校バラ・スクールに通い、そこで豊かな古典教育を受けて、ラテン語の基礎をしっかりと身につけた。天賦の才に恵まれた彼は、一四歳でグラスゴー大学に入学し、著名な道徳哲学者フランシス・ハッチソンのもとで学んだ。カリスマ性のあるハッチソンからの影響により、スミスの興味は、ローマの倫理、科学、言論の自由、ロック的自由の理念を重んじる、当時の啓蒙主義的道徳観に向かうようになった。一七四〇年、彼は奨学金を得て、オックスフォード大学ベイリオル・カレッジの大学院に籍をおいた。この場所をスミスはひどく嫌い、知的な刺激に欠ける腐りきった場所と評している。神経性の震えの発作に悩まされながら、彼は独学で幅広い書物を紐解いた。スミスは奨学金が尽きるのを待たず、一七四六年にオックスフォードを去っている。一七四八年、彼はエディンバラ大学で講義を開始し、また一七五〇年にはグラスゴー大学の教授となって、古典修辞学、道徳哲学、法学、純文学を教えた。

スミスの作家としてのキャリアは、一七五六年、評論誌『エディンバラ・レビュー』に、ルソーによる不平等と共感の理論に関する批評を寄稿したことに始まる。人間の道徳は生得的なものであり、憐れみのみに基づいているというルソーの考えを、スミスは否定した。ストア哲学者であったスミスは、徳性は教育、社会、財産、後天的な哲学的交流、個人の規律から生まれると信じていた。スミスから見れば、社会に対するルソーの冷笑的な見方は、ニヒリズム的な「善悪に対する無関心」を生むものであった。商業社会には悪と貪欲の傾向があることを認めつつ、スミスはこれに対抗するには、指導的立場にある市民が、土地を所有する富裕層に属し、法を守り、教養があり、善意と「同情」を持つ理性的な人間であるべきだと主張した。さもなければ、世界は戦争と「絶望」に陥るだろうと、スミスは示唆している。▼11

一七五九年、スミスは『道徳感情論』を出版し、自身の思想の核を成す概念を提唱した。その概念とはすなわち、ストア派の道徳哲学を通じて、人は道徳的な社会を築くことができる、というものだ。スミスが信じたのは、ホッブズやルソーの言う生得的かつ野蛮な感情ではなく、道徳的感情が育まれることでよき社会が作られるという、ストア派の理想であった。「悲しみや憤りといった苦々しく辛い情動は、同情という癒しの慰めをいっそう強く求める」ものであると、スミスは感じていた。一七五〇年代後半のフランスとの対立を念頭に執筆を進めながら、スミスは、戦争の支配を逃れるための哲学的な処方箋を探し求めた。戦争とは人間の道徳的欠陥の産物であると、彼はみなしていた。[12]

スミスはエピクテトスを引き合いに出しつつ、貪欲を否定する哲学を生み出した。社会や市場が適切に機能するには、道徳的な個人が怒りや欲望といった情念を制御する必要がある。「過ちを犯す者に腹を立て」ないようにすることが、非常に重要であった。人は怒るのではなく「公平な観察者」となり、相手のやり方の誤りと、「どのように誤りを改めるべきか」を示さなければならない。自制と公平さという、この個人的なストア派的理想を社会に浸透させる方法を見つけることによって、よりよい世界を実現することが、スミスの望みであった。[13]

スミスの著作はキリスト教的な色合いを帯びてはいるものの、そこには聖書への言及は一切見られない。彼の物言いは明らかに理神論的であった。スミスは神のことを「全能の自然の創造者(All-Wise Author of Nature)」と表現し、神は人間という存在を「仲間の行動を監督させるための、地上における副摂政」として創造したと述べている。スミスはまた、神は「世界の監督者(Superintendent of the Universe)」であるとも表現している。この神はしかし、道徳的な裁判官ではなく、むしろ他者の行動を裁くべきは人間であるとされた。道徳だけでなく、ニュートンの因果性の概念を通じて自己調整的な社会が築かれることを、スミスは望んでいた。一七七三年に執筆した草稿『天文学史』において、彼は「目に見えない物体の連鎖が、世界中のだれもが知っている順序で発生するふたつの出来事を結びつけている」と書いている。ニュートンによって示されたのは、「見えざる手」が合理的な時計仕掛けの均衡を駆動させる「システム」の存在であった。[14]

スミスの目には、人間の道徳的行動、愛、協力が梃子《てこ》となって、社会の仕組みのバランスを維持しつつ、これを永続的に動かし続けているように見えていた。自由かつ道徳的に、農業に焦点を当てて行なわれる貿易は、分業における不可欠な機械のひとつであると、彼は考えた。これはすなわち、多様かつ共同で行なわれる製造および貿易活動の効率的な割り当てによって、人々が力を合わせて平和的に富を創造することが可能になることを意味していた。キケロの思想を取り入れつつ、スミスは、通商は「国家間においても個人間においても、団結と友情の絆となるはず」だと書いている。スミスがもたらした偉大な洞察とは、もし人間と国家が経済的に協力することができたなら、それはすべての人のための富を生み出す、というものであった。[15]

ただし、スミスの理想とする、慈愛に富み、協力的で、自己調整的な社会は、放っておけば勝手に実現するものではなかった。そこには指導者と立法者が必要であり、スミスの考えでは、そうした役割を担えるのは教養ある裕福な地主貴族に限られていた。スミスは以前から、統治の方法の法的原則を、たとえ不完全にでも実際に理解している人間はほとんどいないと指摘していた。アリストテレスやキケロを引き合いに出しつつ、スミスは理想的な立法者について、深い教養があり、礼儀正しく、慈悲深く、ただ法律のみに忠実である者と説明している。そのような人間だけが、民法に必要な自制と「科学」を実践することができる。[16]

道徳を重んじる貴族政府こそが、ルイ一四世を盛大に批判したフェヌロンが『テレマックの冒険』において描いた自由と富をもたらす。フランスは英国よりも豊かであるかもしれないが、彼の国は一流の商業国家となるうえで不可欠な道徳的な社会を欠いていると、スミスは断じている。なぜなら、フランスには自由な議会制政府がなく、「われわれ同胞市民の、安全で、見苦しくなく、幸福な境遇」を維持することができないからだ。フランスの君主制は不寛容かつ専制的であり、この政治的・社会的な徳の欠如が、真の慈愛が実現されない社会状況を生み出している。一六八八年の名誉革命以降、英国で実践されてきたエリートによる代議政治こそが、「外国との戦争や国内紛争」を避け、幸福で豊かな国を作る唯一の方法であると、スミスは信じていた。それはまた、自由市場へと続く唯一の道でもあった。驚くべきは、スミスの理論では、英国がかつてほぼ一世紀にわたってフランスと戦争状態にあったこと、また、この国ではまだ自由市場法が成立していないという事実について、説明が一切提供されていないことだ。どうやらスミスは、英国には、彼が熱烈に信じる進歩を遂げるだけの道徳的基盤があると楽観視していたように思われる。[17]

アダム・スミスの哲学と切っても切れない関係にあるのは、彼の個人的な生活、および彼の最初の著書『道徳感情論』を大変な人気作にするうえで助けとなった物質的状況だ。ヒュームの助力を得て、スミスは有力な友人たちのネットワークをコツコツと築き上げ、それが彼の運命を支え、その著作を広めるうえで大いに役立った。スミスの『道徳感情論』が出版された一七五九年、ヒュームと『エディンバラ・レビュー』誌に携わる彼の友人たちは、同書の発行人であるアンドリュー・ミラーに働きかけ、権力と影響力を有するスコットランドの大貴族たち――国王の寵臣で首相のビュート伯爵、アーガイル公爵、マンスフィールド卿、シェルバーン伯爵、バクルー公爵の継父にあたるチャールズ・タウンゼンドなど――に、確実に献本が行き渡るよう手配した。ヒュームの優れた人脈のおかげで、『道徳感情論』は「最上流階級のすべての人の手」に渡り、スミスのキャリアと彼の著作への評価は、こうした有力な人々によって形成されることとなった。[18]

一七五九年の夏、スミスは初代シェルバーン伯爵の次男トマス・フィッツモーリスの指導教官となった。これを皮切りに、スコットランド大貴族の息子たちを教える刺激的な時代が始まった。スミスは指導者として、彼らに古代の哲学、法律、ローマ貴族の徳の手ほどきを授けた。長く独身を貫いて学問に打ち込んできたスミスは、贅沢を楽しみ、高価な衣服への嗜好を持つようになった。スミスが生きていたのは、英国における「寡頭政治の時代」であり、つまり当時の社会は「独立した地方紳士」によって支配されていた。地方紳士の多くは、トーリー党や保守的なホイッグ党に加わって庶民院を支配し、世襲貴族の首長として前例がないほどの議会権力を持つに至った。恣意的な社会階層を批判する一方で、スミス自身は巧みにスコットランド地主社会の頂点に登りつめ、その地位に大いに満足していた。彼の提示する経済的ビジョンが、彼のパトロンたちにとって都合のいいものであったことは、おそらく偶然ではないだろう。[19]

『道徳感情論』の献呈を通してつながった縁などから、スミスはやがて若きバクルー侯爵の家庭教師兼旅行の同行者として雇われることになる。侯爵の継父は、家庭教師代としてスミスに年間五〇〇ポンド（現代の価値で一〇万ドル超）を支払い、仕事が終了したあとも年間三〇〇ポンドの終身年金を支給した。こうした報酬を受け取っていたことに加えて、スミスは後年、バクルー家からの援助によって関税委員という高収入の官職に就いている。[20]

ヒュームは常にスミスというお気に入りの弟子のために道を整え、自身の成功を彼も共有できるようにするためのお膳立てを欠かさなかった。一七六三年、ヒュームはハートフォード伯爵から、在パリ英国大使館の書記官という有望なポストを打診される。彼はスミスに書簡を送り、この誘いは「大きな展望と期待をともなうもの」であると伝えている。七年戦争の敗北により、フランスはひどく困難な状況にあった。にもかかわらず、ヒュームが見たところ、現地の社交生活は賑やかで、彼はほとんど「本を開く」暇さえなく、著名な哲学者たちとの交流に忙しく飛び回っていた。スミスは一七六四年、タウンゼンドからの手厚い支援のもと、ヒュームを追う形でヨーロッパに渡った。この機会に「時間をつぶすためにちょっとした本を書き」始めるとスミスは記しており、その本こそが『諸国民の富』であったと考えられている。[21]

ヒュームの紹介により、スミスはフランスで最も影響力のある経済思想家たちと顔を合わせ、当時の主要な思想について議論を交わした。ジュネーヴではヴォルテールに会った。そしてパリでは、ヒュームを介してフランス系ドイツ人の著名な無神論哲学者ポール＝アンリ・ティリ・ドルバック男爵と知り合い、彼のサークルに迎え入れられた。ケネーや重農主義者たちも、同様にスミスを歓迎した。社交界におけるスミスの成功は、かなりの快挙であったと言える。というのも、彼はヨーロッパエリートの共通語であったフランス語を流暢に話すことができない、当時の教養人としては数少ない人間のひとりであったからだ。彼は一流サロンの常連となり、新しいパリ風の服をまとって颯爽とオペラに現れた。ヨーロッパの大都市を巡りながら、現地の経済哲学者グループと交流するという行為は、歴史上、この時代に初めて可能になったものであった。スミスは重農主義者たちととりわけ親しくなり、彼らから主要な著作の手書き原稿や初版本を贈られた。ケネー、デュ・ポン・ド・ヌムール、ミラボーらはスミスに、土地こそが国家の富の唯一の源泉であるという、自分たちの核となる主張を紹介した。重農主義者たちと会ったことで、スミスは知的精神を共有する仲間を見つけたと感じていた。[22]

一七六六年、ヨーロッパを巡る旅を終え、スミスはスコットランドに帰郷する。その一年後には、健康上の理由からカーコーディに戻り、母親と暮らし始めた。彼はそこで『諸国民の富』を執筆した。スミスのインスピレーションの源は英国とその帝国であり、少なくとも修辞的には、そのアンチテーゼは絶対主義のフランスであった。スミスが考える自由市場の概念は、特有の国家的・帝国的な色合いを帯びていた。自由市場を話題にするとき、彼は明確に英国とその植民地について語っていた。立憲君主制と権利の章典のある英国で可能なことは、社会および政治制度の異なる大陸の国々では不可能だろうと、彼は考えた。『諸国民の富』においてスミスは、富は農業からもたらされるという古くからの主張を出発点として、独自の重農主義経済学を展開した。農業労働がすべての富の源であり、農産物の余剰が産業的富の生産の基盤であるというケネーの見解に、スミスは同意していた。産業は富を生み出すことはなく、余剰農産物の価値を分配するにとどまる。スミスにとって、ケネーの「経済表」は「現代の偉大な発見」であり、なぜならそれは農産物がどのように商業の糧となり、経済成長と「豊かさ」につながるかを示していたからだ。ヒュームと同様、スミスは、農業には課税をせずにその生産力を守るべきであると考えた。彼はまた、産業への投資に正当性を感じていなかった。健全かつ自然なシステムにおいては、農業とはかかわりのない商業や産業の利益も直接農業に還元されるべきであり、その理由は、「同じ量の資本から生み出される生産的労働力は、農場主によるそれが最も多い」からだ。経済のフローや経済がどのように神話的な均衡を達成するのかについて研究していたスミスはしかし、富を飛躍的に増加させる唯一の方法は農業ではなく、技術と産業への資本投資であることを理解していなかった。[23]

スミスは産業や民間企業に対し、社会の潜在的な敵であるとして大きな不信感を抱いており、企業と貿易ギルドはどちらも独占につながるだけでなく、労働者の待遇悪化を招くと非難した。『諸国民の富』は、かなりのページ数を割いて「企業」と「雇用主」が「労働者」の賃金、誠実さ、労働をいかに損なうかについて警告し、労働者が「顧客」と直接取引する方が生産的であると説いている。スミスは企業のことを、賃金を引き下げる寄生虫のような中間業者とみなしていた。産業を活気づかせるのは発明家や企業、投資家ではなく、むしろ労働者自身であると、彼は述べている。もし労働者が企業から解放されれば、賃金は全般的に上昇し、社会の進歩が促進されるというのが彼の考えであった。[24]

ケネーと同様、スミスは、商人や製造業者は、富の創造の初期プロセスにおいては実質的に「不生産的」

であると主張した。「職人や製造業者の労働は、年間の土地粗生産物の総量の価値に何も付け加えない」と、スミスは述べている。商業階級の人間が社会の収入と富を増大させるための主要かつ最も効果的な方法は、農業に資本を再投資することであると、スミスは示唆している。農業部門が豊かになってこそ、商業が拡大し、産業が成長し、「勤勉な貧困層」とその家族にまで「健康によい」食事、まっとうな衣服、快適な住居が提供される。これらの理由から、スミスは、農業生産を解放して地主に社会を支配させることを提案した。そうすることで、「見えざる手」によって慈善と徳のある社会が形成され、商業が農業の道徳的な囲いに組み込まれると、彼は考えていた。[25]

見えざる手のたとえは、スミスの著作に三回登場する。『道徳感情論』に一回、『天文学史』に一回、『諸国民の富』に一回だ。その都度、彼はこれをかなりあいまいに、批判的と言ってもいいような使い方をしており、歴史家のエマ・ロスチャイルドなどは、スミスがこの比喩を「皮肉」として用いたのではないかとの仮説を立てているほどだ。スミスは、「システムが人間をチェスの駒のように動かしている」という考えを好まなかった。彼はむしろ、人々こそが社会の中で自分自身を動かしており、彼らは道徳の助けによって、集団にとって有益な行動をとるようになるのだと考えた。ただしスミスは、商人たちの自由な判断に任せた場合、彼らが道徳的に優れた経済的選択をするとは思っていなかった。商人たちは利己的であり、彼らが何かよいことをしたとすれば、それは「見えざる手に導かれて、自分の意図にはなかった目的の達成を促され」たのだと、スミスは考えた。商人たちを本能的な貪欲から引き離す「見えざる手」とは社会のことであり、その社会は、目に見える存在である地主支配階級のエリートによって導かれている。エリートたちは、産業よりも農業を優先するよう慎重に設計された税制を通じて、自然を解放して国家の富を生み出す。農業と密接に関係している農場主とその労働者だけは、社会によるそうした道徳的な促しを必要としない。なぜなら、彼らはすでに農業の生産活動において分業に従って働いており、その分業をもたらすのは知恵ではなく、スミスが生得的だと感じていたもの、すなわち功利的な交換をしたいという「人間の本性に備わった性質」であるからだ。社会の指導者たちは、農業部門を政治的に支援することによって経済の均衡を生み出さなければならない。そうすることで、キケロが唱えたローマの徳を模倣することが可能になると、スミスは示唆している。[26]

社会の指導者たちは、商人が政治を支配することがないよう気を配らなければならない。商人が力を持てば、彼らは独占を生み出して市場に害を及ぼす。スミスは、コルベールが商人や実業家に過剰な権力を与えたのは間違いだったと考えていた。商人の影響力のせいで、コルベールは多くの政府規制を導入したうえ、あろうことか農業を過小評価する一方で「都市の産業」を過大評価したのだと、スミスは誤って認識していた。「重商主義」という言葉を初めて使ったのはスミスだ。彼はこの言葉に、商人によって商人の利益のために運営される政府という意味を持たせていた。商人階級の独占的傾向は市場の道徳と自由をとてつもない危険にさらすため、国家は対抗勢力を提供しなければならないと、スミスは主張した。政府の役割は、自然を解放し、商人の破壊的・独占的傾向を抑制することであり、それは道徳的な市場によって商人を富の源である農場へと引き戻すことによって成し遂げられる。[27]

ただし、これだけの批判をしながらも、スミスの思想にはコルベールのそれと共通するところも多く、彼はコルベールの「偉大な才能」と「誠実さ」を称賛している。現在ではコルベールや重商主義と結びつけられている経済ナショナリズムに反対するどころか、『諸国民の富』の数カ所において、スミスはコルベールと非常によく似た主張を展開している。それが特に顕著に見られるのは、帝国の貿易圏をどのように構築するかについて述べている部分だ。見えざる手の役割のひとつは、商人たちが「外国の産業」よりも「国内産業」を支援するよう導き、それによって「価値が最も高くなる」ようにすることであると、スミスは説明している。一六五一年に制定された保護主義的な航海法は、「おそらくイングランドのすべての商業法の中で最も賢明なもの」であると、彼は評価した。なぜならこの法律は、外国商人が英国の貿易を損なうのを防ぐことを目的とし、国内および帝国の市場の拡大を支援するものであったからだ。[28]

現代の基準からすれば、スミスが賛美した英国社会は決して自由主義の楽園というわけではなかった。一八世紀の貴族は、自分の土地に暮らす人々に対する圧政的かつ封建的な権力を有していた。彼らは裁判官、警察、民兵、さらには領地内の公的生活のすべて、および私的生活の大半を支配していた。国家もまた、市民には冷たかった。当時は強制徴募の時代であり、少年から成人まで、貧しい男たちは道端から連れ去られて、同意もなしに兵士として海軍に入れられた。一七二三年、英国は血の法典を制定し、二〇〇種類の犯罪——ヒツジやウサギを盗むことや、許可なく木を切り倒すことなど——について死刑に値すると定めた。だれもが絞首刑の縄を恐れ、犯罪者は烙印を押されるのが一般的であった。スミスはルソーとは違った。彼は英国を変革しようとは思わなかった。一方で彼が望んだのは、国家の富を拡大することにより、適度な社会の進歩をもたらすことであった。適度な社会の進歩とはすなわち、労働者がまともな生活水準を維持し、本人とその家族が十分な食事、まずまずの住居、暖かい衣服を手に入れられることであると、スミスは考えていた。[29]

英国社会の見えざる手に託された使命には、文明化を実現する力を植民地にもたらす、というものも含まれていた。これはすなわち、本国から遠く離れているせいで、完全に成熟した商業社会へと発展するのに時間を要する人々に教育を施すことを意味した。スミスはアメリカ人を例に挙げ、商人は統治に適していない、なぜなら、彼らは意思決定においていまだに自らの利益だけを考慮しているからであると主張した。メリーランド植民地のタバコの独占を築いたのがほかならぬジョン・ロックであったことには言及せず、スミスは、「奇怪かつ馬鹿げたこと」に、商人は「主権者の性質を単に」取引と利益に「付随するもの」とみなして、競争を排除することだけを求めると嘆いている。高度な商業社会が依然として形成過程にある場所では、ロック的で啓蒙された エリート層の政府が介入して、その文明化の力によって自然の手を導く必要がある。スミスが執筆活動をしていたのはアメリカ独立戦争（一七七五〜一七八三年）の時代であり、彼はアメリカの植民地が大英帝国から独立することには反対の立場をとっていたが、もしこれが現実となった場合には、両国の間に自由貿易同盟が結ばれることを望んでいた。新たなアメリカ合衆国が現実に行なったのはその真逆であり、一七八三年、同国は発展途上の脆弱な経済を保護するために、すべての外国製品に関税を課した。[30]

スミスは社会の進歩の段階を信じ、また農業に基づく英国のロック的な契約社会を信じていた。より進歩した英国が「狩りと漁で暮らしを立てている未開の民族」に農業社会をもたらし、そうすれば彼らは余剰を生み出して、商業社会の文明的な「便利さ」に向かって進歩していけるようになると、スミスは示唆している。スミスはまた、より優れた法律によって奴隷制を改善することは可能だと考えていた。フランスの植民地では拷問、強姦、手足の切断が一般的に行なわれていたことを知らなかったとみられるスミスは、どういうわけか、フランスでは奴隷を「丁寧に扱う」と認識しており、それが奴隷として拘束されている者たちの忠誠心と生産性、さらには「知性」を向上させて、彼らが「自由な使用人」へと進歩するにつれて、自分たちの利益を雇い主のそれと結びつけるようになると主張した。スミスの自由に対する捉え方は、経済に対するそれと同じであり、彼はこれを連続的状況の一部であり、そこには進歩の段階があると考えた。見えざる手は奴隷に対しても作用するが、それが実現されるのは、彼が思い描く高度な道徳的・社会的次元まで彼らが進化した場合のことであった。[31]

スミスは、重農主義者が唱える人間の束縛に対する反対意見を無視し、奴隷制に根本的な問題を見出さなかっただけでなく、彼の目の前で世界を大きく変えようとしていた第一次産業革命の経済的可能性にも気づいていなかった。スミスは産業用蒸気機関を発明したジェームズ・ワットの知人であり、彼がグラスゴー大学で研究室を開くのに手を貸している。それでも、スミスが産業用織機や工場の真の経済的意義や、ワットの蒸気機関が持つ変革の力を理解していたことを示す証拠は存在しない。[32]

ワットのような先駆的な産業発明家たちは、富をもたらすのは農業ではなく、付加価値のある革新的な製造業や工業であることを知っていた。一七七五年、ワットはマシュー・ボールトンとともにエンジン製造工場を設立し、一七八一年にはイギリスのミッドランズ地方で大規模な紡績工場の建設を開始した。スミスはこのときもまだ健在で、こうしたことが起こっている事実を尻目に税金を集めていた。発明の才、自然科学、起業家精神に基づく創造性、産業、石炭鉱床、そして産業および植民地寄りの政策のおかげで、英国経済は勢いづいていた。スミスは一七七八年、一七八四年、一七八六年、一七八九年の四回にわたって『諸国民の富』の再編集版を出版し、ストア主義などの主要トピックに関する記述に変更を加えているものの、その期間中に起こった技術の進歩や労働の変化には一切触れていない。それはたとえて言うならば、二〇〇〇年のサンフランシスコで経済学の本を書きながら、技術やソフトウェアが有する富を生み出す能力に言及しないのと同じことだ。いずれにせよ、最も影響力のある自由市場経済学に関する本を生み出した人間が、晩年はローマの道徳や経済的自由についての自著に手を入れながら高給取りの国家官僚、すなわち有力者とコネクションのある関税委員として暮らしていたというのは、歴史における大いなる、そして多くを物語る皮肉ではある。[33]

今日の視点からは、スミスの思想は矛盾しているかのように見える。スミスは、道徳と交換によって支えられる市場を思い描いた。それは、国内の発展を支えて投資資本を国の内部にとどめるために保護主義と帝国を求めた点ではコルベール主義的である一方、農業を富の原動力とみなした点では重農主義的であった。現代の経済学者がスミスを社会的リバタリアンとして描写しているのとは対照的に、彼は、少数の富裕層執政者が、ロック的で権利の制限された代議制政府を支配し、特定のケースにおいては、その政府が商人の利己的な傾向を修正するという体制を支持した。[34]

スミスは、まだ誕生して間もない経済学の発展に寄与した。彼は商業および製造業社会における分業——専門化した産業同士の協力——の重要性を理解していた。彼は、自由競争と賃金の上昇を保証するために独占を抑制するうえで政府立法が果たす中心的役割を認識していた。彼は、不況時には富裕層が支出を行なうことで雇用を維持するという、ケインズ主義的な景気刺激策を予見した。そして彼もまた、ある種の一般均衡理論を信じており、農業労働、需要と供給、代議制政府、道徳的な社会が、政府による過剰な介入や私的財産および消費者の権利の侵害をともなわずに、機能する市場と価格システムを維持すると考えていた。[35]

つまるところ、スミスが担った主要なプロジェクトとは、新たな商業時代のために古代の道徳を改定することであった。ひとたび地主が不完全な設計の税やその他の経済的な「禁止」事項から解放されれば、自由な農業貿易は引き続き英国に豊かさと秩序と慈愛をもたらしてくれるだろう。それは同時に平和ももたらす。キケロが約束したように、またスミスが『道徳感情論』において説明しているように、自由と農業からは健全な友情が生まれる。商業は不和や敵意の原因ではなく、個人にとっても国家にとっても「融合と友情の絆」になり得ると、スミスは主張した。[36]

さらに決定的な重要性を持っていたのは、スミスが、アンブロシウス、アウグスティヌス、聖フランチェスコを厳しい宗教的・物質的な禁欲に駆り立てた、エデンの園にまつわる古代の道徳的問題を解決したことであった。キリスト教の伝統においては、人間は堕落した存在であり、キリスト教の救いを求める以外に進歩する方法はないとされる。スミスは原罪も、また人間と市民社会についてのルソーのアウグスティヌス的、カルヴァン主義的悲観論も回避するための、まったく新しい方法を見出した。アダムとイブの過ちは、エデンの園の規則を破ったことであった。この行ないがふたりの追放を招き、彼らは堕落した人間世界の始祖となった。ストア派の道徳的規律と優れた政府を通じて、人間は地上の農業的楽園とでも呼ぶべき環境へ戻ることができると、スミスは楽観的に考えた。自然を受け入れれば、商業でさえ倫理的なものとなり、人間の世俗的進歩の一翼を担うことができる。神、もしくは自然（いずれの呼称を用いるかはどのような神学を支持するかによるが、スミスは自らのそれについて完全には明らかにしていない）は、この地上の豊かさと進歩が達成されることを望んでいた。ヒュームとスミスは、啓蒙主義を代表する多くの思想家たちと同様、進歩を自然の一部とみなし、それは人間の自由、教育、科学、慈愛的感情、農業、商業を通じて実現されるものであると考えた。スミスの哲学は、人間がそうと意図しなくても進歩からの恩恵を受けること、またヴォルテールが言うところの「あり得る限り最良の世界」を創造することを可能にした。[37]

晩年のスミスは、産業の勃興によってもたらされた成功にも挑戦にも言及していない。マシュー・ボールトン、ジェームズ・ワット、ジョサイア・ウェッジウッドなどの発明家は、このときにはすでに非常に裕福な実業家になっており、将来的な富への道は産業に通じていることを証明していた。ただし、製造業は多くの人々に計り知れない富をもたらした一方で、それ以外の人々には過酷な労働条件と生活環境をもたらした。すべての人の生活と賃金が、商業社会とその市場の自由の潮流によって等しく上昇したわけではなかった。ある意味、産業に対するスミスの懸念は現実のものとなった。ワットやウェッジウッドでさえ、産業による汚染が、自分たちが使役する労働者、自分自身、自分の家族に与える致命的な影響に気づき始めていた。

この莫大かつ新しい富と経済発展はまた、別の課題を生んだ。富と発展によってもたらされたのは、平和でも農業のユートピアでもなかった。一七七〇年代後半から一七八〇年代にかけて、英国は地球上で最も裕福かつ最も産業化された国となり、世界の舞台で帝国の権勢を振るった。それでも、同国は依然としてフランスを相手に、北米の独立とインド洋の植民地支配を巡って争っていた。「穏やかな商業」によって得られるはずだった世界平和は現実とはならなかった。それでもスミスは自身の遺産として、商業社会がいずれは道徳的で善良なものになれるという希望を残したのであり、その願いは依然として、現代の多くの経済思想の核をなしている。この市場の新たな世俗的理想は、ヴィクトリア朝英国に強い影響を与えることになった。約八〇年間にわたって貿易、産業、革新を支配し、ほかのすべての国に対する競争上の優位を享受することになるこの国にとって、富が潜在的に存在し、それを手に入れられるという自由市場の信念は、実に魅力的であった。

世界の覇者たる英国の人々はやがて、信じがたいことに、スミスを製造業と企業の支援者へと変貌させることになる。そして何より、彼らは自由市場思想を、産業および帝国の力の時代に適用していく。問題は、ある程度はスミスの意図によるところもあり、自由市場思想が経済的勝利者と「地上における副摂政」のための哲学であったことだ。だからこそ、自由市場を完全に受け入れていた思想家たちでさえ、富が自然にもたらされなかった人々に対して、この哲学をどのように機能させるかについての模索を続けた。

第14章　自由市場帝国

保護することが、どのように国の富を増やすことにつながるというのか。立法によって、国の富に一ファージングでも加えることができるだろうか。おそらくは、立法によって、一〇〇年にわたる労働の成果と蓄積をひと晩のうちに破壊することはできるだろう。しかし、この議会の立法によって、どのように国の富に一ファージングを加えることができるのか、それを示していただきたい。富は産業と知性から湧き出るものであり、最善の手段は富をそれ自体の本能に任せることである。

——リチャード・コブデン「庶民院での演説」一八四六年

一九世紀、自由市場思想は根本的な変化を遂げた。この運動が最も大きな影響力を発揮したのは、英国とその産業においてであった。自由市場思想家たちは、もし政府が産業への関税と規制を撤廃したなら、国家は繁栄すると信じていた。このアプローチが、いずれは生活水準を向上させ、製造業と消費主義に基づく市場の均衡を生み出すはずだと、彼らは考えた。しかしながら、産業時代の経済理論家たちの目の前には、古くから存在するある問題が立ちはだかっていた。その問題とはすなわち、市場の均衡を維持することにおいて、国家が依然として重要な役割を果たしている、ということであった。

アダム・スミスの後継者にあたる、一八世紀末から一九世紀にかけての最も重要な市場思想家としては、ジェレミー・ベンサム、トマス・マルサス、デイヴィッド・リカードが挙げられる。彼ら三人は、自己永続的で富を生み出す市場という概念に取り組み、労働と価値に関するスミスのビジョンを土台にしつつ、同時にスミスの見解の多くを修正し、さらにはそれに異議を唱えることを試みた。彼らもまた、スミスが示した道徳と経済の「壮大なダイナミクス」を、自分たちなりの形で構築しようと努めた。しかしながら、政治を巡る空気はすでに変化しており、スミスから直接的な影響を受けた哲学的信奉者たちにとって、市場が幸福な結末を迎えるという彼の楽観主義に同調を続けるのは、容易なことではなかった。

英国の法学者、改革論者で、功利主義哲学を創始したベンサムは、おそらくはスミスの後継者の中で最も楽観的な人物であり、人間の感情が経済活動を促して最大多数の人々に幸福をもたらすと提唱した。彼はギリシャのエピクロス哲学の信念を採用し、幸福の追求は道徳的かつ善であるとした。ベンサムが唱えた「幸福計算」の概念によると、人間は自分の行動を、それが生み出す快楽と苦痛のバランスによって選択する。ベンサムの『道徳および立法の諸原理序説』(一七八一年)は、快楽と苦痛の感覚が、社会にとって最も有用なものをどのように決定するかを説明している。ベンサムが理想とする世界では、人は豊かになればなるほど増加した富によって得られる快楽が減少し、より高い知的達成や社会的進歩がもたらす快楽の方に重きを置くようになる。彼の計算によれば、獲得によって得られる快楽の減少は、貪欲さを自然に抑制する力として機能するため、富を生み出す者たちはじきに、投資を通じてコミュニティに利益を還元するという道徳的報酬を求めるようになる。[2]

ベンサムは、個人の欲望と自由が経済を動かし、それが経済的・社会的進歩につながると考えた。彼は非常に早い時代からの個人の自由の支持者であり、女性の権利、同性愛の自由、性的不適合を擁護した。ただし、彼の幸福計算は時として、経済を円滑に機能させるために政府が少々手を加えることを必要とした。ベンサムは、快楽と苦痛によって動かされている市場がよい結果を生まない場合には、政府が介入すべきだと確信していた。たとえば政府は、刑務所の改革、公立学校の改善、移民の禁止によって社会の福祉と幸福を育まなければならない。また、生産的な労働者の入国を支援し、必要に応じて都市を拡大し、医療サービスの提供を保障しなければならない。[3]

比較的楽観的なベンサムの市場観は、万人に共有されていたわけではなかった。フランス革命が急激に暴力へと転じ、それに続くナポレオン戦争が世界に波及する中、一部の経済思想家は、幸福な結果をもたらす自由市場の能力に対する悲観的な見方を示した。厳格ながらも優秀なケンブリッジ大学の特別研究員であったトマス・マルサスは、重農主義者やスミスに反対し、市場の力を信じる一方で、その危険性について警鐘を鳴らした。マルサスは英国国教会の聖職者であり、人類のことを原罪による欠陥のある存在とみなしていた。そのため彼は、人間の進歩の自然なシステムに対する啓蒙主義的な信仰も、また個人の選択の徳も否定した。人間の欲望が市場システムを動かすという点ではほかの経済学者に同意していたものの、マルサスは、それが進歩を生み出すとは考えていなかった。マルサスにとって、欲望は市場を動かし、かつ世界を破壊するものであった。スミスのように、労働者を潜在的に優れた存在とみなすのではなく、マルサスは彼らのことを、腹をすかせた無能者が集まる恐ろしい集団であり、性的欲望という動物的な衝動によってのみ動かされていると考えていた。彼の初期の著作は、スミスの自己永続的なシステムという概念を採用しつつ、そこに新たな、より凄まじい解釈を加えている。それは、人間は原始人かつ罪人であり、生来の欲望によって持続不可能なまでに繁殖するよう駆り立てられる、というものだ。過剰人口はいずれ地球の富を消費し尽くし、人間は自然の均衡から外れて自滅する。

マルサスの人口過剰論は、すべての富は農業にあり、市場は感情によって動かされているという、古くは重農主義、直近ではスミスが提唱した考え方に基づいていた。しかしながら、彼は富が成長して人間の恒久的な豊かさと慈愛を生み出すという概念については否定した。マルサスはむしろ、富の増大が急激な人口爆発を引き起こし、その「増加率」はすぐに地球の自給能力を超えるだろうと考えた。スミスもまた『諸国民の富』において同様の主張をし、「どの動物種も、それぞれの生存手段に比例して自然に増殖する」と書いている。富の拡大は貧しい労働者によりよい生活条件――よりよい衣服や食物など――をもたらすと考える一方で、スミスもまた、出生率に関する懸念を抱いていた。独身の学者であった彼は、「飢えに苦しむハイランド地方の女性は子供を二〇人以上産むことが珍しくない一方、贅沢三昧の貴婦人は子供をひとりも産めないことが多い」と述べている。[4]

言うまでもなく、スミスは生殖の問題についての専門家ではなく、またマルサスも、産業経済における大規模な人口の生産性がどのようなものになるかについては、ほとんど何も知らなかった。それでもマルサスは、貧困層の生殖能力に関するスミスの危惧に同調し、救貧法や慈善活動は「個々の不幸の度合いを多少でも緩和する」以上の役には立っていないと主張した。ヴィクトリア朝時代の労働者階級の悲惨さを予見していたにもかかわらず、技術革新と産業が生活水準を向上させる可能性を完全に無視して、マルサスは、都市部の大規模な貧困層は病と苦難に見舞われるだろうと述べている。致死的な伝染病によって引き起こされる飢饉は、「自然が用いる最後にして最も恐ろしい手段」、そして最終的かつ残酷な市場の転換点であり、それだけが人口を削減・制御することができる。重農主義者を批判したイタリア人ガリアーニと同様、マルサスもまた、自然は残酷であると警告した。彼は、人間の善性と「人間の完成可能性」を信じるスミスの考えを批判し、反論として、キリスト教の信仰だけが残酷で不確かな世界に救いの希望をもたらすことができると述べている。後年、マルサスは、地上の規制が人間の衝動を抑制することにおいて有用な役割を果たし、政府による人口制限が経済的・社会的安定性を高める可能性があると考えるようになる。[5]

スミスの初期の信望者の中でも特に強い影響力を持っていたデイヴィッド・リカードは、自己調整的で自然な市場システムに対するスミスの信念を共有していた。スミスと同様、リカードもまた、すべての富の基盤は農業にあると信じていた。自由市場の理論家の中には、カトリックやプロテスタントから、理神論者、無神論者までさまざまな人物がいたが、ユダヤ系の自由市場経済学者として有名になったのはリカードが初めてであった。ただし、彼はのちにユダヤ教を放棄し、一七九三年に二一歳でクエーカー教徒と結婚して、ユニテリアン主義のキリスト教理神論者になっている。この選択によって、彼はスミスの信念に一歩近づいたことになる。早くから自由市場思想に興味を持っていた彼は、ベンサムやマルサスとも書簡を交わしていた。リカードはかなりの財を築いたが、その手段は、自身が考案したソブリン債市場を操作する不正なスキームであった。一八一五年、ナポレオンが「百日天下」の最後の戦いで敗北するという確かな情報を得たリカードは、事実とは逆の、ナポレオンが勝利を収めつつあるという噂を流して、大勢の英国債保有者が債権を売るよう仕向けた。債券市場が崩壊すると、リカードはありったけの債権を買い入れ、最終的に英国がナポレオンに勝利したことによって、自身の偽情報に反応した不運な投資家たちから巨額の利益を得た。

裕福になったリカードは地方紳士としての身分を確立し、その後も引き続き、農業の生産性を高めることに焦点を当てた経済哲学の執筆に勤しんだ。彼はギャトコム・パーク〔グロスターシャー州にある邸宅とその敷地。現在は英アン王女の居邸〕を買い入れ、グロスターシャー州の長官、また下院議員となった。爵位を有する地主という立場にありながら、リカードは地主の利益に対抗し、それが最大多数の最大幸福につながると信じて、農産物価格を引き下げるべく闘った。

リカードは一九世紀初頭において、スミスが遺した思想を発展させてこれを擁護し、富は農業からもたらされると主張した。ただしスミスと違ったのは、彼が富には限りがあると考えていたことだ。『経済学および課税の原理』(一八〇九年)の中でリカードは、土壌の肥沃度が労働の価値を決定するという考えに基づく地代法則を提唱している。価格や賃金の設定は、需要とは一切かかわりなく、土地の生産力に応じて上下すると彼は考えた。マルサスの影響を受けて、リカードは独自の賃金の鉄則を構築し、貧困層の収入は常に持続可能な最低水準まで低下すると主張した。農場労働者に賃金が支払われれば、彼らはより多くの子供を作って、その結果さらに貧しくなるばかりであるため、賃金の上昇は帳消しになってしまう。給与を引き上げる唯一の方法は、国際穀物市場を自由化して、競争を生み出すことであった。そうすれば英国の地主は自らの農地に投資するようになり、生産性、賃金、ひいては生活水準が向上する。ただしリカードは、もし地主が固定された量の資本から高い賃金を労働者に支払えば、農場に再投資する資金がなくなり、賃金は再び低下するだろうと警告している。▼6

賃金に関しては悲観的だった一方で、リカードは楽観的な予想も提示している。それは、経済的な支配力を有する英国にとって、国際的な自由貿易は価格を引き下げ、より多くの商業を生み出して生活水準を上昇させる、というものだ。世界経済における支配的な地位に基づくリカードの予想は的を射たものであり、英国はやがて自由な経済競争において勝利を収めることになる。リカードはまた、比較優位という古い概念も推し進めた。これは分業制の一形態であり、それぞれの国が、相手の国が生産していないものを生産・販売すれば、結果として国の効率性が向上し、市場が拡大し、ひいては生活水準が向上する、という考え方だ。リカードの見解では、世界的な自由貿易は、その恩恵を受けることを許されたすべての人々にとって、世の中をより豊かにするものであった。[7]

スミスもリカードも、自由貿易協定の恩恵を双方が受けた例として、英国・ポルトガル間の貿易および一七〇三年のメシュエン条約を挙げている。ただし、その指摘において考慮されていなかったのは、両国の間に経済力の差があったという点だ。貿易が一方の国を他方の国よりも優遇するものであるとしても、競争が増す結果として潜在的な富の創造が促進されると、スミスは主張した。スミスやリカードの頭の中では、両国間の市場を完全に開放することは、ポルトガルのワイン産業（その大半は英国のポートワイン製造業者が所有していた）や英国の織物産業、さらには両国の経済全体にとって有益であるとされていた。しかしながら、彼らの主張は理論上では正しくとも、現実としてはそうではなかった。安価で高品質な英国製品が国内にあふれたことにより、ポルトガルの経済は低迷し、同国の産業は英国と張り合えるほどには発展することができなかった。この非対称な取引が英国に競争上の優位を与える一方で、ポルトガルの産業発展を著しく損なったことは、今日では自明の理とされている。いずれにせよ、リカードは自身の経済理論を、英国とその継続的な経済支配のために構築したと言える。[8]

一九世紀初頭には、英国は紛れもない世界の工場、そして世界有数の工業国かつ植民地国家となっていた。英国はまた、穀物の主要生産国でもあった。国会議員としてのリカードは、自由貿易の推進に特に力を注いだ。彼は穀物法の廃止を支持した。穀物法とは、ナポレオン戦争後の一八一五年に、安価な外国産穀物から英国の地主を守るために導入された、保護主義的な穀物関税のことだ。自由市場の自己調整的な性質に関してスミスが唱えたニュートン的信念を引き合いに出しつつ、リカードは、地主は関税があるのをいいことに国家全体の穀物市場を独占し、その価格を釣り上げていると主張した。リカードはその実現を目撃することなく亡くなったが、穀物法は一八四六年に廃止された。その推進力となったのは、製造業の中心地マンチェスター出身の実業家であり、国会議員でもあったリチャード・コブデン率いる反穀物法同盟に所属する自由放任《レッセフェール》論者からの圧力であった。この出来事は、歴史家たちの言う、英国の「自由貿易国家」としての時代の始まりを意味していた。[9]

穀物法の廃止は、リベラルな英国の始まりというだけでなく、自由市場を支持する政治的神話の始まりでもあった。普遍的に適用可能な市場法という旗印のもと、自由貿易の推進者たちは、スミスがあれほど大切にしていた英国の農業エリートを犠牲にする一方で、既得権益を持つ製造業関係者による、労働者が食べるパンの価格を抑えるためには安価な外国の穀物が必要であるという声を優先させた。リベラルで製造業寄りの政策を掲げるホイッグ党は、自由主義思想とそれが思い描く理想を中心に経済の予想図を構築することによって、広い支持を得た。ホイッグ党の政治家らは、反穀物法同盟の成功を、腐敗と貴族制に対する庶民の勝利として称賛した。しかしながら、それは同時に、ヴィクトリア朝社会の秩序とその富の拡大を象徴するものでもあった。[10]

世界の市場を支配するようになってもなお、英国の前には依然として貧困、そして富の不平等という難題が立ちはだかっていた。マルサスが警告したように、市場に任せておくだけで問題が自然と解決されるわけではなかった。経済・政治哲学者のジョン・スチュアート・ミルは、自由貿易は両刃の剣であることを見抜いており、そのリベラリズムを称賛しつつも、これでは貧しい人々の生活水準を引き上げることはかなわないと考えていた。多くの点で、ミルは一九世紀初頭の自由市場思想の内的矛盾を最もよく表している思想家であった。彼の中には、自由市場の生産能力に対する信念と、より公正な経済システムを構築するための社会改革の追求における国家の役割に対する認識が、バランスよく存在していた。

一八〇六年に生まれたミルは、父親——ベンサムの功利主義の教えの信奉者——によって、政治経済学者になるべく育てられた。これもまた経済史における大いなる皮肉のひとつではあるが、偉大な自由主義思想家たるミルは、国営独占企業である東インド会社で仕事をし、やがて同社が民営化されて職を失うまで、会社と帝国主義を擁護し続けた。ミルは、自由市場は富と社会的進歩をもたらすというスミスの信念を継承していた。国際貿易が自己調整システムとして機能し、英国の物価を引き下げ、生産、資本の富、発展を促進するだろうと、彼は考えた。このシステムは財の「余剰」を生み出し、それが輸入製品の低価格化とともに、社会的および経済的条件を改善する。「自由放任」は「一般的な慣行」とすべきであり、そこから逸脱することは「確実に害」をもたらすと、ミルは書いている。[11]

一方で、ミルはスミスが唱えた進歩のシステムや、リカードの市場への信頼に対しては警告を発している。理神論的かつ富を生み出す「世界の監督者」という存在に対する先達の信仰には与せずに、彼はむしろ、キケロやロックが提唱した政治を、より民主主義的に改良したバージョンに信頼を置いた。最良の政府とは寡頭制ではなく、まっとうな教育を受けて道徳的な立法者になる庶民に見出されるだろうと、彼は考えた。経済は機械的に機能し得るが、いずれは自然の限界に達し、その恩恵はすべての人が享受できるわけではないというマルサスの主張を、ミルは受け入れていた。ミルはまた、労働者も投資資本家もともに価値を創造すると考えつつも、一方では産業の限界効用逓減を予見し、製造品の量が増加するにつれて価格と平均労働賃金は引き下げられ、マルサスが予言した通りに「労働の報酬」が低下すると主張した。[12]

スミスと同様、ミルもまた、市場には上限があり、いずれ富裕層が十分な資金を蓄えてもうこれ以上は必要ないと感じるときが来ると、単純に考えていた。上流階級にふさわしい高い生活水準が満たされた暁には、彼らは金儲けを控え、ごく自然に娯楽や学問の追求へと向かう。その結果、経済は「不変状態」に到達し、定期的に一定の富を生み出すことができるようになる。そうなれば、国は「社会主義的」な改革を実施して、貧困層やマルサス的な賃金の罠に陥っている「労働者」を助けなければならない。[13]

ミルはまた、資本の所有者と労働者および労働組合との間の競争によって、よりよい社会が生まれると考えていた。理想とされる形は、労働者が財産を得るのを国家が助け、それによって彼らが貧困を脱し、所有と競争という道徳的かつ功利主義的な状態に入れることであった。ロックの財産への信仰、スミスの理神論的な楽観主義、ベンサムの功利主義、マルサスのアウグスティヌス的悲観主義を混ぜ合わせることで、ミルは社会民主主義の入り口にたどり着いた。[14]

ミルが『社会主義論集』を執筆したのは、チャールズ・ダーウィンの『種の起源』（一八五九年）の出版から一〇年後にあたる一八六九年のことであった。ダーウィンは商業というレンズを通して生物学について思考し、そして彼の進化論は、自由市場思想に深い影響を与えることとなった。ダーウィンの理論に照らして考えた場合、進化というものはある意味、スミスの理想主義的な進歩を、肯定的かつ道徳観念の外にあるものとしたうえで、そこにマルサスによる弱者を淘汰する存在としての厳しい自然観を混ぜ合わせたもののように見えた。自著『人間の進化と性淘汰』（一八七一年）においてマルサスの「実にすばらしい」業績を引用しながらも、ダーウィンは、マルサスのキリスト教的道徳観とは別の道を選んだ。ダーウィンにとっての自然は、もはや旧約聖書における創造の物語の枠組みには収まらず、独自の残酷な論理にのみ従って機能した。自然淘汰という仕組みにおいては、高尚なキケロ的あるいはキリスト教的倫理は存在せず、ただ適者のみが生き残り、繁殖するだけであった。[15]

ダーウィンの自然淘汰理論は、同時代のドイツ人ジャーナリストで、共産主義経済学の革命的発明者であるカール・マルクスの哲学に影響を与えた。マルクスはスミスやリカードの「古典経済学」を学んでおり、スミスの思想の大半を否定したが、彼の地代理論の一部は理論的に正しいと信じていた。無神論者であったにもかかわらず、マルクスは、経済は自己永続的なシステムに成り得るというスミスの意見に同意している。それでも彼はマルサスの説をとり、市場は否定的な方向に向かうと考えた。マルクスはスミスのことを、歴史的文脈を考慮せずに分業と資本に関する理論を構築したとして非難し、慈愛に満ちた自然の神が人間の進歩と経済を動かしているというスミスの主張は「子供じみた誤解」に過ぎないと述べている。スミスが資本を自然界に存在する「自然な」要素とみなし、ミルでさえ労働者階級の貧困を市場の仕組みに内在するものと理解していたのに対し、マルクスは、こうした経済現象をすべて不平等な社会権力の歴史的産物とみなした。マルクスの見解においては、資本を所有する者たちは株、分業、機械などの手段を用いて、労働者階級の余剰労働を搾取しているとみなされた。市場メカニズムは、富を生み出すものではなく、端的に言えば、財産を所有する階級がプロレタリアートを欺くために考案したシステムであった。こうした権力の不均衡に対し、ミルの社会改革理論は無力であるとマルクスは考えた。市場と歴史の進む道を変えることができるのは、プロレタリア革命だけであった。[16]

資本主義と自由市場を批判したのはマルクスだけではなかった。諸外国の中からも、英国の自由市場政策について、自国の競争優位をいっそう強化し、国際競争を破壊するための試みであるとみなす勢力が現れた。一九世紀後半に急速に成長を遂げた国々——アメリカ合衆国、プロイセン、日本——は、全体主義的な自由市場アプローチを否定し、代わりに一七世紀のイングランドやコルベール主義の発展戦略を踏襲した。アメリカの初代財務長官アレクサンダー・ハミルトンは、コルベールの市場構築モデルに非常によく似た経済政策を打ち出した。米国はその後一世紀以上にわたってこの路線を歩み、一九三〇年代まで自由放任経済への抵抗を続けた。この新しい商業共和国は、リカード的比較優位や自由貿易とは正反対のものを受け入れた。保護主義、国の収益増加、移民への依存、奴隷制度、国による改善のうえに構築された経済である合衆国は、英国の自由放任の教義を真逆にひっくり返した存在であった。[17]

ハミルトンは、フランスの農村を、中央集権的な徴税制度、統一された度量衡、国家補助で整備された交通網によって大規模な産業地域へと変貌させたコルベールの成功を称賛した。フランスが農業から製造業へと移行することで繁栄を遂げたのは、「偉大なるコルベールの才能と不屈の努力」の賜物であると、彼は書いている。大胆で、ときには無謀でさえあったハミルトンは、有能な政府経営者であり、この若い国に適用するための明確な経済ビジョンを持っていた。もしアメリカが高度に発展した英国やフランスに市場を開放すれば、国内に安価な商品があふれかえり、製造業の基盤が崩壊すると、彼は考えた。自由放任主義は論外であった。なぜなら、アメリカは巨額の負債と弱い海軍のせいで脆弱な立場にあったからだ。新しいこの国に必要なのはむしろ、一七世紀初頭のイングランドのように、比較的原始的な経済の発展を導くことであった。[18]

ハミルトンは、共和国は強力な政府によって築かれなければならないと確信していた。国家の運営を任せるべきは「フランスに見られるような」強力な閣僚であると、彼は主張した。強力な閣僚とはすなわち――ハミルトンがのちに『ザ・フェデラリスト』(合衆国憲法の批准を推進するために執筆された論文集)第三五編において主張しているように――、財政をはじめとする各分野の専門家を意味していた。一七九一年の「製造業に関する報告書」において彼は、若い国の政府は農業よりも産業の発展に重点を置くべきであると主張している。生活に欠かせないものではあっても、農業は、重農主義者、ヒューム、スミスが主張したような富を生み出す基盤ではなかった。実際のところ、ハミルトンはこの考え方に対しては公然と異議が唱えられるべきであると強く感じており、英国の「計り知れない進歩」をもたらしたのは農業ではなく、工業的な「綿糸紡績機」であることを明確に主張した。[19]

コルベールと同じように、ハミルトンもまた、政府は自国の市場を保護し、移民によって人材を誘致して幼稚産業を育成する必要があると信じていた。政府はまた、投資のための「誘因」を提供する必要がある。自給自足を信奉するハミルトンは、独立戦争中に「自給」において「極度の困難」を経験したアメリカは、市場を開放する前に「製造業を奨励」しなければならないと結論づけた。

有力な上院議員で国務長官のヘンリー・クレイのもと、合衆国はこの幼稚産業育成モデルを実行し、彼の「アメリカ・システム」を通じて関税、国立の商業銀行、産業への補助金を奨励した。自由貿易論を「英国の植民地主義」であるとして攻撃したクレイは、英国から自国を守ることが、生まれたばかりの共和国の繁栄につながると主張した。アメリカの輸出は一七九〇年の二〇〇〇万ドルから一八〇七年には一億八〇〇〇万ドルに増加し、同国は一八七〇年まで貿易黒字に向けて前進を続けた。[20]

ドイツの経済学者フリードリッヒ・リストもまた、ハミルトンとクレイのアメリカ・システムからの影響を受けることになる。一八二五年にペンシルバニア州に移り住んだリストは、外部関税で保護されたアメリカの国内自由貿易圏に感銘を受け、経済同盟の要素を取り入れたドイツ諸邦国の連合体であるドイツ関税同盟の創設を提唱した。自著『経済学の国民的体系』(一八二七年)においてリストは、ドイツの国内産業を支援するうえでの貿易条約の必要性を説いている。関税によって外部の競争から国内産業を保護すれば、産業は発展し、国際的な競争力を有するようになる。リストのアイデアはフランスでも注目を集めたが、この事実には、フランス人が抱いていたであろう感情が垣間見える。その感情とはすなわち、国内の自由貿易は問題なく機能して、国内の関税同盟によって促進される可能性があるのではないか、また、戦略的保護主義が発展に拍車をかけて、産業大国である英国に対抗することができるのではないか、といった期待感だ。

アメリカで自由貿易を擁護する者たちの多くは農耕奴隷の所有者であり、たとえばそのひとりである第七代副大統領ジョン・カルフーンは、綿花を輸出しやすくする方法を模索した。しかし、綿花と奴隷は未来ではなかった。ハミルトンと同様、リストもまた農業よりも産業を重視し、奴隷制度のことを、国の弱さを示唆する「公の災難」であると非難している。富を生み出すことができるのは産業発展戦略だけであり、残酷な農業自由貿易ではないと、リストは確信していた。最終的にドイツは、伝統的なコルベール主義的アプローチを含むリストの国家発展モデルを採用し、その結果、米国とドイツは、一九世紀最後の数十年間で英国経済を追い越すことになる。当時も今と同じく、周到な市場構築こそが、競争において支配的な国の自由放任政策への効果的な対応策であった。

自由貿易に対するこうした批判や対抗手段に直面しても、一九世紀の英国自由主義経済思想家の熱意が冷めることはなかった。競争上の優位によって自国の経済と帝国が好調を維持していたことで、英国とその自由市場思想家たちは、自分たちが競争にさらされることはないと感じていた。反穀物法同盟を創設したリチャード・コブデンは、自由貿易主義を唱えるマンチェスター学派の長であった。一方で彼は、産業を受け入れ、また製造業の富と市場の自由との関係を認めることによって、自由貿易の概念を一変させた。自由貿易が自然の理にかなっているという、古くから存在する農業的な主張も依然重視されてはいたものの、自由貿易の支持者は経済的勝者を選ばなければならず、産業化の進んだ英国において、それは明らかに製造業であった。[21]

コブデンはまた、自由主義を巡る古い言説に見られる、自由貿易こそが戦争を終わらせる鍵であるという見解を支持した。熱心な平和主義者、奴隷廃止論者、女性の権利の信奉者であり、帝国主義にかかるコストの批判者でもあったコブデンは（彼は資金が国内で消費されることを望んでいた）、自由貿易は平和につながり、労働者と人類全体に恩恵をもたらすというスミスの信念に同意していた。一八四三年にコベントガーデンで行なわれた演説において彼は、穀物関税の廃止に言及し、これを宗教的な聖戦であるかのように語っている。「われわれは、商業の自由が知的・道徳的自由を発展させると信じている。それは多様な階級の人々に、彼らが互いに依存し合っていることを教え、国々を兄弟愛の絆で結びつけるであろう」。コブデンは奴隷制度を不道徳なものとして攻撃し、ブラジル産の砂糖のボイコットを要求した。一八四九年、彼はさらに一歩踏み込んで、自由貿易は国家間に平和をもたらし、植民地は防衛をする必要がなくなると主張した。コブデンは各国に対し、自由貿易法を受け入れたうえで武装を解除するよう呼びかけている。ここで注目すべきは、コブデンの平和主義的ビジョンが、必ずしも植民地化された側の人々にまでは及んでいなかった点だ。コブデンは、植民地主義は、双方の利益という観点から平和的かつ費用をかけずに維持されるべきであると信じていた。ただし彼は同時に、地元の「野蛮な部族」を必要に応じて鎮圧するために、植民地主義者は警察権を保持すべきだとも考えていた。[22]

それでも、当時のコブデンの思想と状況を鑑みるに、彼の自由主義は急進的であったと言える。彼にとって自由貿易とは、平和主義、政治的自由、ある程度の寛容さ、そして社会的進歩を意味していた。そこにはまた、報道の自由と、そして極めて意外なことに、フランスとの友好も含まれていた。「ほかの国々にも名誉と誠実さがあると信じる」必要があると主張するコブデンは、自由貿易を通じて経済を統合することが世界平和につながると確信していた。彼は英国政府とフランス皇帝ナポレオン三世を説得して、一八六〇年、歴史的なコブデン＝シュヴァリエ条約（英仏通商条約）を成立させる。この条約は多くの意味で、コルベールの自由貿易の夢を実現し、旧敵同士である英仏の間に平和をもたらすものであった。製造品に対する関税が三〇パーセントに引き下げられたことで、英国のフランスへの輸出は倍増し、フランスワインの輸出もまた倍増した。一筋縄では行かない両国の和平実現を求める思いは、過去二世紀以上にわたり、自由市場思想を支える原動力となっていた。しかし残念ながら、この平安はわずか三二年間しか続かなかった。英国の競争が自国の産業と生産業の雇用を損なっていることを感じとったフランスが、損失を食い止めようと、一八九二年に英国製品にメリーヌ関税を導入したのだ。それでも、コブデン＝シュヴァリエ条約は、ヨーロッパにおける新たな自由貿易条約ネットワーク構築の火付け役となり、その動きはやがて、現在の欧州連合内に存在する、より先進的な自由貿易圏の創設へとつながっていく。[23]

一方、英国においては、自由貿易と帝国への信念が引き続き優勢であった。この国の経済思想家たちは、自由市場経済理論を宗教と組み合わせて、宗教復興の精神を利用することによって、強力かつ独特の国民運動を興すことを試みた。かつてスミスが唱えた理神論的な自然の神への信念は、福音主義のキリスト教に取って代わられた。英国の福音主義者たちは、ストア派の道徳に焦点を当てるのではなく、信仰や自由貿易、そして「経済、倹約、専門性、財政的厳格さ」が神の自然のエネルギーを解き放ち、社会は改善されると確信していた[24]。

　この福音主義的な自由市場運動のあっけらかんとした楽観思考は、ヴィクトリア朝時代の英国で暮らす労働者の現実と見事な対照を成していた。産業化が同国の生活水準を向上させたとはいえ、小説家・社会改革者であるチャールズ・ディケンズが述べている通り、それは英国経済が自由かつ公正であることも、また、本人の意欲さえあれば個人の経済状況が改善されることも意味していなかった。産業によって生み出された苦境、児童労働、低賃金、劣悪な生活環境、労働組合活動、労働者階級の怒りは、社会主義および共産主義の台頭に拍車をかけた。ヴィクトリア朝時代が、スミスやコブデンが理想とする道徳的水準を達成できていないのは明らかであった。そのため、自由貿易は経済学者や政治家の間で議論されるテーマというだけでなく、労働組合主義者、チャーティスト〔普通選挙などの社会改革を求める運動を行なった人々〕の労働者による組合、反産業を掲げるラッダイト主義者からの攻撃対象にもなった。労働者階級の窮状は、有力なジャーナリストで雑誌『エコノミスト』の編集者であったウォルター・バジョットなど、一部の英国人自由主義者の間にも悲観論を引き起こした。自由放任主義に対する社会的・経済的な不満を背景として、一九〇〇年には労働党が結成された。

　しかし、自由市場政策の欠点を知りながらも、英国の自由市場思想家たちは、低い税率、小さな政府、自助、個人の自由を重視する経済的自由主義を受け入れ続けた。キリスト教ユニテリアン派の経済学者ウィリアム・スタンレー・ジェヴォンズは、コルベール主義的なアメリカ、ドイツ、日本の成功や、労働者階級の苦しみを目の当たりにしても、正統的自由市場主義への自身の信念を問い直そうとはしなかった。ジェヴォンズは当時の科学的アプローチに従い、経済分析に数学を用いることを主張した。著書『経済学の理論』（一八七一年）において、彼はベンサムにならい、人間のあらゆる行動は「快楽と苦痛」の「源」に由来するという理論を唱え、ただし「個々のデータ」を理解・照合するには「数量的手法」が不可欠であるとした。そこには、高尚なキケロ流の道徳哲学は存在しなかった。ジェヴォンズは、このデータ駆動型の経済学は自然科学に似ており、いわば地質学のようなものであると主張した。経済学は単純でわかりやすいと、彼は述べている。必要なのはリカードやミルが用いたような文学的解釈のスキルではなく、効率的な数学的研究とグラフであり、その一例として彼は、「富」と「人間の効用」の数量化を挙げている。[25]

ジェヴォンズは、数量的手法を用いて、スミスやリカードの労働価値アプローチを攻撃した。物の「価値は完全に効用によって定まる」のであり、農作業にどれだけの価値があったかによって決まるのではないと、彼は考えた。ジェヴォンズはベンサムの快楽原理をもとに、それを消費者の効用原理へと変化させた。ジェヴォンズの目には、幸福というものは可能な限り低い価格で、可能な限り容易に何かを買うことによって最大化されるように見えていた。こうした論理から、彼は独自の限界効用理論を導き出す。もしある物が安価であれば、人々はそれを欲しがる。なぜなら、それはよい取引だからだ。しかし、ある物が実際の市場価格に到達すると、それを買う人は少なくなる。なぜなら、取引の利幅が急に小さくなるからだ。もしある物が市場価格よりも高額になれば、利幅は再び変化し、その物を購入することの快楽や効用は消滅し始める。ジェヴォンズによれば、欲望、効用、入手可能性、数量の関係は、すべて価格を動かす要因となる。彼はこれらすべてを数学的原理に基づいて解明することによって労働価値理論に終止符を打ち、経済学に革命を起こす一助となった。[26]

ジェヴォンズの功利主義理論にはダーウィン主義的な要素も含まれていたものの、彼は同時に改革主義社会の信奉者でもあった。たとえば、彼は労働組合を支持しており、その理由は、組合は雇用主と交渉して労働条件、賃金、さらには仕事の効率や技術を改善するという行為を通じて、労働者が自らのニーズを表明する一助となるからだ。彼は産業協力こそが豊かで道徳的な経済の鍵であるとみなし、「労働と資本を互いに調和」させることが、不平等という「害悪」を「改善すること」につながると指摘している。マルサスやミルよりも楽観的であったジェヴォンズは、産業と労働の協力によって、資本家は公正な賃金を自由に支払うことができるようになり、労働者は自身の優秀さに対する「報酬」を得られるようになると確信していた。スミスが「公平な観察者」の役割を提唱したのに対し、ジェヴォンズは資本家と労働者階級との間に公的な「調停者」を配置することを想定した。調停者とは、資本家と労働者が、互いに共有する利益を理解したり、「自発的な交渉」からどのように双方が利益を得ることができるかを認識したりするのを助ける存在だ。市場をそのまま反映させるのではなく、交渉をすることが、資本家にとって、労働者と利益を共有する最善の方法を判断する助けとなると、ジェヴォンズは考えた。言うまでもなく、ジェヴォンズのモデルは、ヴィクトリア朝時代の英国ではささやかな成功しか収められず、労働者階級の生活環境は悪化した。多くの人が、新しい急進的な政治運動だけが、労働者階級の利益を適切に代弁できると考えるようになっていった。[27]

ジェヴォンズの合理的かつ持続可能な管理への信念は、石炭などの自然財の有効活用にも及んだ。こうした資源は経済成長と需要によって枯渇するだろうと、彼は予測していた。[28] マルサス的な過剰消費と成長の限界に対する彼の答えは、優れた管理と、公正な賃金・自己調整・代替エネルギーといった重要な問題を巡って協力する人間の能力に対する確固たる信念であった。そしてジェヴォンズは、産業と社会は、新しいエネルギー源を見つけるなどの方法を通して絶えず適応していく必要があると考えた。彼が信じたのは市場の自由競争ではなく、むしろ功利主義的な協力であった。ただし、ジェヴォンズにはまだ、エネルギー政治における政府の複雑さや政治的利害が十分には理解できていなかった。当時も今も、市場がエネルギーに対して完全に自由な支配権を持つことは決してないであろう。ヨーロッパ列強とアメリカ合衆国は、石炭と油田を巡る争いを開始しつつあり、各国政府は、アルザス・ロレーヌ地方――フランスとドイツが三度の戦争で対峙した豊かな石炭地帯――から旧ロシア帝国に位置するアゼルバイジャンのバクーにある大油田に至るまで、はるか遠方の地で天然資源を巡る争奪戦を繰り広げる企業への支援を続けていた。[29]

保護主義的な経済大国であるアメリカ、ドイツ、日本が、成長において英国に追いつこうとしていたまさにその時期に、ケンブリッジ大学の哲学者アルフレッド・マーシャルが教条的な自由貿易の信念を掲げ続けていたのは驚くべきことであり、ケンブリッジはよもや世界から切り離されていたのかと疑いたくなるほどだ。マーシャルの『経済学原理』(一八九〇年)は、ミルの『経済学原理』に代わって英国経済学の傑出した教科書としての地位を確立し、彼はケンブリッジ大学を代表する経済思想家となった。マーシャルは、限界効用などのジェヴォンズの概念を発展させて、価格弾力性、需要と価格決定の関係、部分均衡理論といった新たな概念を提唱し、これらはのちの思想に重要な影響を与えていく。単一市場――たとえば羊毛など――の供給と需要の流れを調査することにより、マーシャルは、経済全体を総合的に見る代わりに、特定の経済領域の働きを極めて詳細に分析した。需要と供給は、経済活動の「連続した鎖」を生み出す機械のように機能するとマーシャルは考え、価格を決定するのはこの機械であると述べている。これが市場に「均衡」をもたらすことで、市場は自律的に機能し、一定のリターンを生み出すようになる。[30]

スミスと同じく、マーシャルもまた道徳哲学の教授であった。彼の関心は貨幣数量説と限界効用価値にあったが、それでも彼は自然の中に経済の「法則」を求めた。その法則が経済学を、たとえば天文学のような自然科学に近いものにしていると、彼は考えていた。マーシャルはこのように、天文学や物理学との類似点から、スミスが唱えた普遍的な推進力を持つ経済システムを理解しようと試みた。マーシャルは、経済学の「学生一人ひとり」が「自分の学問を権威を持って語る」ことができるようになることを望んでいた。マーシャルにとって、富の創造と経済活動とは、産業生産の価格、量、効率、および成長を生み出すために連携して働く「需要の格差」と競争の、複雑な混合物として理解すべきものであった。[31]

いつまでも解消されない貧困に悩まされながらも、マーシャルは経済問題を解決するのは市場だけであり、いずれは賃金が上昇し、生活水準が向上すると信じていた。一方で、マーシャルが予見できなかったのは、その偉大なる経済マシンが崩壊寸前であったことだ。彼は一九二四年に他界するが、それから五年後の一九二九年にはウォール街の大暴落が発生し、世界恐慌が始まった。マーシャルはひたすらに新しい市場メカニズムの発見を続け、市場が崩壊するとは微塵も思っていなかった。二〇世紀に登場する一部の自由市場思想家は、マーシャルにならい、まるで小説『白鯨』のエイハブ船長のような頑迷さで市場に固執し、市場は自律的に機能し、政府が経済問題に関与する余地はほとんどないという正統的な信念へのこだわりをますます強めていくことになる。

第15章　徳の終焉——自由主義《リベラリズム》と自由至上主義《リバタリアニズム》

体制の人間は、反対に、自分では非常に利口なつもりになりがちであり、たいていは自身の理想とする統治計画の想像上の美しさに夢中になるあまり、その中のごく小さな逸脱さえ我慢することができない。

——アダム・スミス『道徳感情論』一七五九年

一九世紀においては、自由市場思想が英国の帝国主義的な願望とともに産業経済を受け入れる方向へシフトしたが、二〇世紀には、古典的な経済学が、世界の舞台でさらに広範な政治的役割を担うことになる。ソビエト連邦と共産主義中国の台頭にともない、自由市場思想家たちは、自らを全体主義国家に対抗する個人の自由の擁護者であるとみなすようになった。経済学者は単に学問を追求する者ではなかった。彼らは同時に冷戦の戦士であり、自分自身の思想については、そこに微妙な差異や矛盾が入り込むことを一切許そうとしなかった。政治と同じく、経済学もまた、善なる自由市場国家と、ロナルド・レーガン米大統領が言うところの、国によって運営される社会主義の「悪の帝国」との間の、二者択一の闘いとなっていった。

フリードリヒ・ハイエクからミルトン・フリードマンまで、二〇世紀の自由市場思想家たちの著作を、のちの時代に知り得た知識をもって読むことはある意味、彼らが果たした功績を評価する行為でもある。彼らは、左右両派における権威主義および全体主義の危険性を予見する強力な保守勢力を形成しており、そうした危険は当時、ヨーロッパのみならず、アメリカの行く手にも立ちはだかろうとしていた。ただし、自由市場思想家による偉大な道徳的成果や経済的洞察は、それとともに、極めて特殊な形のパラノイア、イデオロギー的な執着、近視眼的な思考をもたらした。そこにはもはや、アダム・スミスが唱えた慈愛に満ちた道徳的規律、教育、急進的な科学、農業への崇拝を通じた進歩というビジョンは存在しなかった。二〇世紀の正統的な自由市場経済学者たちは、純粋な個人の欲望と主体的行動が、すべての社会的・経済的な善の触媒であると信じた。彼らの目には、そうした見解から逸脱したシステムは、すべて疑わしいものと映った。それは学問的な立場というよりも、ひとつの揺るぎない信念であった。

一九〇五年、ケンブリッジ大学でアルフレッド・マーシャルの同僚であったウィリアム・カニンガムは、正統的な自由市場思想を批判する『自由貿易運動の勃興と衰退』を出版する。この英国経済学の正統的信念への攻撃において、カニンガムは、テュルゴーやスミスによって始められた「経済学は社会をメカニズムとして扱う」という伝統は、「ある程度までは価値ある真理」を提供するが、「それは決してありのままの真理ではない」と述べている。カニンガムによる指摘はすなわち、経済学が科学のように扱われることを望むのであれば、人間の経済活動の多くはメカニズムのようには機能しないことを認めなければならない、ということだ。ダーウィン的な用語を用いつつ、カニンガムは、社会はむしろ「環境に自ら適応する力を持つ有機体」のようなものであると表現している。したがって市場は、単にその一部が機械であるに過ぎず、しかも頻繁に故障する。機械を動かし続けるには「何度も検証を繰り返す」必要があり、それでもなお、自由市場思想の偉大なる機械的真理は、常に機能するとは限らない。[1]

カニンガムは、経済学の本は「退屈な読み物」になるため、需要と供給のような簡潔な原則に置き換えることでようやく読み進めることができると考えていた。彼は「自由市場の原則」の魅力は、財とサービスの交換に制限がなく、消費者が自由に製品を選んで快適さと効率を求められることにあると理解していた。強烈な皮肉を込めて、彼はこう述べている。「自由市場の擁護者が想定している目的には、心の底から」共感するが、もし自分がニューヨークへ行き、裕福で保護主義的な国に住むアメリカ人に尋ねたなら、自由貿易の教義に対してまったく異なる意見に遭遇することだろう。[2]

一九〇〇年の英国は依然として自由貿易の国であり、同国においては、この概念はほぼカルトと呼べるほどであった。消費者は王であり、自由貿易の擁護者リチャード・コブデンは国家的英雄として扱われ、その栄誉を称える銅像や記念碑が建てられた。それでもなおカニンガムは、このイデオロギーは破綻すると言ってのけた。ケンブリッジ大学の陰気かつ甘やかされたささやかな集団の内部から、批判の芽が育っていた。カニンガムは、ヨーロッパや新興国アメリカの「コルベール主義的」改革が、彼らを英国にとっての手強い競争相手にしたと警告している。そういった国々ではフリードリッヒ・リストの発展モデルが機能したことを彼は指摘し、これは国々を自由貿易が可能な先進的な状態に到達させるための、その効果が証明された唯一のアプローチであると述べた。しかも、コブデンが願った平和と軍縮が実現されたことは一度もなかった。カニンガムはまるで予言のように、ヨーロッパと米国では軍国主義がますます強まっており、帝国主義大国たるイギリスは、依然として自国の海軍力と軍による抑圧の力に依存していると指摘した。帝国主義の国々による競争は、南アフリカで一八九九年に勃発したボーア戦争のような植民地紛争を絶えず引き起こしていた[3]。

英国とその他の産業国との間のこの「大きな分断」は、平和にとっても、英国経済にとっても危険であると、カニンガムは考えていた。彼はいくらかの軽蔑を込めて、自由貿易主義者たちは、まるで旧約聖書を何度も読み返しながら、自身の正統性を支持するさらなる真理を探し求める「ラビのような注釈者」になっていると指摘した。自由貿易はもはや実用的な教義ではなく、消費者主義という、人を縛り付ける古い宗教となり、その力によって英国を「逃れるすべのない厳格な規則」に従うよう運命づけていた[4]。

イギリスが経済的に停滞しつつあった一方、ドイツ、米国、日本は、自由貿易の中心的な原則の一部を拒絶していたにもかかわらず、飛躍的な経済成長を遂げていた。ドイツとアメリカにおける産業の拡大と人口の急増が、両国により大規模かつ効率的な成長の可能性をもたらしたと、カニンガムは考えていた。これとは対照的に、イギリスは人口減少の可能性と迫りくる燃料不足に直面していた。スミスと同様、カニンガムもまた、「自由放任《レッセフェール》の原則」によって「進取的な」人々が国家の利益のために発展を築くことが可能になった「時代」もあったが、今やそれは、貪欲と公共の利益に対する「無関心」を「覆い隠す」ための「単なる口実」となっていると警告した。大英帝国の国内市場は、帝国の富を欲しがる他国の間に帝国貿易への「嫉妬」を生み出し、さらに悪いことに、コブデンと「マンチェスター派」による帝国の自由貿易政策は、かえって英国に対する各国の武装をうながしたと、カニンガムは主張している。自由放任の原則はもはや「衰退期の倦怠感」に包まれており、これらに基づく政策を継続するならば、英国の被る不利益は国家と帝国にとって「致命的」なものになりかねなかった[5]。

カニンガムはアダム・スミスを利用して、自由貿易帝国たる英国を批判した。スミスは自身の思想に関して、決してひどく傷つきやすいわけでも、批判を受け入れたがらないわけでもなかったと、カニンガムは述べている。そしてスミスの経済哲学は、極端に正統的なその後継者たちよりも、政府の役割に対してはるかに寛容であった。コブデンやジェヴォンズの「思惑」は望んだような効果をもたらさなかったと主張するカニンガムは、今後進むべき道を理解するには、「カーコーディに立ち返る」必要があると感じていた。自由貿易と経済成長への道は、一六五一年の航海法に象徴される、国家による発展への関与であることをスミスは理解していたというカニンガムの言葉は、正鵠を射ていた。カニンガムが特に強調したのは、産業と発展を促すためには、時として「一時的な独占」を与える必要があると、スミスが明確に述べていたという点だ。国益を売り渡す事業家や商人の利己的な動機についてスミスが警鐘を鳴らしていたことを、カニンガムは読者に思い起こさせた。彼はまた、スミスが『道徳感情論』において、立法者はキケロやプラトンの教えに従い、他国の例から学ぶよう勧めていたとも指摘している[6]。

ミルと同様、カニンガムもまたスミスを引用しつつ、「共同体の幸福は個人の利益に優先する」と述べている。個人の繁栄が、一般市民にとっての国家全体の繁栄をもたらさないのであれば、そのシステムは機能しておらず、適応と変化が必要となる。一九世紀の自由市場思想家たちは、スミスの主張に含まれる微妙なニュアンスや警告を無視していたと、カニンガムは考えていた。そのため彼は、スミスは立法者に指針を与えていたのであって、経済的教訓を「ある種の政治的力学の素材として」示していたわけではないと解釈した。スミスは自己調整的なシステムのビジョンを生み出そうとしていたのではないと、カニンガムは示唆している。スミスは実際的な人間であるのだから、一九〇五年に帝国勢力間で繰り広げられていた熾烈なマキャヴェッリ的ゲームにおいては、保護主義的な規則が必要なことを認めていたに違いないと、彼は考えた[7]。

カニンガムにも、スミスが自身の死後一世紀以上たったあとに何をするかを予測することはできなかったはずだ。それでも、スミスが排他的なシステムや教義を拒絶していたという彼の指摘は正しく、そして福音主義的かつ勝利主義的な新しい自由市場思想は、まさにそれらを特徴としていた。帝国的なシステムにおける英国の「一方的な」自由貿易というカニンガムの表現は、一九〇五年においては非常に的を射たものであった。ドイツと日本は軍備を整え、大英帝国に狙いを定めていた。ドイツは一八九八年と一九〇〇年に、英国の帝国主義的な力に対抗できるドイツ海軍を建設するための、最初の艦隊法を制定した。一九〇四〜一九〇五年にかけての日露戦争では、近代的な日本艦隊が時代遅れのロシア艦隊をたやすく撃破し、新たなレベルの「総力戦」を可能にする軍事技術における画期的な変化を証明してみせた。カニンガムの懸念は、十分な根拠に裏付けられていた。第一次世界大戦が間近に迫る中、大英帝国と英国の商業的覇権の崩壊が始まっていた。

戦争の時代である近代は、コブデン派の自由市場福音主義および平和主義にとって、深刻な後退を告げるものであった。カニンガムによって提示された、道徳的・社会的現実主義者、そして開発的保護主義の信奉者というスミス像は、アダム・スミスを解釈するうえでの、数ある正統的な方法のひとつだ。とはいえ、それは最も典型的な解釈というわけでもない。いずれにせよ、アルフレッド・マーシャルですら抱いていた自由貿易に対する信念を巡る空気は、すでに変化していた。第一次大戦によって、国際的な自己調整経済システムが平和をもたらすという希望は、一時的に閉ざされることとなった。

戦間期には、アルフレッド・マーシャル自身の教え子たちが、完全に自己調整的な市場システムという概念に対する攻撃を開始した。ケンブリッジの経済学者ジョン・メイナード・ケインズは、自由市場の支持者であった。一九二〇年代、彼は共産主義と個人主義的な自由放任主義との闘争について警告を発し、自由放任が勝たなければならないと述べている。ただしケインズは、自由市場理論には穴があり、この理論が生き残って共産主義と闘うためには、その弱点を認識する必要があると感じていた。ケインズが自らの師であるマーシャルと異なっていた点は、自由市場を守るための方法を模索したことだ。自由市場をそれ自体に任せておいても生き残ることはできないと、彼は感じていた。著書『雇用・利子および貨幣の一般理論』(一九三六年)において示されているケインズによる基本的な経済学的発見には、ふたつの側面があった。ミクロレベルにおいては、彼は労働者が交渉できるのは実質賃金ではなく、貨幣賃金のみであることを示した。なぜなら、彼らの供給価格(賃金)は、経済における数百万もの価格のうちのひとつに過ぎないからだ。つまり労働者がコントロールできるのはひとつの価格だけであるため、彼らには「自分たちの価格を調整して仕事に就く」ことができない。マクロレベルにおいては、ケインズは、完全雇用均衡の実現は需要と供給の相互作用を通して可能である一方、それが保障されているわけではないことを示した。完全雇用均衡という幸福な状態は、その他無数に存在する、さほど幸福でない世界の可能性のひとつに過ぎない。これらふたつの洞察を組み合わせることにより、ケインズは、大恐慌によって示されたのは、一九二九年の株式市場の暴落とそれに続く不況のあとに起こったように、経済における支出——あるいは「総需要」——が急激に減少した場合には、雇用もまた減少し、その結果、いっそう総需要が減少する悪循環に陥るということであると主張した。さらに悪いことに、限界価値理論が市場に反旗を翻し、市場を食い荒らす可能性もある。もし資本の限界効率(投資に対する利益が利子を上回り、インフレを含めて投資が長期的に利益をもたらすこと)が得られなければ、市場は投資のインセンティブを提供せず、成長と雇用の期待をさらに損なう。消費者だけでは総需要を十分に支えることができないことは、ハーバート・フーバー米大統領が、自身の市場アプローチが恐慌を悪化させるだけに終わった際、悲劇的な形で明らかになっている。▼8

これが意味するところは、政府が支出および市場の流動性の促進を通じて総需要を支えない限り、経済危機はそれ自体を糧としてさらなる雇用と富の喪失を生む可能性がある、ということであった。大恐慌のようなケースにおいては、富裕層だけでは、経済危機の悪循環を止めるのに十分なレベルまで支出を増やすすべを持たなかった。国家だけが、総支出を通じて雇用と経済のメカニズム全体を活性化するリソースを有していた。要するに、大規模な金融・経済危機においては、総需要は市場の見えざる力ではなく、政府の「目に見える」手によって喚起されなければならない、ということだ。国家は「投資を直接配置することにおいて、より大きな責任」を負わなければならない。ケインズは、自由市場の「古典的経済学」と、マーシャルが唱えた需要と供給は自らを調整できるという考えを批判した。▼9

ケインズのほか、マーシャルのもうひとりの著名な教え子であるジョーン・ロビンソンも議論に加わり、自己調整的であるはずのすべての市場システムがどのように失敗し得るかを示している。ケンブリッジ大学教授であり、最初の主要な女性経済学者のひとりであったロビンソンは、中国に恐怖と経済破綻をもたらした文化大革命（一九六六～一九七六年）の時代に、同国共産党の毛沢東主席を支持した点でいまだに謎とされている人物である。見当違いの主張であったにせよ、ロビンソンが毛沢東による社会・経済への暴力的な国家介入を支持するに至ったのは、彼女が、貧しい国には豊かな国と経済的に競い合うことがかなわず、衝撃的な刺激が必要であると信じていたためだ。ロビンソンは開発経済学の創始者となり、マルクスの業績が改めて関心を集めるきっかけを作った。開発経済学は、大規模な商業および産業的な基盤を持たない国々の富への道を模索した。この学問のルーツは、一七世紀のいわゆる重商主義者たちの著作や、コルベールおよびアレクサンダー・ハミルトンの政策にあった。二〇世紀においては、この理論は経済的に未発達な、いわゆる「第三世界」の国々を巡る議論の中で登場した。そうした国々には、近代化を進め、競争力のある商業および産業基盤を築くうえで不可欠な、構造的な経済改革を行なうことができない。

発展途上経済国は現実として先進経済国と競争することができず、そうした不利な立場にある人々は、安定した立場を築いている外国の企業や個人と競争することができないという議論を、ロビンソンは先頭に立って率いた。自著『不完全競争の経済学』（一九三三年）において彼女は、「買い手独占《モノプソニー》」という概念を生み出した。これは、単一の強力な買い手が、ほかの買い手に販売される商品の価格設定をコントロールすることにより、市場価格が、買い手による賃金に対する独占のような形でゆがめられる状況を指す——こうした状況はたとえば、ひとつの企業が街全体の賃金と経済活動を支配する企業城下町などに見ることができる。モノプソニーは限界効用の理論を破綻させる。買い手による独占は市場原理に基づくものではなく、単に少数の買い手の決定や偏見に基づいており、彼らは賃金を限界価値以下にまで引き下げることができる。モノプソニーという考え方を踏まえると、女性が男性よりも、またマイノリティがそのほかの人々よりも賃金が低い理由が見えてくる。たとえば、ひとりの雇用主が単なる偏見から女性の賃金を引き下げた場合、その行為は特定の市場価値の設定に寄与する。そして、ほかの企業もこの傾向に追随することができるため、結果として女性の賃金全体が下がることになる。[10]

一九五六年、ロビンソンは『資本蓄積論』を出版する。同書はケインズ派の伝統を引き継ぎ、一部の発展途上経済国には資本家と労働者しか存在しないことを示した。労働者がようやく生きていけるだけの収入しか得られない一方、資本家は原始的な生産経済の中ではほぼ消費をせずに外国製品のために貨幣を溜め込み、それによって富を生み出す地元消費社会の発展を阻害する。彼女の指摘するこうしたモデルは、貧困国における需要供給主導型経済モデルの妥当性に対する批判であった。そこには成長がほぼ皆無であり、しかも資本がより発展した市場に引き寄せられることで、国内の発展がさらに弱められていく。[11]

かつては福音主義的な自由市場経済の本拠地であったケンブリッジは、ケインズ主義の中心地となった。英国において勢いを失った均衡重視の自由市場思想はしかし、非常に強力な新しい信奉者をオーストリアで見出すことになる。近代的なリバタリアン経済学の伝統はこの場所で始まり、その後アメリカに移って、第二次世界大戦の時代に大きな影響を与えていく。法律家、ジャーナリストで、オーストリア学派を創設したカール・メンガーは、スミスの労働価値説を批判し、これを限界効用理論に置き換えて、経済は互いに利益をもたらす交換によって動かされると主張した。彼の自由主義思想は、スミスやベンサムによる、人間の進歩は市場主導による人間の欲求の実現を通して具現化されるというアイデアを単純化したものであった。一八七一年、ジェヴォンズが『経済学の理論』を出版したその年に、メンガーは『国民経済学原理』を出版する。スミスやリカードの労働価値理論が機能しないことを、メンガーははっきりと見抜いていた。マンデヴィルの『蜂の寓話』に言及しつつ、彼は経済を動かすものはただひとつ、財への欲求であると主張した。悪徳が美徳を生み出すと仮定するのではなく、メンガーは、社会的・経済的関係を構築する「欲望」の「因果」によってのみ駆動される、厳格かつ極度に単純な経済システムを想定した。メンガーは、民主的であるかどうかにかかわらず、社会主義者が経済に関する事柄を計画的に管理できるとは考えていなかった。人間は物を欲するものであり、その需要が、より複雑な商業および産業社会へと絶えず発展していく継続的なサイクルの中で供給を生み出すと、彼は信じていた。[12]

貴族に列せられる博識な経済学者ルートヴィヒ・フォン・ミーゼスは、知的な豊かさに富む国際都市ウィーンの出身であった。コブデンと同様、フォン・ミーゼスは政府による経済への介入に反対し、戦争と、個人を虚無的な大義に従属させるその恐怖を非難した。一九二〇年、彼は驚くべき先見性をもって自身の信念を主張し、「社会主義連邦」における国家中央計画経済を攻撃している。ソビエト連邦に存在するような中央計画経済は、需要と供給の自然のプロセスほど、正確かつ効率的に財の価値を予測することができないと、彼は信じていた。ソビエト連邦の壮大な経済的失敗が明らかになるずっと以前から、フォン・ミーゼスは、社会主義的な中央計画経済では、どの産業を優先すべきかを効果的に選択できないことを見抜き、それが可能なのは自由市場だけであると主張していた。[13]

フォン・ミーゼスはまた、貨幣は市場交換以外においては本質的な価値を持たないと考えていた。彼にとっては、貨幣数量説ですら意味を成さないものであった。貨幣の価値は、財との相対的な価値によってのみ決定される。したがって、貨幣の価値は物の限界効用に応じて変化する。この一見単純な原則はやがて、計画共産主義経済にとっての最大の障害のひとつであることが明らかになる。ソビエト政府には、通貨の価値、あるいはパン一斤の価値を宣言することはできても、価値を生み出す決定的要因が需要と供給であることに変わりはなく、全体主義国家でさえ、これを完全にコントロールすることはかなわなかった。[14]

オーストリア学派は、権威主義に対する警戒を常に怠らなかった。フォン・ミーゼスは、その不吉な影を共産主義の中に見ていた。リストの「重商主義的」なコルベール的国家主義や、近代の社会主義的福祉計画は権威主義的政府につながると、フォン・ミーゼスは確信していた。ただし彼は、アメリカの民主主義がハミルトンとクレイの「重商主義システム」の中で生まれ、成長したという事実には言及していない。フォン・ミーゼスは社会主義による独裁政治を恐れていたが、皮肉なことに、一九四〇年に彼が米国に亡命する原因を作ったのは、右派のナチスであった。当然の流れとして、彼はその後、自由市場は富の創造にとって必要というだけでなく、自由民主主義にとっても必要であると主張するようになる。しかし、彼の歴史観においては、経済的自由主義は政治的自由よりも重要であった。この考え方は、近代に危険な影響を及ぼすことになる。[15]

英米におけるオーストリア自由市場思想の主要な提唱者である、オーストリア人経済学者フリードリヒ・ハイエクは、自由市場思想を重んじる新シカゴ学派の創設に大きな影響を与えた。ハイエクの思想には、第二次世界大戦の深いトラウマと狂信的な反国家主義が根付いていた。ハイエクの生家は、裕福で学問を重んじる地主の家系であった。世紀末と両大戦、さらには冷戦を生き抜いた彼は、一九八〇年代には、アメリカの新自由主義経済思想の模範のような存在となった。ハイエクの道徳的権威は、独裁政治と戦争のトラウマの中で、また、大戦後に主に西側諸国と先進産業国の人々が経験した、独特の平和と繁栄の時代において築かれたものであった。彼はその生涯において、ソビエト連邦の興亡、マーガレット・サッチャーとロナルド・レーガンによる経済規制緩和の始まり、そして中国経済の自由化の始まりを目の当たりにした。

一九四四年に出版された彼の著書『隷属への道』は、戦後の自由市場とリバタリアン経済学の手引書となった。二〇〇万部以上を売り上げ、経済哲学書として史上最も売れた本のひとつとなった同書は、経済理論の著作というよりも、個人および市場メカニズムにおける個人の主導的役割、また、富の配分に対する政府によるあらゆる関与の絶対的な危険性への、リバタリアンとしての揺るぎない信念を宣言するものであった。第二次世界大戦後の経済成長における政府の役割を知ったうえで当時を振り返ってみれば、同書において際立っているのは、これが戦後成長期の現実とまるで嚙み合っていないこと、また、国家を悪の力とみなすその狂信的なビジョンだ。[16]

スミスが自由市場を社会的・経済的進歩の平和的な、さらには紳士的なプロセスの産物とみなしたのに対し、ハイエクは市場の自由をより闘争的な、善と悪との葛藤から生まれるものであると考えた。人は政府のない経済的自由主義を選ぶか、さもなくば奴隷になるしかなかった。ハイエクが抱いていた危機感と恐れは、理解できるものではあった。一九四四年、戦争はまだ勝利の結末を迎えていなかった。ハイエクがドイツとオーストリアで目にしたものは、権威主義的な政治体制が国家機構を利用して市民を恐怖に陥れ、戦争と大量虐殺を行なったときにどのようなことが起こるかを示す恐ろしい実例であった。ただし、彼は限られた部分しか見ようとしなかった。ヒトラーの悪夢のような支配を終始支えることにおいて、ドイツの民間産業が果たした主導的な役割について、ハイエクが何も知らなかったはずはない。ナチズムの経済学は、スミスが企業に対して抱いていた懸念に見事に当てはまっていた。欧米の主要な実業家たちは、ドイツ財界におけるヒトラーの強力な支援者であったフリッツ・ティッセンと緊密に協力していた。それでもハイエクが選んだのは、ドイツ人資本家たちの協調した支援なしには、ヒトラーは権力を握ることも、それを維持することもできなかったという事実を忘れることであった。そうした資本家たちはファシズムのことを、労働組合、共産主義、さらには社会民主主義に対する魅力的な解答であるとみなしていた。[17]

『隷属への道』の冒頭でハイエクは、デイヴィッド・ヒュームの不吉な言葉を引用している。「どのような種類の自由であれ、突然失われることはまれである」。人種差別と権威主義を批判したことによって、ハイエクは大いなる人間愛を示した。ただし彼に欠けていたのは、優れた制度の構築を望み、政府のために働くことに誇りを抱いていた一八世紀スコットランドの哲学者たちのような、穏やかで、新しい意見を取り入れる感性であった。あらゆる社会計画は全体主義の一形態であると、ハイエクは警告した。民間の独占がどのように機能するかを説明することなく、彼はそれを少数の者たちによるカルテルではなく、「労働組合至上主義《サンディカリズム》」や国家と関連づけた。コーポラティズム運動をはじめ、競争と個人主義についてのハイエクの純粋なビジョンを損なうものは、すべて独占の一形態であった。ハイエクの過度に疑り深い論理によれば、いかなる集産的な国家目標も――「社会全体と資源のすべてをこの単一の目的に向けて組織化しようと」望むことから――ファシズムや共産主義につながり、結局は国家によって個人の自由が否定されることになる。彼は、リバタリアン的資本主義こそが権威主義に対抗し得る唯一の競争力であると信じていた。民主主義は単にこの経済的目的を達成する手段に過ぎないと、彼は述べている。[18]

ハイエクは、カール・メンガーやルートヴィヒ・フォン・ミーゼスの中央政府に対する疑念と、自身が有する個人の主体性に対する絶対的な信念とを組み合わせて、それを自由市場思想の新たな、簡素化された、リバタリアン的ビジョンとしてまとめ上げた。自由とは強制の不在であると、彼は信じていた。自由は合理的な判断や道徳からではなく、他者の自由な選択による抑制と均衡からもたらされるものであった。ハイエクの思想には、フランスのジャンセニスト法学者ジャン・ドマが唱えた、競合する罪の行為同士が互いを相殺するという考え方と、どこか似たところがあった。その思想は、アダム・スミスのストア派的な徳を、個人の行動のみが市場を動かし、それ自体が完全に道徳的とされるという信念へと変容させた。[19]

ハイエクによるリバタリアニズムの思想は大きな影響力を持ったが、この自由市場経済学のブランドを発展させ、二〇世紀後半の支配的なイデオロギーのひとつにした人物は、ノーベル賞を受賞したアメリカ人経済学者ミルトン・フリードマンであった。近代の自由市場思想家の中でも、ハンガリー系ユダヤ人移民の息子としてブルックリンで生まれ、シカゴで教育を受けたフリードマンは、最も才能があり、最もカリスマにあふれ、最も広く影響力を発揮した。自身の研究、弁舌、個人的な存在感の力によって、彼はその学術的業績を、シカゴ学派のリバタリアン的政治・経済イデオロギーへと昇華させた。フリードマンは、一九七〇年代の米国が直面した最大の課題のひとつであるインフレという難問を、部分的に解決に導いた。彼は、国家の経済エンジンを動かし続けるためには政府が手を加える必要があるという、広く受け入れられているケインズの信念に明確な誤りを発見した。フリードマンの思想はいわば、経済的経験主義と、リバタリアン的自由市場へのほぼ宗教に近い信仰を組み合わせた奇妙な混合物であり、その中で彼は、かつてアルフレッド・マーシャルが唱えた自己維持的な市場均衡に対する信念を繰り返した。ただしそこには、政府は毎年、定期的に通貨供給量を増加させるという政策を一貫して遂行しなければならないという但し書きが添えられていた。

多くの点で、フリードマンはスミスの自由市場思想の伝統を象徴する存在であった。スミスと同様、彼は心の広い教授であり、自由な議論を重んじ、反対意見にも真剣に耳を傾けた。彼もまた、その名を広く知られ、愛される大学教員であった。スミスと同じように、彼は従来的な宗教信者ではなく、精神的にはユダヤ人であると主張しつつも、信仰上は不可知論者であった。フリードマンは、複数のユダヤ人を含む戦後の経済学者世代のひとりに数えられるが、それ以前の自由市場思想家にユダヤ人はほとんどいなかった。もはやヨーロッパの貴族のものでも、英国の福音主義者や急進派、帝国主義者だけの領分でもなくなった自由市場思想は、ますますアメリカ的なものへと変わっていった。フリードマンは、啓蒙主義の無限の楽観主義に対する信仰を受け継いでいた。一方で彼は、公立学校、代議制政府の集団的行動、階級制度に対するスミスの信頼を拒絶した。純粋な消費者駆動型社会というフリードマンのビジョンは、キケロやストア派の理想からはかけ離れたものであった。フリードマンと、彼の妻で書籍の共同執筆者であるローズ・フリードマンは、個人の「選択の自由」の熱烈な擁護者となったが、そうした選択の道徳的な意味合いについて、彼らが真剣に議論することはなかった。スミスがキケロにならい、快楽原則をあまりにも単純であるとして否定し、むしろ道徳的選択は厳格な哲学的規律からしか生まれないと信じていたことに、フリードマンは気づいていなかったように思われる。フリードマンはこの脚本を、欲望と富を巡る現代の単純な商業的計算に置き換えた。[20]

フリードマンは、教育、医療、経済・社会生活における政府の役割を非常に限定的なものと考えていた。彼はまた、課税についても純粋に否定的な見解を持っており、政府による事業への課税は、どのようなものであろうとも強制の一形態であり、すなわち政府による所有に等しいと主張した。彼の目から見れば、課税は民間企業の一部を強制的に奪うことと同義であった。ハイエクと同様に、彼は「経済的自由は政治的自由の必須条件」だと信じていた。[21]

多くの自由市場思想家と同様、フリードマンもまた矛盾に満ちた人生を送った。彼は自身のキャリアを、フランクリン・ルーズベルトのニューディール政策にかかわる仕事からスタートさせ、そこで予算研究を手伝ったあと、全米経済研究所に勤務した。のちに彼は、政府による雇用創出プログラムは不完全ではあるものの、大恐慌という状況下では必要なものであったと認めている。フリードマンはしかし、ニューディールのその他の部分については、個人の経済生活を「コントロール」しようとするマルクス主義的な試みであると断じている。ルーズベルトによる改革を振り返る中で、フリードマンは、過激な党派性の表明を避けつつ、大統領の「崇高な」意図を称賛する一方で、社会保障、福祉、公営住宅、その他すべての政府プログラムは完全な失敗であったと嘆いてみせた。スミスもかつて、ビジネス寄りの経済政策は特定の利害関係者にしか利益をもたらさないと警告していた。フリードマンは社会政策も同じであると述べ、政府の援助は「神の前の平等」を損なうと主張した。[22]

フリードマンによる経済学分野への重要な貢献は、一九五六年のマネタリズムに関する研究から始まった。マネタリズムとは、経済を安定させるうえでの主な方法として通貨供給をコントロールする理論あるいは実践のことを指す。彼の有力な論文「貨幣数量説――再説」は、経済は毎年成長していく中で安定した貨幣需要を生み出すと主張した。フリードマンは、貨幣の価値は経済の中にあるその量に関係しているという初期貨幣数量説の理論家たちの主張を繰り返したが、経済への定期的な貨幣供給がない場合に、経済交換の速度と量が鈍化することを懸念した点では、彼の考えはコルベールに似ていた。彼が関心を寄せたのは貨幣の価値ではなく、必要不可欠な貨幣需要を経済がどのように生み出し、それを満たすかということであった。これはつまり、政府が経済の平均成長率に等しい貨幣供給を毎年、一貫して提供する必要があることを意味していた。フリードマンは、信認を構築するためには安定した供給が必要であるという、ジョン・ローによる紙幣理論の中心的アイデアに立ち返り、この信認のことを経済主体の「合理的期待」と呼んだ。[23]

フリードマンの貨幣数量説は、政府が支出によって経済を刺激するというケインズの考えに対する批判であった。軍隊と警察を別として、国家による支出はすべて間違いであり、連邦準備制度の関与はどんな形であれ危険だと、彼は考えていた。事実、フリードマンは連邦準備制度を完全に廃止し、貨幣は毎年、単に統計的な成長予測に従って発行すべきだと主張している。フリードマンはアンナ・シュウォーツと共同で執筆した大著『米国通貨史』（一九六三年）において、米国の通貨供給量が長年にわたり一貫して増加してきたことを示した。ただし大恐慌の間には、連邦準備制度はインフレを抑えるための試みとして通貨供給を制限している。こうした行為が大恐慌の「大収縮」を悪化させ、長引かせたと、フリードマンは考えた。フリードマンとシュウォーツは、連邦準備制度が何もしないか、あるいは経済により多くの貨幣を投入していれば、成長と拡大に寄与していただろうと結論づけた。[24]

経済、インフレ、成長がどのように機能するかについてのこの貨幣的ビジョンは、革命的なものであった。フリードマンは、貨幣需要の速度、つまり伸びは、国内総生産（GDP）の年間増加率に等しいとした。フリードマンの理論は、当時標準的な理論として受け入れられていたフィリップス曲線を反転してみせた。ニュージーランドの経済学者で発明家のウィリアム・フィリップスが一九五八年に考案したフィリップス曲線においては、金融引き締めと高金利がインフレを引き起こすとされていた。フリードマンは、この理論には欠陥があると主張し、貨幣供給増大は一時的なインフレを引き起こす場合があるものの、経済は最終的に安定することを示した。そして、経済への信認は、経済により多くの貨幣が供給されることを求める個人の「合理的な期待」によって高まっていく。マネタリズムは、一九七〇年代と八〇年代の米国ではインフレ抑制に一役買った一方で、マーガレット・サッチャーによってこれが実施された英国においては、失業率の大幅な増加と国民経済の収縮を引き起こした。フリードマンは認めたがらなかったものの、一般経済均衡の証明は、依然として困難な課題として残された。[25]

一九七四年には、フリードマンの同僚フリードリヒ・ハイエクがノーベル経済学賞を受賞するが、この年には彼のほかにも、スウェーデンの経済学者で、近代的福祉国家の主要な擁護者であったグンナー・ミュルダールにも同賞が与えられた。ハイエクの受賞理由は、国家制御による低金利がいかにインフレを引き起こすかを示したことであった。大恐慌の前、低金利によって投資を刺激しようと試みた結果、国は過剰な借入を助長し、それが好況とその破綻を招いた。ハイエクが提唱したこの強力な景気循環理論は、一九七〇年代のインフレ危機についての卓越した洞察であった。

ノーベル委員会は同時に、戦後アメリカ経済が急速な成長を遂げる中、同国の黒人がいかに市場から取り残されてきたかを明らかにしたミュルダールを受賞者に選んでいる。これによって委員会は、ガリアーニとネッケルがかつて唱えた、市場は失敗しない限り最善の政策であるという考えに、改めて焦点を当ててみせた。そして当時、市場の失敗によって取り残されていた存在といえば、アメリカのマイノリティであった。この同時受賞には、ノーベル委員会による、自由市場主義者と政府介入主義者は、どちらも経済的真理を発見しており、彼らが協力することで最善の結果が得られるというメッセージが込められていた。しかし、ハイエクとフリードマンはどうやら経済的な妥協点を見出すには至らず、当然のことながら、経済的および人種的不平等を是正するために市場の失敗に対処しようという意欲も見せなかった。一九七六年、ノーベル委員会は市場メカニズムの理解に再度関心を示し、貨幣理論と経済安定化に関する研究成果によって、フリードマンにノーベル経済学賞を授与している。ただし、委員会はまだ、市場均衡の普遍的な概念を完全に受け入れたわけではなかった。

マネタリズムは、現代政府にとっての基本的な信条となった。フリードマンの新しい概念には、まだいくらかケインズ主義的な支出の基本要素が残っていた。大きな危機が起こるたびに、政府はマネーサプライを管理するために介入した。必要なのは漸進的で安定した貨幣注入だけであり、そのタイミングや量に関して政府が手を加える必要はないとフリードマンは主張したが、現状、各国政府の中央銀行は、それぞれの金融政策を——国民の同意があろうとなかろうと——特定の状況に合わせて設計しており、また国家の一翼を担う機関として、経済生活においてかつてないほど重要な存在となっている。

フリードマンは理想主義者であり、アメリカ例外主義を強く信じていた。彼にとって自由市場とは、最小限のマネーサプライは別として、政府が経済成長において何の役割も果たさないことを意味していた。未発達の経済や地域に政府の投資が必要だとは、彼は考えていなかった。彼はまた、制約のない資本主義は人種的マイノリティを助け、代議制政府の欠点を補うと主張した。フリードマンは、ミュルダールの研究とデータを否定し、不平等の原因はむしろ政府のプログラムにあるとして、政治的多数派がマイノリティの利益を守ることなど望むべくもないと警告している。彼は、悪いものはすべて政府からもたらされるという、ニヒリズム的で、さらには反民主主義的とも言えるリバタリアンの概念を打ち立てた。[26]

自らが政府内で並外れて大きな役割を果たしていることも、公的資金が成長と革新についての研究に費やされていることも無視して（私立のシカゴ大学は当時も今も、その一部は連邦政府からの多額の研究資金によって運営されている）、フリードマンは、富を生み出せるのは個人、株主、民間企業、上場企業だけであると考えた。彼はあらゆる薬物の合法化を提唱し、また、学校選択制の最初期からの支持者でもあった。移民は米国の経済成長の原動力であると、彼はみなしていた。フリードマンは、個人の自由を守ることにおいて自身が成し遂げた最大の成果のひとつは、徴兵制の廃止と、志願制軍隊の創設に寄与したことであると考えていた。彼は不寛容に対して反対の声を上げ、同性愛者の権利を擁護した。しかし、一九八〇年代に影響力の頂点に立ったあとのフリードマンは、市場の失敗に対しても、自由市場の擁護者――チリの独裁者アウグスト・ピノチェトなど――が、個人の自由と民主主義という彼の核となる信念を拒絶することにも、奇妙なほど鈍感になったように思われる。事実、フリードマンはピノチェトの抑圧的な軍事独裁政権と経済政策を「奇跡」と呼ぶ一方、彼の政治的拷問や殺人については深刻な懸念を示していない。彼はまた、ピノチェトの暴力的なクーデター以前に、チリが成し遂げた商業発展の長い歴史についても沈黙を保った。[27]

ハイエクとフリードマンの理想主義的な反国家リバタリアニズムは、米国に古くから存在した、より複雑で、しばしば問題を引き起こすリバタリアンの伝統と非常に相性がよかった。第二次世界大戦以前からすでに、反国家的な自由市場思想の運動は、米国の産業界、福音主義キリスト教運動、新南部連合州権主義運動にしっかりと根を下ろしていた。

スミスと一九世紀におけるその後継者たちが急進的な改革者であったのに対し、米国における自由市場支持者の多くは、非常に反動的な信念を抱いていた。一九三四年、ルーズベルトのニューディール政策にほとほと嫌気がさしたデュ・ポン家の三兄弟ピエール、イレーネ、ラモットは、米国に忍び寄る社会主義への恐れを公言し始めた。実業家のデュ・ポン兄弟は、ケネーの最も忠実な信奉者のひとりで、奴隷制廃止を支持した重農主義者のピエール＝サミュエル・デュ・ポン・ド・ヌムールの子孫であった。農業の富を信じていたデュ・ポンは、フランス革命――虐待的で古めかしい社会に対する、国家の大々的介入――の先導に手を貸したのち、パリからデラウェアに移住した。[28]

デュ・ポン兄弟はもともと、ハーバート・フーバー大統領のもとで修正第一八条として成立した禁酒法に不満を抱いていた。ニューディール時代には、政府が児童労働を禁止しようとしたことにも腹を立てた。「地域の親たちが、児童労働は存在すべきでないと納得しない限り、連邦法でも憲法修正案でも児童労働が廃止されることはないでしょう」。一九三三年から一九三五年まで全国復興庁の長官を務めたヒュー・ジョンソンに宛てて、ピエール・デュ・ポンはそう書き送っている。デュ・ポン兄弟は、子供に対する虐待行為という問題を前にしても、国家が介入すべきだとは考えなかった。「社会」という漠然とした概念が、法的介入なしに児童労働を管理すべきであると、彼らは認識していた。選挙によって正しく選ばれた政府が児童労働を廃止するのであれば、それは民主的な決定であるはずだが、デュ・ポン兄弟はこれに異議を唱えた。[29]

このデュ・ポン家の新世代には、フランスの哲学者であった先祖のような道徳的明晰さが欠けていた。一九三〇年代には、デュ・ポン社は世界最大の工業企業のひとつとなっていた。同社の化学製品やプラスチックは近代の象徴となり、産業の発展、革新、富を促進したが、一方では公害の原因として悪名を轟かせ、その評価は現代に至るまで変わっていない。重農主義者の子孫たちが多国籍工業化学薬品企業を設立し、ナイロンで財を成すというのは、奇妙な成り行きではある。重農主義的な農業への信仰も、理神論者であった彼らの祖先が抱いていた急進的な政治思想も、もはや遠い昔のこととなっていた。

デュ・ポン兄弟は、政府の干渉から企業を保護し、ニューディール政策の社会・教育・福祉プログラムを阻止することを目指す米国内の運動の一翼を担った。産業界からの支援を受ける、数ある自由市場推進団体のひとつであったアメリカ自由連盟とともに、彼らはルーズベルトの政策を撤廃するために尽力した。そうした活動を続けるうえで、彼らはイデオロギーを必要としていた。一九四〇年代後半には、保守的なキリスト教徒からもニューディールに対する反発が見られるようになる。福音主義者たちはニューディールのことを、信仰をキリスト教から世俗的な国家へ移行させようとする試みであるとみなしていた。[30]

米国の大企業と、企業の自由市場イデオロギーや保守的な福音派キリスト教徒、アメリカ南部および南西部の反公民権運動の政治家たちとの協力関係は、自由市場思想の歴史において、最も異例かつ反動的な章のひとつとなっていく。かつては初期フランス革命と共鳴し、奴隷廃止論者、平和主義者、女性の権利擁護者、そしてジョン・スチュアート・ミルのような功利主義的社会主義者によって支持された、急進的で、理神論的で、無神論的であったはずの運動は、アメリカの超保守派や新南部連合の人種隔離主義者たちの新たな福音になろうとしていた。ある意味、それは理にかなった成り行きであった。ソビエト連邦の台頭は、ルーズベルトによる前例のないほどの連邦政府の役割拡張と相まって、大恐慌と第二次世界大戦の動揺を引きずるこの国に大きな衝撃――そして救い――をもたらした。ソ連の共産主義は、アメリカの民主主義と自由企業の両方にとっての脅威であった。フランクリン・D・ルーズベルトが事実上勝利を収めた第二次世界大戦が終わったあとも、彼の大きな政府の経済政策は継続され、大々的な景気拡大をもたらした。企業団体、福音主義者、反人種統合主義の政治家たちは、この新しい積極的な国家を脅威とみなし、理想主義的な新しい自由市場思想家――ハイエクなど――を、自分たちの極めてアメリカ的な反政府運動における同盟者であると捉えるようになっていった。
一九四〇年代、南部バプテスト派の福音派指導者ビリー・グラハムは、反共産主義のレトリックを織り交ぜた親自由市場寄りの言説を唱え、組合労働者と性的乱交がハルマゲドンを招くと警告した。一九五〇年代にかけては、フォード、ゼネラル・エレクトリック、モービル、USスチールといった企業が、アメリカン・エンタープライズ・アソシエーション〔一九四三年設立〕(のちのアメリカン・エンタープライズ公共政策研究所)や経済教育財団〔一九四六年設立〕といった親ビジネス、親リバタリアンの団体を設立し、自分たちの利益を擁護した。企業はまた、ミルトン・フリードマンのような経済学者を起用して自分たちに有利な文章の執筆を依頼し、ウィリアム・F・バックリーと彼の創刊した『ナショナル・レビュー』誌〔一九五五年創刊〕や、バックリーの政治的盟友で新南部連合の人種隔離主義者であるストロム・サーモンドやジェシー・ヘルムズといった保守的な共和党幹部に接近した。一九六〇年代には、野心的な政治家バリー・ゴールドウォーターが、『ある保守主義者の良心』を執筆する。共和党穏健派の打倒を目指していたゴールドウォーターは同書において、州権という新南部連合の大義を擁護し、ハイエクやフォン・ミーゼスの著作を世に広めた。彼はあらゆる形態の組合活動を攻撃し、経済への政府の関与は、アメリカ人から自分のお金をどのように使うかを決める権利を奪う「悪」であると批判した。言うまでもなく、クー・クラックス・クランは一九六四年の大統領選挙において、リンドン・ジョンソンに敗れたゴールドウォーターの支持にまわった。ただし、ゴールドウォーターには、古い時代の自由主義思想への傾倒も見られた。彼はのちに南西部型のリバタリアニズムを受け入れ、自由市場、同性愛者の権利、中絶の権利、マリファナの合法化などを主張し、それによって西部諸州における社会自由主義の安定した人気の基盤を築いた。[31]
ゴールドウォーターが大統領選に敗れたのと同じころ、テレビ伝道師のパット・ロバートソンとジェリー・ファルウェルが、共和党のリバタリアン・極右陣営に加わった。彼らは自由市場を要求し、ハイエクやフリードマンを引き合いに出して政府の官僚主義に反対しつつ、ロック、同性愛者、中絶、公民権、ポルノグラフィーを非難する意見を日々発信した。極右の福音派は、新たな自由市場運動においてとりわけ大きな影響力を持つグループのひとつであった。共和党という政党の中には、北東部の主流派、米国バプテストのピューリタニズム、人種差別と偏見、そしてフリードマン的かつ米南西部の個人主義的なリバタリアニズムと寛容さといった、さまざまなイデオロギーが混ざり合っていた――それらすべてをまとめているのは、多国籍コングロマリット企業と資本を有する株主の神聖さに対する、ほとんど宗教的な崇敬であった。[32]

このアメリカ自由市場の万華鏡の中にはさらに、ロシア系ユダヤ人のリバタリアン作家で、自由市場の大衆的理論家であったアイン・ランドもいた。親しみやすく、絶大な人気を誇る彼女の小説作品は、超個人主義、反集産主義的なハイエクの理論を巡るナラティブを生み出すことによって、これをどの経済学者よりも効果的に広めた。一九四三年にベストセラーとなった小説『水源』の主人公である、野心的で事業家精神にあふれた建築家ハワード・ロークは、純粋に個人の意志によって革新と進歩がもたらされることを目指して、集産主義者や「何もしない」官僚に勇敢に立ち向かう。この小説が伝えるメッセージとは、事業家――いわばニーチェが提唱した「超人」の現代版――は肉体的に優れた「ランド的英雄」であり、彼らは自らの偉大さを現実のものとし、また人類の善を推進するために、政府の束縛を打ち破る必要がある、というものであった。米国では、アラン・グリーンスパン――連邦準備制度理事会の議長であり、アイン・ランド・コレクティブ〔アイン・ランドを中心に、彼女の思想に共感する人々によって結成されたグループ〕のメンバーであった――などの有力な経済学者をはじめ、大勢のビジネスリーダーや政治家が彼女の作品を受け入れた。ソビエト連邦が崩壊した一九九一年、『水源』は米下院議員の間で、聖書に次いで最も影響力のある書物に選ばれている。[33]

フリードマンの米国的企業リバタリアニズムとランドの理想は、かつてスミスが唱えた商人事業家――「プロジェクター」――に対する警戒、また、彼らの貪欲を市場が抑制してくれることへの期待と、真っ向から対立するものであった。ランドの作品に登場する超個人主義的なキャラクターたちは、重農主義者が国家の専制から解放しようとした貴族の地主エリートたちと、多くの共通点を持っていた。ランドとフリードマンの思想には、富を生み出す特定の人々が社会の中で特別な地位に就くべきであるという、古い重農主義のアイデアが反映されている。自由市場思想家たちは、それが一八世紀の農民であれ、二〇世紀の建設業者、事業家、裕福な株主であれ、富の生産者には税を課すべきではないと信じていた。社会は自由放任という単純な教えのもとに、そこに内在する富を生み出す能力を解放しなければならない。

今日、フリードマンの自由市場思想にあらゆる方面から批判が集まる中、われわれの胸にはこんな疑問が浮かんでくる――自由市場思想のどのバージョンが、今もまだ有用なのだろうか。中国、シンガポール、そして実のところすべての先進経済国が示しているように、どれかひとつの経済モデルが優位を占めているわけではなく、いかなるモデルも、かつて支配的であった試しはない。われわれは状況に応じて変わり続ける流れの中にいる。ひとつ確かなことは、正統的なリバタリアン自由市場モデルは存在せず、また、南スーダンのような、政府のない超暴力的な「辺境経済国」などの例外を除けば、これまでも存在したことはない、ということだ。大半の先進工業国は、一般的な自由市場メカニズムと広範な政府による監視および経済参加をともなう、比較的似たような自由主義的社会民主主義のレシピに従っている。大半の民間企業は、需要と供給の市場メカニズムに従って財とサービスを生産・販売しているが、そこには同時に、民間の国家独占企業（ボーイングやエアバスを思い浮かべてほしい）のほか、政府との契約（ＩＢＭやマイクロソフト）や、国からの補助を受けている企業や社会福祉プログラム（アマゾンが初期から米国郵政公社を利用していたことや、ウォルマートやマクドナルドが低賃金戦略の一環としてメディケイド（州政府と連邦政府が運営する低所得者を対象とする医療保険制度）に依存していること）といった形での、少なからぬ国家支援が存在する。[34]

各国には、それぞれの状況に応じて、純粋な経済モデルに逆らうような、極めて独特のアプローチと発展の道筋がある。だからこそ、シンガポールを中国やドイツ、あるいは巨大かつ多様な内部市場を有する米国と比較することは決してできない。米国は世界の大企業の大半を有しているが、現時点では、アジアの方がはるかに優れた成長率を示している。そしてすべての国には、異なる強みと戦略がある。米国と中国を比較しようとするのはある意味、一七〇〇年のイングランドとフランスを比較しようとするようなものだ。どちらの国も、自国の経済を発展させ、効果的に競い合うために、多様な経済政策を必要としていたのだから。[35]

結び　権威主義的資本主義、民主主義、自由市場思想

自由市場経済学者たちは、市場の仕組みに関する優れた洞察を――たとえば限界効用の理解などによって――提供したが、彼らは同時に、経済は純粋な均衡という形態を通してのみうまく機能するという、包括的かつユートピア的な信念を作り出した。供給と需要を通じて成長を生み出せば、それだけで市場システムは魔法のように自らを維持し、政府は最低限の役割を果たすほかは何もする必要はないと、彼らは主張した。このモデルはしかし、もはや現実的でも、今日の社会にとって有意義でもないように思われる。規制緩和と自由貿易の拡大に費やされた数十年間の中で、世界は定期的に繰り返される経済破綻と政府による救済というサイクル、そして富の不平等、戦争、気候および健康災害の急増を経験してきた。均衡はいまだにわれわれの手を逃れ続けている。

国家はむしろ、依然として強力な経済推進力であり続け、中国が世界第二位の経済大国に成長したことにより、自由市場という謎はさらに難解さを増している。一九七八年、中華人民共和国の指導者、鄧小平は「中国の改革開放」を宣言し、この政策のもと、中国社会には漸進的な市場改革が導入され始めた。一九八八年、共産党は、自由市場の包括的ビジョンの最も声高な擁護者であるミルトン・フリードマンを公

式に中国に招待している。当然のことながら、フリードマンは、中国にとって「自由市場の全面的な活用に代わる、ほんとうに満足のいく策はない」と主張した。共産党の趙紫陽総書記との会談において彼は、「物理の法則と同様に、経済の法則もすべての国に等しく当てはまる」ものであり、富への唯一の道は「私有財産」の拡大と産業の国家規制緩和であると強調している。政治的自由がなければ、中国市場がうまく機能することはないと、フリードマンは語った。言い換えるなら、自由な政治体制に移行しない限り、中国は決して豊かにはなれない、ということだ。[1]

にもかかわらず、鄧小平は一九八九年、経済計画と市場経済を混ぜ合わせることは可能であり、彼が「社会主義」と呼ぶものの中でも、市場経済は発展することができるとの判断を下す。そして、鄧小平をはじめとする中国幹部は、私的財産やインセンティブに関するフリードマンのアイデアを取り入れつつ、中国の権威主義体制を維持したまま、「社会主義市場経済」の創設に乗り出した。中国指導部は現在、主要企業や巨大政府系ファンドに対する国家統制を維持しながら、中央計画を縮小し、私的所有への制約を緩和する方法を模索している。[2]

一九九〇年代、国家経済体制改革委員会の優秀な副司長であった江春澤が、計画経済と市場指向経済の比較についての論評を執筆する。自由市場改革の歴史において最も影響力のある女性のひとりである江は、「生産力」という点で市場経済が優れていることを認識していた。一方で彼女は、成功を収める市場経済は純粋な自由放任ではないとも指摘している。そこには、ある程度の国家の介入が必要とされる。そこで江が推奨したのは、政府の介入と、個人の利潤インセンティブをともなう私有財産とを組み合わせることであった。[3]

これが功を奏した。国家が民間事業、財産、富のインセンティブ、民間企業を監督し、国営資本主義企業に投資したり、これを創設したりすることで、中国は世界で二番目に豊かな国になった。一部の自由市場のルールに従う一方、それ以外には従わないことにより、中国は、政治的な自由なくして経済的な自由も成長もないという、古くからの自由市場の通説を見事に覆した。[4]

中国が用いたのは実のところ、ジャン＝バティスト・コルベールによる一七世紀のアプローチに根ざした古い開発モデルであった。先達と同様、中国首脳部は、フリードマンが見落としたものを理解していた――それはすなわち、私有財産、効率性、活発な事業家精神などを巡る多種多様な自由市場の概念は、国家統制との連携において存分にその力を発揮することができる、という事実だ。さらに驚くべきは、自由市場の教義における特定の要素が、権威主義の文脈の中で実際に繁栄を生み出すことができるということが、中国によって明らかにされたことだ。中国の社会主義市場経済はいわば、コルベールの絶対主義的資本主義をより効率化したバージョンであり、そこには独裁制の利点、リスク、恐怖がすべて備わっていた。[5]

自由市場思想は現在、難しい選択に直面している。今後の自由市場思想は果たして、独裁者や泥棒政治家を支持する一方、科学や開かれた社会を拒み、民主主義や個人の自由に反対する者たちの味方となるのだろうか。それとも、民主主義的な自由市場実用主義の新たなバージョンが登場し、強大な力となるのだろうか。アダム・スミスは政府における商業の役割を懸念し、また、ルートヴィヒ・フォン・ミーゼス、フリードリヒ・ハイエク、ミルトン・フリードマンは、私的生活における政府の危険性を懸念した。ソーシャルメディアと大規模な個人データマイニングの時代においては、自由市場思想家たちは、政府と市場はどちらも暗い側面を持っていること、また、両者が必ずしも対立するわけではなく、むしろ多くの場合連携して機能する中で、逸脱が起こったときにはこれを管理し、場合によっては阻止する必要があるという事実に、正面から向き合わなければならないだろう。ひとつ確かなことは、自由市場思想は、第二次世界大戦から現在に至るまでそうであったものよりも、はるかに順応性に優れ、洗練されたものになる必要がある、ということだ。そうでなければわれわれは、現在人類が直面している恐るべき障害を乗り越えることはできない。[6]

ここに学ぶべき教訓があるとするなら、それは、経済システムは大規模な政府介入なしに自立したり、均衡を保ったりすることができるという主張には、必ず疑いを持たなければならないということだ。経済的均衡を信じた先駆的な自由市場哲学者たちでさえ、その実現には国家が不可欠であると考えていた。キケロは富を渇望したかもしれないが、彼はローマ共和国を支えるという崇高な大義に人生を捧げた。彼は公共サービスを、人間が達成しうる最大の善そのものであるとみなし、よき政府、そして自然と調和して生きる方法を理解することが、うまく機能する市場の基盤であると考えた。市民の平和と法の支配があってこそ、人は誠実で生産的な交換をすることが可能となる。[7]

聖アウグスティヌスなどのキリスト教指導者たちは、地上に完全なシステムが存在する可能性を否定し、救いの中にのみ完全性を求めた。ユダヤ教・キリスト教の伝統においては、神は堕落した人間のための欠陥のある家として地球を創造したとされ、だからこそ、ロックのようなキリスト教理論家は、経済生活が崩壊したり、不道徳や浪費に陥ったりすることがないようにするための、財産と政府の必要性を認識していた。人間や自然は不完全なものであるとするこうした考え方を変えたのは、ケネー、ヒューム、スミスといった啓蒙哲学者たちの世俗的な活力であった。彼らは、経済均衡という自由市場哲学を通じて、人間の進歩のための科学的レシピを生み出すことを目指した。しかし、スミスにいくらか楽観的な面があったとしても、彼は何よりもまず懐疑論者であり、自身の経済的ビジョンを実際に達成することができるかどうかについては確信を持っていなかった。『諸国民の富』はしたがって、マニフェストではなく、スミスが自ら認めているように、ひとつの仮説であった。

ジョン・スチュアート・ミルのような一九世紀の哲学者は、一八世紀の先人たちと同じく、自由市場が均衡を生み出すことについて楽観視していた一方で、自由市場が失敗する場面に直面すると困惑を覚え、だからこそ、経済のバランスが崩れた場合に備えて、国家がその舵を握っておく必要があると確信していた。「完全な市場」を理論化した、ヴィクトリア朝時代の自由市場の伝道者ウィリアム・スタンレー・ジェヴォンズでさえ、個人が効率を生み出すことに失敗したときには、政府が介入しなければならないと信じていた[8]。

これは何も、政府による経済への関与が常に理想的、あるいは効率的だと言っているわけではない。しかし、歴史的な記録が示しているのは、経済が複雑さを増すにつれて、政府もまた、よくも悪くも、それに応じて成長するということだ。自由市場、個人の野心、事業家精神は、数多くの人類の偉業をもたらすうえで不可欠な役割を果たしている。それでも、政府が消えてなくならないのは事実であり、国家が常に経済にマイナスの影響を及ぼすと主張するのは誤解を招くだけでなく、怠慢でもある。ビジネスにおける政府の役割を厳しく非難する多くの人々は、国家が経済においていかに大きな役割を果たしているかを十分に理解しており、だからこそ彼らは政治的権力を切望し、それを手に入れるために大金を支払う。

自由市場思想を再生させ、真に今日的なものとするためには、これを民主主義志向の哲学としてだけでなく、国家は市場に組み込まれており、市場もまた国家に組み込まれていることを受け入れるものとして、改めて設計し直す必要がある。政府も市場も、完璧になることは決してない。また市場が——あるいは自然も——、人間が立てた最善の計画に沿って進行することもない。自由な個人の行動は市場の活力にとって不可欠だが、それだけでは経済の安定的な機能は保障されない。結局のところ、われわれはキケロの書いた古い書物に立ち戻るのがよいのだろう。ただしそれは、完璧な市場を見つけるためではなく、二〇〇〇年以上にわたって読者を魅了してきた教訓を学ぶためだ。富は、それが立憲政府、市民の平和、礼儀正しさを支えるために利用される限りにおいてのみ善であると、キケロは考えた。キケロにとって富よりも重要だったのは、自然と調和して生きること、学びと友情を育むこと、そして倫理的な管理という困難な職務に取り組むことであった。市場への信仰だけでわれわれが救われることはないが、そうした古い美徳に従うことはあるいは、われわれの救いとなるかもしれない。

謝辞

まず、ベーシック・ブックスの担当編集者ララ・ハイマートに謝意を伝えたい。彼女は本書でどの範囲を扱うべきかの構想を助け、このプロジェクトを支えるために力を尽くし、完成までの長いプロセスの間、ずっと変わらぬ信頼をわたしに寄せてくれた。出版界における最も聡明な人物である彼女と仕事ができたことを、わたしは幸運に思っている。ベーシックの編集チーム――コナー・ガイ、クレア・ポッター、ロジャー・ラブリー、キャシー・ストレックファス――は、最高の一言だ。彼ら全員に感謝を。いつものことだが、わたしのエージェントであるロブ・マックィルキンは本書のあらゆる段階で重要な役割を果たしてくれ、感謝の念に堪えない。

また、南カリフォルニア大学(USC)のドーンサイフ・カレッジとレヴェンサール・スクール・オブ・アカウンティング(USC)にも心から感謝している。彼らの支援があって初めてこの本は完成した。全米人文科学基金によるパブリック・スカラー・フェローシップと、チャールズ・アグネス・カザリアン財団からの継続的な支援は、ありがたい限りであった。

さらには、USCの哲学科、初期近代研究所、USCでわたしが主催するマーテンス経済史フォーラム、自由市場思想を扱うわたしのコースの学生たち、そしてスタンフォード大学、イェール大学、東京大学、ハーバード・ビジネス・スクール、カリフォルニア大学ロサンゼルス校（UCLA）のクラーク図書館、フェデリコ二世ナポリ大学、パリ・ドイツ歴史研究所、『ウィリアム・アンド・メアリー・クォータリー』誌のセミナーグループにも、知的探求を可能にしてくれた建設的な交流、批評、意見に深謝する。

フランス国立中央文書館、フランス国立図書館、フィレンツェ国立中央図書館、そしてUSCおよびUCLAの司書の皆さんには、このプロジェクトのさまざまな段階で支援を頂いた。

学問は学識あるコミュニティによって左右されるものであり、わたしのそれは豊かかつ刺激に満ちている。アレッサンドロ・アリエンツォ、キース・ベイカー、デイヴィッド・ベル、パオラ・ベルトゥッチ、ゴードン・ブラウン、ポール・チェニー、フレデリック・クラーク、ジェフリー・コリンズ、ダイアン・コイル、エリザベス・クロス、ウィル・デリンジャー、ショーン・ドナヒュー、ダン・エデルスタイン、レナ・フォルマー、ジェイミー・ガルブレイス、アーサー・ゴールドハマー、アンソニー・グラフトン、コリン・ハミルトン、ルーカス・ハーチェンローダー、マーガレット・ジェイコブ、マハムード・ジャロ、マット・カデイン、ポール・カザリアン、ダン・ケレメン、アントワーヌ・リルティ、ショーン・マコーリー、ピーター・マンコール、メグ・マッセルホワイト、ヴァネッサ・オーグル、アルノー・オラン、ジェフ・パイカー、スティーブ・ピンカス、エリック・ライナート、フェルナンダ・ライナート、ソフス・ライナート、エマ・ロスチャイルド、アンドリュー・シャンクマン、シム・シモヤマ、アシーシュ・シディーク、マルチェロ・シモネッタ、フィル・スターン、アレグラ・スターリング、ジャコモ・トデスキーニ、フランク・トレントマン、メリッサ・ヴェロネージ、エレン・ウェイランド＝スミス、パトリック・ヴェイユ、アルトゥール・ヴェストステイン、そして山本浩司。皆さんに心からの感謝を捧げる。

日本語版へのあとがき

初の著書となる『帳簿の世界史』が出版されたあと、わたしは初めて日本にやってきた。この国はすぐにわたしを引き込み、また、わたしにとってごく自然に感じられた。それは奇妙な、まるで運命のような感覚だった。自然への敬意、妥協を許さない細部への心配り、忍耐、調和のとれた流れや職人気質という概念など、そのすべてが親しみ深く、有益なものに思われた。

わたしはこのとき経済学について、またそれがどのように機能するのか、あるいはしないのかについて考えるという重大なタスクを背負っており、そして市場は単に個人の自由から、また欲望と個人の利益のために協力する人々から生まれるというひどく単純化された考えに、大いに不満を抱いていた。たしかに、それは経済生活のひとつの側面ではある。しかし、富は個人によって個人のためだけに生み出され、全能の市場によって自己調整されるという考えはあまりに単純であり、偉大な経済学史家ジェイコブ・ヴァイナーが言っている通り、やや一神教的で特定の文化に根ざしたものなのではないかと、わたしは感じていた。

一七世紀を深く愛する気持ちと熟考の必要性から、わたしは東京の小石川後楽園へと引き寄せられた。そこにあるのは人工的に表現された自然であり、現実をそのまま小さくした、ほぼ非の打ち所のない空間であったが、江戸時代という文脈から外れてなお、戦争とコンクリートによる再建を生き延びたこの人の手による規律正しい創造物は、わたしに自由を感じさせてくれた。庭園にかかる橋を渡り、島々を眺め、茶室から木立、水面、数々の庭石を愛でつつ茶を飲みながら、わたしは経済学と市場、またそれらを機能させているものについて考え続け、この庭が自分の思考を助けてくれていることをありがたく思った。

この場所で、本書『〈自由市場〉の世界史——キケロからフリードマンまで』のコンセプトは形を取り始めた。事実、日本はヨーロッパ以外の国として最初に工業化を成し遂げて豊かになった国だ。それは日本人の勤勉さがもたらしたものであり、この国の商人の抜け目なさのみならず、明治天皇による改革の賜物でもあった。そこには個人、社会、国がたどった複雑なプロセスがあった。明治時代の日本は、単に鎖を外された市場というだけでなく、古くからの基盤の上に新たな素材を使って慎重かつ戦略的に構築された市場であった。市場と伝統的な庭園とは別のものだが、それらはどちらも、個人の自由という感覚を提供する集団的努力の成果という共通点を持っていると言っても差し支えないだろう。

市場と自由がどのように機能するかというこの視点は、京都への旅においてより明確な焦点を結ぶようになった。知恩院で一日を過ごしたとき、幸運なことに境内にはわたしのほかにほとんど人影がなかった。縁側に座って思索にふけり、庭をめぐり、扉をくぐり、階段を上り、やがてたった一本の通路でしか往来できない丘のてっぺんで目の前にいくつもの伽藍が現れたとき、わたしは類まれな体験をした。知恩院の奥には一棟のお堂があり、そしてそのお堂は、人々が祈りを捧げ、自己の解放だけでなく、他者や先祖、さらには自然と一体となる感覚を見出す場所となっていた。知恩院が神へと、あるいは特定の種類の自由へと通じる人工の扉として機能している様に、わたしは目を見張った。そこは緻密に設計された、霊的な自由のための場所であり、そしてそれは集団的な帰属意識と平和へと戻る道を人々に示しているのだ。

多くの学びを得たことに、わたしは大いなる幸運を感じた。そのお堂はわたしに、ヨーロッパ・ルネサンス時代のストア哲学と、個人の倫理は集団での学問を通じて得られる個人的鍛錬の産物であるという考えを思い起こさせた。この類似性はわたしの心に強く響いた。なぜなら、アダム・スミスの思想の多くが、そうしたストア派の伝統に基づいているからだ。ここで知恩院は再び、わたしを自分の本、そして自由、市場、倫理、社会、国家はそのすべてが富の創造の要素であるということをいかに説明すべきかについての計画に立ち戻らせた。

富は個人の欲望と協力から生まれるというアダム・スミスの考えにわたしは賛同しているが、それでもなお、これらふたつの側面はひとりの市場の神によって自己調整されているわけではないと考えていた。歴史的証拠と経験主義はむしろ、それらは複雑かつ集団的な力の一部、また、厳格な個人的倫理の産物であることを示している。そして個人的な倫理自体は、教育と社会の産物だ。要するに、日本で過ごした時間はわたしに、個人の自由は市場の自由と同じように、優れた計画と集団的意志の産物であるという見識をもたらしてくれたのだ。ここに、少なくとも西洋の伝統においてはパラドックスと呼ぶべきものがある。そこでわたしは、よりアジア的な視点に触発された新たな市場の歴史を書こうと決めた。率直に言って、これは必然のように思われた。日本を皮切りに、アジアは世界の富の中心となり、アメリカの新たな技術力と富さえも、今では日本とアジアの技術、市場、個人と密接に結びつき、これに依存している。わたしの本はどうやら、日本に発想を得てヨーロッパの自由市場についての歴史を綴る初めての試みとなりそうだった。

その理由は、『帳簿の世界史』の成功にあった。台湾から東京、ソウルに至るまでの各地で、『帳簿の世界史』は数万部を売り上げた。わたしは当時まだアジアを知らなかった。わたしは米国とヨーロッパに向けて文章を書いていた。しかし、同書の成功によってわたしは東京に引き寄せられ、そして人生が一変することとなった。六世代にわたる教授の家系の一員として、子供時代の一時期をフランスで過ごし、また、産業家と学者の古い一族の出身で現在一〇四歳になるドイツ人の祖母を持つわたしは、日本のさまざまな文化に奇妙な親しみを覚えた。形式にこだわること、精神修養としての職人気質を重んじること、そしてフランス人としてのわたしの心に通じる、庭園、純粋さ、繊細さ、食への敬意など、それらすべてがわたしを引き寄せ、不思議な安らぎを感じさせた。

わたしはまた、敬愛する同業者である山本浩司准教授から、東大で開催されたカンファレンスに何度か呼んでいただき、そこで同じようなテーマに取り組んでいる経済史家の方々と知り合う機会を得た。思いがけず新たな知の環境に引き込まれたわたしは、ただ学び、啓発されるばかりだった。こうした経験をさせていただけたことへの感謝を、わたしは決して忘れないだろう。『帳簿の世界史』の編集者である下山さんと山本先生のおかげで、わたしは今、一本の赤い糸が自分を日本、そして東大へと導き、同業者、編集者、読者、友人たちと引き合わせ、学びをうながし、そして最終的にこの新しい本の着想に至らしめたのだと信じている。そう、すべては「赤い糸で結ばれている」のだ。

こうして本書『〈自由市場〉の世界史』は、現在わたしが、資本主義や富の創造、政治、倫理の複雑に絡み合った文化的ルーツを題材として執筆している三部作のうちの二作目となった。第一作『帳簿の世界史』では、国家が会計のよしあしによって繁栄したり破綻したりする仕組みを解き明かした。今回の新たな本において取り上げているのは、富を創造するうえでは、いかにして市場は国家と——また国家は市場と——、適切に策定された、緻密で、しばしば市民的な視点を持った方法でかかわらなければならないのかということだ。そして、今取り組んでいる最新作『The Virtue of Capitalism（資本主義の徳）』では、資本主義がどのようにしてマキャヴェリズムやストア哲学の伝統から、また数多くの知見が示す通り、自己利益や政治的・学術的思索、会計文化にとって不可欠な公共の善の考え方に深く根付いた貴族的な倫理的実践という意外なところから発展したのかを説明している。このアプローチはまた、「我慢」という日本の概念への関心からもインスピレーションを得ている。わたしの作業はこのように循環し、新たなルートを通じてもとのトピックへと戻っていく。

それでも、まだ謎は残されていた。なぜほかのどの国にも増して日本の人々が、わたしの作品を気に入ってくれたのだろうか。ある日、『帳簿の世界史』の版権をアジアで最初に取得した下山さん――一流の編集者としてだけでなく、作家としても活躍する稀有な人物――と昼食をとったときのこと、彼はその大いなる寛大さと叡智をもってわたしにこう説明してくれた。読者が気に入ったのは、わたしが現代的なものの諸側面を非常に古い、しかし今も生きているルーツを持っているものとして描いたためであり、そしてわたしは何度でも、古代とつながりのある物語を通して、そうした現代の概念の系譜を語ることができるのだ、と。これには驚かされた。この発想については、フランスの文脈であればさもありなんと感じただろうが、わたしは日本の人々にも、現在を遠い過去と結びついたものとして捉えるという類似の傾向があることに思い至らなかったのだ。そんなわけで、下山さんの賢明な助言と豊かな経験を頼りに、わたしは謙虚な気持ちで、この同じやり方で市場についての本を書いてみることにした。日本とアジアの読者に敬意を払いつつ、しかし同時に、自分自身と自分のプロジェクトを強く意識しながら、わたしは作業を進めた。

歴史についての研究、思考、執筆というのは、たとえて言うならば戸棚を作る作業であり、わたし自身は職人であると言える。ある意味、歴史は死者や祖先だけでなく、彼らの痕跡――あとに残されたテキストや物体――からできている森のようなものだ。歴史家という存在は、古代のテキストや物体から成る森の管理人として働き、それらを手入れして、現代の人々も見ることができるよう作り替えるという重大な責任を負っている。真の歴史家は、視覚、触覚、さらには嗅覚と直感を駆使して木材を選び、長い訓練、謙虚さ、忍耐をもって部材を作り、それらを引き出しがたくさんあるキャビネットのようにつなぎ合わせ、磨き上げなければならない。わたしは筆が遅いため、そうした過去の木々から一冊の本を作るには何年もかかるし、また、正直に言って体力的にも厳しいものがある。本書の場合、わたしが構築に使う部材はヨーロッパのテキストだが、新しく作り替えるうえでのインスピレーションは庭園から、また同時に、これはそうであってほしいという思いから言うのだが、日本の職人気質から得たものだ。一つひとつの章はたくさんの部材、木材、何十本もの釘からできた引き出しであり、徐々にその終わりへと向かいながら、わたしは労を惜しまない姿勢を崩すことなく、磨くだけではなく装飾も施して、引き出しがスムーズに動くようにしなければならない。

それでも、文章は木材のようなものだ。木材は曲がるし、不完全な部分もある。またときに、わたしは間違いを犯す。わたしの目は、もうかつてのそれと同じではない。目を凝らさなければ目標に到達できないし、夜中まで仕事をすれば目を細めなければならず、肩にも背中にも痛みが走る。しかし、同時にそこで見出される安らぎと静寂は、わたしが自分の読んでいるテキストから発せられる古代の声に耳を澄ませる助けとなる――その静謐があるからこそ、テキストはわたしに語りかけ、わたしはその言葉を新しいものへと変えることができる。この死者との対話において、わたしは注意深く、敬意をもって耳を傾けなければならないが、同時に自分が誤りを免れ得ない存在であることを意識しておく必要がある。過去の暗闇を手探りで進むとき、自分が間違いを犯すことを、わたしは知っている。

日本語版の出版によって、わたしは自らの誤り――わたしの本の欠け目やほつれ、不十分な封印や継ぎ目――に気づく機会を得、そして金継ぎの精神に則って、そうした部分を修復することがかなった。このすばらしい特権に対し、わたしはただただ、田中元貴さん率いる作品社のすぐれた編集チームの技量と寛大さ、そして非常に優秀かつ粘り強い翻訳者の北村京子さんに感謝するばかりだ。わたしの本は依然として不完全であり、いわば著者の写し鏡だが、その引き出しは今、日本の読者のみなさんに、以前よりもスムーズに開け閉めしてもらえるようになっており、これによって本書を紐解く作業がさらなる読みやすさ、明快さ、そして楽しさにあふれたものとなることを、わたしは願っている。みなさんがわたしとわたしの作品に忍耐強くお付き合いくださり、この本が何らかの有益な知見や、さらには喜びさえも提供できることを、心から願ってやまない。

原注

〔邦訳が確認できた文献については読者の便宜のために書誌情報を併記した。ただし書名等は本文中の表記とは必ずしも一致していない。編集部記〕

序文——自由市場思想についての新たな起源の物語

1 Leon Walras, *Elements of Pure Economics: or, the Theory of Social Wealth*, trans. William Jaffe (London: Routledge, 1954), 153–155〔ワルラス『純粋経済学要論』, 久武雅夫訳, 岩波書店, 2015年〕; Bernard Cornet, "Equilibrium Theory and Increasing Returns," *Journal of Mathematical Economics* 17 (1988): 103–118; Knud Haakonssen, *Natural Law and Moral Philosophy: From Grotius to the Scottish Enlightenment* (Cambridge: Cambridge University Press, 1996), 25–30.

2 Milton Friedman, *Capitalism and Freedom*, 3rd ed. (Chicago: University of Chicago Press, 2002), 15〔ミルトン・フリードマン『資本主義と自由』, 村井章子訳, 日経BP, 2008年〕; Milton Friedman, *Free to Choose: A Personal Statement*, 3rd ed. (New York: Harcourt, 1990), 20, 145.〔ミルトン・フリードマン『選択の自由——自立社会への挑戦』, 西山千明訳, 日経BP, 2012年〕

3 Anat Admati, "Anat Admati on Milton Friedman and Justice," Insights by Stanford Business, October 5, 2020, www.gsb.stanford.edu/insights/anat-admati-milton-friedman-justice; Diane Coyle, *Markets, State, and People: Economics for Public Policy* (Princeton, NJ: Princeton University Press, 2020), 98–101; Rebecca Henderson, *Reimagining Capitalism in a World on Fire* (New York: Public Affairs, 2020), 19, 67〔レベッカ・ヘンダーソン『資本主義の再構築——公正で持続可能な世界をどう実現するか』, 高遠裕子訳, 日経BP, 2020年〕; Bonnie Kristian, "Republicans More Likely Than Democrats to Say the Free Market Is Bad for America," Foundation for Economic Education, December 9, 2016, https://fee.org/articles/republicans-more-likely-than-democrats-to-say-the-free-market-is-bad-for-america; Jonah Goldberg, "Will the Right Defend Economic Liberty?" *National Review*, May 2, 2019; Martin Wolf, "Why Rigged Capitalism Is Damaging Liberal Democracy," *Financial Times*, September 17, 2019, www.ft.com/content/5a8ab27e-d470-11e9-8367-807ebd53ab77; Ben Riley-Smith, "The Drinks Are on Me, Declares Rishi Sunak in Budget Spending Spree," *The Telegraph*, October 27, 2021; Inu Manak, "Are Republicans Still the Party of Free Trade?," Cato Institute, May 16, 2019, www.cato.org/blog/are-republicans-still-party-free-trade; Aritz Parra, "China's Xi Defends Free Markets as Key to World Prosperity," Associated Press, November 28, 2018.

4 Erik S. Reinert, *How Rich Countries Got Rich, and Why Poor Countries Stay Poor* (London: Public Affairs, 2007); Ciara Linnane, "China's Middle Class Is Now Bigger Than America's Middle Class," Market-Watch, October 17, 2015, www.marketwatch.com/story/chinese-middle-class-is-now-bigger-than-the-us-middle-class-2015-10-15; Javier C. Hernandez and Quoctrung Bui, "The American Dream Is Alive. In China," *New York Times*, November 8, 2018; Karl Polanyi, *The Great Transformation: The Political and Economic Origins of Our Time* (Boston: Beacon Press, 1957), 267–268〔カール・ポラニー『大転換——市場社会の形成と崩壊』, 野口建彦・栖原学訳, 東洋経済新報社, 2009年〕; Fred Block and Margaret R. Somers, *The Power of Market Fundamentalism: Karl Polanyi's Critique* (Cambridge, MA: Harvard University Press, 2014), 2; David Sainsbury, *Windows of Opportunity: How Nations Create Wealth* (London: Profile Books, 2020).

5 Martin Wolf, "Milton Friedman Was Wrong on the Corporation," *Financial Times*, December 8, 2020, www.ft.com/content/e969a756-922e-497b-8550-94bfb1302cdd.

6 Adam Smith, *An Inquiry into the Nature and Causes of the Wealth of Nations*, ed. Roy Harold Campbell and Andrew Skinner, 2 vols. (Indianapolis: Liberty Fund, 1981), vol. 1, bk. IV, chap. ii, para. 10〔アダム・スミス『国富論――国の豊かさの本質と原因についての研究』, 山岡洋一訳, 日経BP, 2023年〕; William J. Barber, *A History of Economic Thought* (London: Penguin, 1967), 17〔ウィリアム・J・バーバー『経済思想史入門』, 稲毛満春・大西高明訳, 至誠堂, 1973年〕; Lars Magnusson, *The Tradition of Free Trade* (London: Routledge, 2004), 16.

7 Joseph A. Schumpeter, *History of Economic Analysis* (London: Allen and Unwin, 1954), 185.〔J・A・シュンペーター『経済分析の歴史』上中下, 東畑精一・福岡正夫訳, 岩波書店, 2005–6年〕

8 Smith, *Wealth of Nations*, vol. 2, bk. IV, chap. ix, para. 3.〔スミス『国富論』〕

9 D. C. Coleman, ed., *Revisions in Mercantilism* (London: Methuen, 1969), 91–117, at 97; William Letwin, *The Origins of Scientific Economics: English Economic Thought, 1660–1776* (London: Methuen, 1963), 43; Lars Magnusson, *Mercantilism: The Shaping of an Economic Language* (London: Routledge, 1994)〔ラース・マグヌソン『重商主義――近世ヨーロッパと経済的言語の形成』, 熊谷次郎・大倉正雄訳, 知泉書館, 2009年〕; Philip J. Stern, *The Company State: Corporate Sovereignty and Early Modern Foundations of the British Empire in India* (Oxford: Oxford University Press, 2011), 5–6; Rupali Mishra, *A Business of State: Commerce, Politics, and the Birth of the East India Company* (Cambridge, MA: Harvard University Press, 2018); Philip J. Stern and Carl Wennerlind, eds., *Mercantilism Reimagined: Political Economy in Early Modern Britain and Its Empire* (Oxford: Oxford University Press, 2014), 6; Schumpeter, *History of Economic Analysis*, 94〔シュンペーター『経済分析の歴史』〕; Eli F. Heckscher, *Mercantilism*, trans. Mendel Shapiro, 2 vols. (London: George Allen and Unwin, 1935); Steve Pincus, "Rethinking Mercantilism: Political Economy, the British Empire, and the Atlantic World in the Seventeenth and Eighteenth Centuries," *William and Mary Quarterly* 69, no. 1 (2012): 3–34.

第1章　キケロの夢

1 Titus Livy, *History of Rome*, trans. John C. Yardley, Loeb Classical Library (Cambridge, MA: Harvard University Press, 2017), bk. 1, chap. 8. Rev. Canon Roberts 編集によるオンライン版は下記参照のこと the Perseus Digital Library, Tufts University, gen. ed. Gregory R. Crane, www.perseus.tufts.edu/hopper/text?doc=urn:cts:latinLit:phi0914.phi0011.perseus-eng3:pr.〔リウィウス『ローマ建国以来の歴史』全14巻, 岩谷智ほか訳, 知泉書館, 2008年–〕

2 Livy, *History of Rome*, bk. 23, chap. 24; bk. 1, chap. 35; Ronald Syme, *The Roman Revolution*, rev. ed. (Oxford: Oxford University Press, 2002), 15.〔リウィウス『ローマ建国以来の歴史』〕

3 Cato, *On Agriculture*, in *Cato and Varro: On Agriculture*, trans. W. D. Hooper and H. B. Ash, Loeb Classical Library (Cambridge, MA: Harvard University Press, 1935), bk. 1, paras. 1–2.

4 Cicero, *De officiis*, trans. Walter Miller, Loeb Classical Library (Cambridge, MA: Harvard University Press, 1913), bk. 1, sec. 13, para. 41.〔キケロー『義務について』, 泉井久之助訳, 岩波文庫, 1961年〕

5 Cicero, *On the Republic*, in Cicero, *On the Republic, On the Laws*, trans. Clinton W. Keyes, Loeb Classical Library (Cambridge, MA: Harvard University Press, 1928), bk. 1, sec. 34, paras. 52–53;

bk. 1, sec. 5, para. 19; bk. 1, sec. 8–9, para. 24.〔キケロー「国家について」『キケロー選集』8巻，岡道男訳，岩波書店，1999年〕

6 Dan Hanchey, "Cicero, Exchange, and the Epicureans," *Phoenix* 67, no. 1–2 (2013): 119–134, at 129; Wood, *Cicero's Social and Political Thought*, 55, 81–82, 112; Cicero, *De officiis*, bk. 3, sec. 6, para. 30; bk. 1, sec. 7, para. 22.〔キケロー『義務について』〕

7 Cicero, *On Ends*, trans. H. Rackham, Loeb Classical Library (Cambridge, MA: Harvard University Press, 1914), bk. 2, sec. 26, para. 83〔キケロー「善と悪の究極について」『キケロー選集』10巻，永田康昭・兼利琢也・岩崎務訳，岩波書店，2000年〕; Hanchey, "Cicero, Exchange," 23; Cicero, *De officiis*, bk. 1, sec. 13, para. 41; bk. 1, sec. 16, para. 50; bk. 1, sec. 17, paras. 53–54〔キケロー『義務について』〕; Cicero, *De amicitia*, in *On Old Age, On Friendship, On Divination*, trans. W. A. Falconer, Loeb Classical Library (Cambridge, MA: Harvard University Press, 1923), sec. 6, para. 22; sec. 7, paras. 23–24; sec. 7, paras. 23–24; sec. 14, paras. 50–52.〔キケロー『友情について』，中務哲郎訳，岩波文庫，2004年〕

8 Cicero, *De officiis*, bk. 3, sec. 5, paras. 21–22; bk. 3, sec. 5, para. 24.〔キケロー『義務について』〕

9 Caesar, *The Gallic War*, trans. H. J. Edwards, Loeb Classical Library (Cambridge, MA: Harvard University Press, 1917), bk. 5, para. 1.〔カエサル『ガリア戦記』，近山金次訳，岩波文庫，1941年〕下記も参照のこと "Internum Mare," in William Smith, *Dictionary of Greek and Roman Geography*, 2 vols. (London: Walton and Maberly, 1856), 1: 1084; Peter Brown, *Through the Eye of the Needle: Wealth, the Fall of Rome, and the Making of Christianity in the West, 350–550 AD* (Princeton, NJ: Princeton University Press, 2014), 69; Pliny, *Natural History*, trans. H. Rackham, 37 vols., Loeb Classical Library (Cambridge, MA: Harvard University Press, 1942), bk. 3.

10 Wood, *Cicero's Social and Political Thought*, 48; Cicero, *In Catilinam*, in Cicero, *Orations: In Catilinam, I–IV, Pro Murena, Pro Sulla, Pro Flacco*, trans. C. Macdonald, Loeb Classical Library (Cambridge, MA: Harvard University Press, 1977), bk. 2, para. 21.〔キケロー「カティリーナ弾劾」『キケロー選集』3巻，小川正廣・根本英世・城江良和訳，岩波書店，2000年〕

11 Cicero, *De officiis*, bk. 1, sec. 8, paras. 25 and 41〔キケロー『義務について』〕; Hanchey, "Cicero, Exchange," 129; Brown, *Through the Eye of the Needle*, 253.

12 A. E. Douglas, "Cicero the Philosopher," in *Cicero*, ed. T. A. Dorey (New York: Basic Books, 1965), 135–171.

13 Douglas, "Cicero the Philosopher."

14 Cicero, *De officiis*, bk. 1, sec. 13, para. 41; bk. 1, sec. 8, para. 25.〔キケロー『義務について』〕

15 Cicero, *On Ends*, bk. 1, sec. 9, para. 30; bk. 1, sec. 10, paras. 32–33.〔キケロー「善と悪の究極について」〕

16 Cicero, *On Ends*, bk. 1, sec. 19, para. 64〔キケロー「善と悪の究極について」〕; Cicero, *On the Republic*, bk. 6, sec. 24, paras. 26–28.〔キケロー「国家について」〕

17 Emily Butterworth, "Defining Obscenity," in *Obscénités renaissantes*, ed. Hugh Roberts, Guillaume Peureux, and Lise Wajeman, Travaux d'humanisme et Renaissance, no. 473 (Geneva: Droz, 2011), 31–37; Cicero, *Orations: Philippics 1–6*, ed. and trans. D. R. Shackleton Bailey, rev. John T. Ramsey and Gesine Manuwald, Loeb Classical Library (Cambridge, MA: Harvard University Press, 2009), chap. 2, paras. 96–98.

第2章　神の経済

1　Matthew, 13: 44; Luke 12: 33; Hebrews 9: 22; Giacomo Todeschini, *Les Marchands et le Temple: La société chrétienne et le cercle vertueux de la richesse du Moyen Âge à l'Époque Moderne* (Paris: Albin Michel, 2017). 聖書からの引用は全てKing James Versionより.〔邦訳では日本聖書協会共同訳を使用〕

2　Luke 12: 33; Matthew 6: 19–21. See also Mark 10:25 and Luke 18: 25.

3　Matthew 25: 29. 投資と報酬についてのこの概念は、以下の論文の基礎となった Robert K. Merton's "Matthew Effect in Science: The Reward and Communication Systems of Science Are Reconsidered," *Science* 159, no. 3810 (1968): 56–63.

4　Proverbs 19: 17. See also Matthew 25: 45.

5　Matthew 19: 12.

6　Clement of Alexandria, *The Rich Man's Salvation*, trans. G. W. Butterworth, rev. ed., Loeb Classical Library (Cambridge, MA: Harvard University Press, 1919), 339; Todeschini, *Les Marchands et le Temple*, 28.

7　Walter T. Wilson, ed. and trans., *Sentences of Sextus* (Atlanta: Society of Biblical Literature, 2012), 33–38, 74, 261–264.

8　Wilson, *Sentences of Sextus*, 2; *The Shepherd of Hermas*, trans. J. B. Lightfoot (New York: Macmillan, 1891), Parable 2, 1[51]: 5, available at Early Christian Writings, www.earlychristianwritings.com/text/shepherd-lightfoot.html; Tertullian, "On the Veiling of Virgins," trans. S. Thelwall, in *The Ante-Nicene Fathers*, ed. Alexander Roberts, James Donaldson, and A. Cleveland Coxe, vol. 4, revised for New Advent by Kevin Knight (Buffalo, NY: Christian Literature Publishing, 1885).

9　Edward Gibbon, *History of the Decline and Fall of the Roman Empire*, 6 vols. (London: Strahan, 1776–1789), vol. 1, chap. 15, n. 96.〔エドワード・ギボン『ローマ帝国衰亡史』全10巻, 中野好夫訳, ちくま文庫, 1995–6年〕

10　Richard Finn, *Almsgiving in the Later Roman Empire: Christian Promotion and Practice, 313–450* (Oxford: Oxford University Press, 2006), 93.

11　Benedicta Ward, *The Desert Fathers: Sayings of the Early Christian Monks* (London: Penguin, 2005), 20–54; Gregory of Nyssa, *On Virginity*, ed. D. P. Curtin, trans. William Moore (Philadelphia: Dalcassian Publishing, 2018), 19.

12　John Chrysostom, "Homily 3: Concerning Almsgiving and the Ten Virgins," in *On Repentance and Almsgiving*, trans. Gus George Christo (Washington, DC: Catholic University of America Press, 1998), 28–42, at 29–31.

13　Chrysostom, "Homily 3," 32.

14　Ambrose, *On the Duties of the Clergy*, trans. A. M. Overett (Savage, MN: Lighthouse Publishing, 2013), 55, 89, 205–206; Ambrose, *De Nabuthae*, ed. and trans. Martin R. P. McGuire (Washington, DC: Catholic University of America Press, 1927), 49.

15　Ambrose, *On the Duties of the Clergy*, 55, 78, 83.

16　Ambrose, *On the Duties of the Clergy*, 122–124.

17　Ambrose, "The Sacraments of the Incarnation of the Lord," in *Theological and Dogmatic Works*, trans. Roy J. Deferrari (Washington, DC: Catholic University of America Press, 1963), 217–264, at 240.

18 Peter Brown, *Augustine of Hippo: A Biography* (Berkeley: University of California Press, 2000), 169.〔ピーター・ブラウン『アウグスティヌス伝』上下，出村和彦訳，教文館，2004年〕

19 Augustine, *On the Free Choice of the Will, On Grace and Free Choice, and Other Writings*, ed. and trans. Peter King (Cambridge: Cambridge University Press, 2010), 1; Peter Brown, "Enjoying the Saints in Late Antiquity," *Early Medieval Europe* 9, no. 1 (2000): 1–24, at 17.

20 Brown, *Augustine of Hippo*, 218–221.〔ブラウン『アウグスティヌス伝』〕

21 Augustine, "Sermon 350," in *Sermons*, ed. John E. Rotelle, trans. Edmund Hill, 10 vols. (Hyde Park, NY: New City Press, 1995), 3: 107–108, available at https://wesleyscholar.com/wp-content/uploads/2019/04/Augustine-Sermons-341-400.pdf; Peter Brown, *Through the Eye of a Needle: Wealth, the Fall of Rome, and the Making of Christianity in the West, 350–550 AD* (Princeton, NJ: Princeton University Press, 2014), 355; Augustine, *Letters*, vol. 2 *(83–130)*, trans. Wilfrid Parsons (Washington, DC: Catholic University of America Press, 1953), 42–48; Brown, *Augustine of Hippo*, 198.〔ブラウン『アウグスティヌス伝』〕

22 Brown, *Augustine of Hippo*, 299.〔ブラウン『アウグスティヌス伝』〕

23 Augustine, *City of God*, trans. Henry Bettenson (London: Penguin, 1984), bk. 1, chap. 8〔アウグスティヌス『神の国』全5巻，服部英次郎・藤本雄三訳，岩波文庫，1982–91年〕; bk. 1, chap. 10.

24 Augustine, *City of God*, bk. 12, chap. 23〔アウグスティヌス『神の国』〕; Augustine, *Divine Providence and the Problem of Evil: A Translation of St. Augustine's de Ordine*, trans. Robert P. Russell (Whitefish, MT: Kessinger, 2010), 27–31.

25 Augustine, "Exposition of the Psalms," ed. Philip Schaff, trans. J. E. Tweed, in *Nicene and Post-Nicene Fathers*, First Series, vol. 8 (Buffalo, NY: Christian Literature Publishing, 1888), revised for New Advent by Kevin Knight, www.newadvent.org/fathers/1801.htm.

第3章　中世市場メカニズムにおける神

1 Michael McCormick, *Origins of the European Economy: Communications and Commerce AD 300–900* (Cambridge: Cambridge University Press, 2001), 37, 87.

2 Georges Duby, *The Early Growth of the European Economy: Warriors and Peasants from the Seventh to the Twelfth Century*, trans. Howard B. Clarke (Ithaca, NY: Cornell University Press, 1974), 29; J. W. Hanson, S. G. Ortman, and J. Lobo, "Urbanism and the Division of Labour in the Roman Empire," *Journal of the Royal Society Interface* 14, no. 136 (2017), Interface 14, 20170367; Rosamond McKitterick, ed., *The Early Middle Ages* (Oxford: Oxford University Press, 2001), 100.

3 McCormick, *Origins of the European Economy*, 38, 40–41, 87, 101; Procopius, *The Wars of Justinian*, trans. H. B. Dewing, rev. Anthony Kaldellis (Indianapolis: Hackett Publishing, 2014), bk. 2, chaps. 22–33; Guy Bois, *La mutation de l'an mil. Lournand, village mâconnais de l'antiquite au feodalisme* (Paris: Fayard, 1989), 31.

4 Valentina Toneatto, *Les banquiers du seigneur* (Rennes, France: Presses Universitaires de Rennes, 2012), 291.

5 Tonneato, *Les banquiers du seigneur*, 315; Giacomo Todeschini, *Les Marchands et le Temple: La societe chretienne et le cercle vertueux de la richesse du Moyen Âge à l'Époque Moderne* (Paris: Albin Michel, 2017), 37.

6 Toneatto, *Les banquiers du seigneur*, 160; Alisdair Dobie, *Accounting at the Durham Cathedral*

Priory: Management and Control of a Major Ecclesiastical Corporation, 1083–1539 (London: Palgrave Macmillan, 2015), 145–146.

7 McKitterick, *Early Middle Ages*, 104.

8 "Customs of Saint-Omer (ca. 1100)," in *Medieval Europe*, ed. Julius Kirshner and Karl F. Morrison (Chicago: University of Chicago Press, 1986), 87–95.

9 Alan Harding, "Political Liberty in the Middle Ages," *Speculum* 55, no. 3 (1980): 423–443, at 442.

10 "Customs of Saint-Omer," 87.

11 Giacomo Todeschini, *Franciscan Wealth: From Voluntary Poverty to Market Society*, trans. Donatella Melucci (Saint Bonaventure, NY: Saint Bonaventure University, 2009), 14; Todeschini, *Les Marchands du Temple*, 70.

12 Henry Haskins, *The Renaissance of the Twelfth Century* (Cambridge, MA: Harvard University Press, 1933), 344–350〔チャールズ・ホーマー・ハスキンズ『十二世紀のルネサンス――ヨーロッパの目覚め』, 別宮貞徳・朝倉文市訳, 講談社学術文庫, 2017年〕; D. E. Luscumbe and G. R. Evans, "The Twelfth-Century Renaissance," in *The Cambridge History of Medieval Political Thought, c. 350–c. 1450*, ed. J. H. Burns (Cambridge: Cambridge University Press, 1988), 306–338, at 306; F. Van Steenberghen, *Aristotle in the West: The Origins of Latin Aristotelianism*, trans. L. Johnston (Leuven, Belgium: E. Nauwelaerts, 1955), 30–33.

13 Odd Langholm, *Price and Value in the Aristotelian Tradition: A Study in Scholastic Economic Sources* (Bergen, Norway: Universitetsforlaget, 1979), 29; Gratian, *The Treatise on Laws (Decretum DD. 1–20)*, trans. Augustine Thompson (Washington, DC: Catholic University of America Press, 1993), 25; Brian Tierney, *The Idea of Natural Rights: Studies on Natural Rights, Natural Law, and Church Law, 1150–1625* (Atlanta: Emory University, 1997), 56.

14 David Burr, "The *Correctorium* Controversy and the Origins of the *Usus Pauper* Controversy," *Speculum* 60, no. 2 (1985): 331–342, at 338.

15 Saint Thomas Aquinas, *Summa Theologica*, vol. 53, Question 77, Articles 1, 3〔トマス・アクィナス『神学大全』, 高田三郎ほか訳, 創文社, 1960–2012年〕; Raymond de Roover, "The Story of the Alberti Company of Florence, 1302–1348, as Revealed in Its Account Books," *Business History Review* 32, no. 1 (1958): 14–59.

16 W. M. Speelman, "The Franciscan *Usus Pauper*: Using Poverty to Put Life in the Perspective of Plenitude," *Palgrave Communications* 4, no. 77 (2018), open access: https://doi.org/10.1057/s41599-018-0134-4; Saint Bonaventure, *The Life of St. Francis of Assisi*, ed. Cardinal Manning (Charlotte, NC: TAN Books, 2010), 54–55.

17 Norman Cohn, *Pursuit of the Millennium: Revolutionary Millenarians and Mystical Anarchists of the Middle Ages* (Oxford: Oxford University Press, 1970), 148–156.〔ノーマン・コーン『千年王国の追求』, 江河徹訳, 紀伊國屋書店, 2008年〕

18 John Duns Scotus, *Political and Economic Philosophy*, ed. and trans. Allan B. Wolter (Saint Bonaventure, NY: Franciscan Institute Publications, 2000), 27.

19 Lawrence Landini, *The Causes of the Clericalization of the Order of Friars Minor, 1209–1260 in the Light of Early Franciscan Sources* (Rome: Pontifica Universitas, 1968); David Burr, *Olivi and Franciscan Poverty: The Origins of the Usus Pauper Controversy* (Philadelphia: University of Pennsylvania Press, 1989), 5, 9.

20 Burr, *Olivi and Franciscan Poverty*, 11–12.

21 Nicholas III, *Exiit qui seminat* (*Confirmation of the Rule of the Friars Minor*), 1279, Papal Encyclicals Online, www.papalencyclicals.net/nichol03/exiit-e.htm.

22 Piron Sylvain, "Marchands et confesseurs: Le Traite des contrats d'Olivi dans son contexte (Narbonne, fin XIIIe–debut XIVe siècle)," in *Actes des congrès de la Société des historiens médiévistes de l'enseignement supérieur public, 28e congres* 28 (1997): 289–308; Pierre Jean Olivi, *De usu paupere: The quaestio and the tractatus*, ed. David Burr (Florence: Olschki, 1992), 47–48.

23 Olivi, *De usu paupere*, 48.

24 Sylvain Piron, "Censures et condemnation de Pierre de Jean Olivi: Enquête dans les marges du Vatican," *Mélanges de l'École francaise de Rome — Moyen Âge* 118, no. 2 (2006): 313–373.

25 Pierre Jean Olivi, *Traite sur les contrats*, ed. and trans. Sylvain Piron (Paris: Les Belles Lettres, 2012), 103–115.

26 Peter John Olivi, "On Usury and Credit (ca. 1290)," in *University of Chicago Readings in Western Civilization*, ed. Julius Kirshner and Karl F. Morrison (Chicago: University of Chicago Press, 1987), 318–325, at 318; Langholm, *Price and Value*, 29, 52.

27 Langholm, *Price and Value*, 119, 137.

28 Tierney, *Idea of Natural Rights*, 33; William of Ockham, *On the Power of Emperors and Popes*, ed. and trans. Annabel S. Brett (Bristol: Theommes Press, 1998).

29 Tierney, *Idea of Natural Rights*, 101.

30 Tierney, *Idea of Natural Rights*, 35; Ockham, *On the Power of Emperors and Popes*, 35–37, 97.

31 Ockham, *On the Power of Emperors and Popes*, 15, 76, 79, 96.

32 Harry A. Miskimin, *The Economy of Later Renaissance Europe, 1460–1600* (Cambridge: Cambridge University Press, 1977), 11.

第4章　フィレンツェの富とマキャヴェッリ的市場

1 Raymond de Roover, "The Story of the Alberti Company of Florence, 1302–1348, as Revealed in Its Account Books," *Business History Review* 32, no. 1 (1958): 14–59, at 46; Marcia L. Colish, "Cicero's *De officiis* and Machiavelli's *Prince*," *Sixteenth Century Journal* 9, no. 4 (1978): 80–93, at 82; N. E. Nelson, "Cicero's *De officiis* in Christian Thought, 300–1300," in *Essays and Studies in English and Comparative Literature*, University of Michigan Publications in Language and Literature, vol. 10 (Ann Arbor: University of Michigan Press, 1933), 59–160; Albert O. Hirschman, *The Passions and the Interests: Political Arguments for Capitalism Before Its Triumph* (Princeton, NJ: Princeton University Press, 1977), 10.〔アルバート・O・ハーシュマン『情念の政治経済学』, 佐々木毅・旦祐介訳, 法政大学出版局, 2014年〕

2 William M. Bowsky, *The Finance of the Commune of Siena, 1287–1355* (Oxford: Clarendon Press, 1970), 1, 209.

3 Nicolai Rubenstein, "Political Ideas in Sienese Art: The Frescoes by Ambrogio Lorenzetti and Taddeo di Bartolo in the Palazzo Pubblico," *Journal of the Warburg and Courtauld Institutes* 21, no. 3/4 (1958): 179–207; Quentin Skinner, "Ambrogio Lorenzetti's Buon Governo Frescoes: Two Old Questions, Two New Answers," *Journal of the Warburg and Courtauld Institutes* 62, no. 1 (1999): 1–28, at 6.

4 Arpad Steiner, "Petrarch's *Optimus Princeps*," *Romanic Review* 23 (1934): 99–111; Christian Bec, *Les marchands écrivains: Affaires et humanisme a Florence, 1375–1434* (Paris: École Pratique des Hautes Etudes, 1967), 49–51; Francesco Petrarca, "How a Ruler Ought to Govern His State," in *The Earthly Republic: Italian Humanists on Government and Society*, ed. Benjamin G. Kohl and Ronald G. Witt (Philadelphia: University of Pennsylvania Press, 1978), 35–92, at 37.

5 James Hankins, *Virtue Politics: Soulcraft and Statecraft in Renaissance Italy* (Cambridge, MA: Belknap Press of Harvard University Press, 2019), 2, 42, 46; Steiner, "Petrarch's *Optimus Princeps*," 104.

6 Raymond de Roover, "The Concept of the Just Price: Theory and Economic Policy," *Journal of Economic History* 18, no. 4 (1958): 418–434, at 425; Cicero, *De officiis*, trans. Walter Miller, Loeb Classical Library (Cambridge, MA: Harvard University Press, 1913), bk. 1, sec. 13–14, paras. 43–45.〔キケロー『義務について』〕

7 Gertrude Randolph Bramlette Richards, *Florentine Merchants in the Age of the Medici: Letters and Documents from the Selfridge Collection of Medici Manuscripts* (Cambridge, MA: Harvard University Press, 1932), 5; Armando Sapori, *La crisi delle compagnie mercantili dei Bardi dei Peruzzi* (Florence: Olschki, 1926); Robert S. Lopez, *The Commercial Revolution of the Middle Ages, 950–1350* (Cambridge: Cambridge University Press, 1976), 27–36〔ロバート・S・ロペス『中世の商業革命——ヨーロッパ950–1350』, 宮松浩憲訳, 法政大学出版局, 2007年〕; Gino Luzzatto, *Breve storia economica dell'Italia medieval* (Turin: Einaudi, 1982); Giovanni di Pagolo Morelli, *Ricordi*, ed. V. Branca (Florence: F. Le Monnier, 1956), 100–101; Matteo Palmieri, *Dell' Ottimo Cittadino: Massime tolte dal Trattato della Vita Civile* (Venice: Dalla Tipografia di Alvisopoli, 1829), 20, 66, 167–168.

8 Benedetto Cotrugli, *The Book of the Art of Trade*, ed. Carlo Carraro and Giovanni Favero, trans. John Francis Phillimore (Cham, Switzerland: Palgrave Macmillan, 2017).〔ベネデット・コトルリ『世界初のビジネス書——15世紀イタリア商人ベネデット・コトルリ15の黄金則』, 伊藤博明訳, すばる舎, 2021年〕

9 Cotrugli, *Book of the Art of Trade*, 4.〔コトルリ『世界初のビジネス書』〕

10 Cotrugli, *Book of the Art of Trade*, 112–115.〔コトルリ『世界初のビジネス書』〕

11 Cotrugli, *Book of the Art of Trade*, 25, 30, 33.〔コトルリ『世界初のビジネス書』〕

12 Cotrugli, *Book of the Art of Trade*, 46–49, 62, 86, 112–113.〔コトルリ『世界初のビジネス書』〕

13 Felix Gilbert, *Machiavelli and Guicciardini: Politics and History in Sixteenth-Century Florence* (Princeton, NJ: Princeton University Press, 1965), 160–161.

14 Hirschman, *The Passions and the Interests*, 33〔ハーシュマン『情念の政治経済学』〕; Niccolò Machiavelli, *The Prince*, ed. and trans. William J. Connell (Boston: Bedford/St. Martin's, 2005), 61–62〔マキアヴェッリ『君主論』, 河島英昭訳, 岩波文庫, 1998年〕; Colish, "Cicero's *De officiis* and Machiavelli's *Prince*," 92.

15 Jacob Soll, *Publishing* The Prince*: History, Reading, and the Birth of Political Criticism* (Ann Arbor: University of Michigan Press, 2005), 23; Niccolo Machiavelli, *The Discourses*, ed. Bernard Crick, trans. Leslie J. Walker, rev. Brian Richardson (London: Penguin, 1970), 37–39, 201.〔マキァヴェッリ『ディスコルシ ローマ史論』, 永井三明訳, ちくま学芸文庫, 2011年〕

16 Machiavelli, *The Discourses*, 39〔マキァヴェッリ『ディスコルシ ローマ史論』〕; John McCormick,

Machiavellian Democracy (Cambridge: Cambridge University Press, 2011), 55, 201; Gilbert, *Machiavelli and Guicciardini*, 184–185; Machiavelli, *The Prince*, 61–62.〔マキアヴェッリ『君主論』〕

17 Machiavelli, *The Prince*, 55〔マキアヴェッリ『君主論』〕; Jeremie Bartas, *L'argent n'est pas le nerf de la guerre: Essai sur une pretendue erreur de Machiavel* (Rome: École Française de Rome, 2011), 32–36; McCormick, *Machiavellian Democracy*, 87; Machiavelli, *The Discourses*, 201–203.〔マキアヴェッリ『ディスコルシ ローマ史論』〕

18 McCormick, *Machiavellian Democracy*, 26; Charles Tilly, "Reflection on the History of European State-Making," in *The Formation of National States in Western Europe*, ed. Charles Tilly (Princeton, NJ: Princeton University Press, 1975), 3–83, at 52–56; Margaret Levy, *Of Rule and Revenue* (Berkeley: University of California Press, 1988), 202; Niccolo Machiavelli, *Florentine Histories*, trans. Laura F. Banfield and Harvey K. Mansfield Jr. (Princeton, NJ: Princeton University Press, 1988), 121–123.〔マキアヴェッリ『フィレンツェ史』上下，齊藤寛海訳，岩波文庫，2012年〕

19 Machiavelli, *Florentine Histories*, 159.〔マキアヴェッリ『フィレンツェ史』〕

第5章　イングランドの「国家による自由貿易」

1 Quentin Skinner, *The Foundations of Modern Political Thought*, 2 vols. (Cambridge: Cambridge University Press, 1978), 2: 5, 284.〔クエンティン・スキナー『近代政治思想の基礎——ルネッサンス、宗教改革の時代』，門間都喜郎訳，春風社，2009年〕

2 Harry A. Miskimin, *The Economy of Later Renaissance Europe, 1460–1600* (Cambridge: Cambridge University Press, 1977), 36.

3 Skinner, *Foundations of Modern Political Thought*, 2: 139〔スキナー『近代政治思想の基礎』〕; Francisco de Vitoria, *Political Writings*, ed. Anthony Pagden and Jeremy Lawrence (Cambridge: Cambridge University Press, 1991), xv–xix; Martín de Azpilcueta, *Commentary on the Resolution of Money (1556)*, in *Sourcebook in Late-Scholastic Monetary Theory: The Contributions of Martin de Azpilcueta, Luis de Molina, S.J., and Juan de Mariana, S.J.*, ed. Stephen J. Grabill (Lanham, MD: Lexington Books, 2007), 1–107, at 79; Martin de Azpilcueta, *On Exchange*, trans. Jeannine Emery (Grand Rapids, MI: Acton Institute, 2014), 127. 下記も参照のこと Alejandro Chafuen, *Faith and Liberty: The Economic Thought of the Late Scholastics* (Lanham, MD: Lexington Books, 2003), 54; Marjorie Grice-Hutchinson, *The School of Salamanca: Readings in Spanish Monetary Theory, 1544–1605* (Oxford: Clarendon Press, 1952), 48.

4 Raymond de Roover, *Money, Banking and Credit in Medieval Bruges* (Cambridge, MA: Medieval Academy of America, 1948), 17; Mark Koyama, "Evading the 'Taint of Usury': The Usury Prohibition as a Barrier to Entry," *Explorations in Economic History* 47, no. 4 (2010): 420–442, at 428.

5 Martin Bucer, *De Regno Christi*, in *Melancthon and Bucer*, ed. Wilhelm Pauk (Philadelphia: Westminster Press, 1969), 155–394, at 304; Steven Rowan, "Luther, Bucer, Eck on the Jews," *Sixteenth Century Journal* 16, no. 1 (1985): 79–90, at 85; Bucer, *Regno Christi*, 302; Constantin Hopf, *Martin Bucer and the English Reformation* (London: Blackwell, 1946), 124–125; Martin Greschat, *Martin Bucer: A Reformer and His Times*, trans. Stephen E. Buckwalter (Louisville, KY: Westminster John Knox Press, 2004), 236–237.

6 Jacob Soll, "Healing the Body Politic: French Royal Doctors, History and the Birth of a Nation, 1560–1634," *Renaissance Quarterly* 55, no. 4 (2002): 1259–1286.

7 Jean Bodin, *Les six livres de la République*, ed. Gérard Mairet (Paris: Livre de Poche, 1993), 428–429, 431, 485, 487, 500.

8 Louis Baeck, "Spanish Economic Thought: The School of Salamanca and the Arbitristas," *History of Political Economy* 20, no. 3 (1988): 394.

9 Henri Hauser, ed., *La vie chère au XVIe siècle: La Reponse de Jean Bodin à M. de Malestroit 1568* (Paris: Armand Colin, 1932), xxxii; J. H. Elliott, "Self-Perception and Decline in Early Seventeenth-Century Spain," *Past and Present* 74 (1977): 49–50.

10 Hauser, *La vie chère*, lviii.

11 Hauser, *La vie chère*, 499–500.

12 David Sainsbury, *Windows of Opportunity: How Nations Create Wealth* (London: Profile Books, 2020), 11.

13 Giovanni Botero, *The Reason of State* (Cambridge: Cambridge University Press, 2017), 4; Giovanni Botero, *On the Causes of the Greatness and Magnificence of Cities*, ed. and trans. Geoffrey Symcox (Toronto: University of Toronto Press, 2012), xxxiii, 39–45.

14 Botero, *On the Causes of the Greatness and Magnificence of Cities*, 43–44; Sophus A. Reinert, *Translating Empire: Emulation and the Origins of Political Economy* (Cambridge, MA: Harvard University Press, 2011), 117; Erik S. Reinert, "Giovanni Botero (1588) and Antonio Serra (1613): Italy and the Birth of Development Economics," in *The Oxford Handbook of Industrial Policy*, ed. Arkebe Oqubay, Christopher Cramer, Ha-Joon Chang, and Richard Kozul-Wright (Oxford: Oxford University Press, 2020), 3–41.

15 Antonio Serra, *A Short Treatise on the Wealth and Poverty of Nations (1613)*, ed. Sophus A. Reinert, trans. Jonathan Hunt (New York: Anthem, 2011), 121; Jamie Trace, *Giovanni Botero and English Political Thought* (doctoral thesis, University of Cambridge, 2018).

16 Craig Muldrew, *The Economy of Obligation* (New York: Palgrave, 1998), 53.

17 Muldrew, *Economy of Obligation*, 97, 109, 138, 151; Nicolas Grimalde, *Marcus Tullius Ciceroes Thre Bokes of Duties, to Marcus His Sonne, Turned Oute of Latine into English*, ed. Gerald O'Gorman (Washington, DC: Folger Books, 1990), 207.

18 Joyce Oldham Appleby, *Economic Thought and Ideology in Seventeenth-Century England* (Princeton, NJ: Princeton University Press, 1978), 34. See also Elizabeth Lamond, ed., *A Discourse of the Common Weal of This Realm of England. First Printed in 1581 and Commonly Attributed to W.S.* (Cambridge: Cambridge University Press, 1929), 15, 59, 93; Mary Dewar, "The Authorship of the 'Discourse of the Commonweal,'" *Economic History Review* 19, no. 2 (1966): 388–400.

19 Sir Walter Raleigh, *The Discovery of the Large, Rich, and Beautiful Empire of Guiana, with a Relation of the Great and Golden City of Manoa Which the Spaniards Call El Dorado*, ed. Robert H. Schomburgk (New York: Burt Franklin, 1848), lxxix.

20 Gerard de Malynes, *Lex Mercatoria* (Memphis: General Books, 2012), 5.

21 Malynes, *Lex Mercatoria*, 27; William Eamon, *Science and the Secrets of Nature: Books and Secrets in Medieval and Early Modern Culture* (Princeton, NJ: Princeton University Press, 1994); Claire Lesage, "La Litterature des secrets et I Secreti d'Isabella Cortese," *Chroniques italiennes* 36 (1993): 145–178; Carl Wennerlind, *Casualties of Credit: The English Financial Revolution, 1620–1720* (Cambridge, MA: Harvard University Press, 2011), 48.

22 Wennerlind, *Casualties of Credit*, 79, 114, 211; Gerard de Malynes, *The Maintenance of Free Trade* (New York: Augustus Kelley, 1971), 47.

23 Malynes, *Maintenance of Free Trade*, 83, 105.

24 Appleby, *Economic Thought and Ideology*, 37; Thomas Mun, *The Complete Works: Economics and Trade*, ed. Gavin John Adams (San Bernardino, CA: Newton Page, 2013), 145.

25 Edward Misselden, *Free Trade of the Meanes to Make Trade Florish* (London: John Legatt, 1622), 20, 80, 84.

26 Lawrence A. Harper, *The English Navigation Laws: A Seventeenth-Century Experiment in Social Engineering* (New York: Octagon Books, 1960), 40.

27 Charles Henry Wilson, *England's Apprenticeship, 1603–1763* (London: Longmans, 1965), 65; Jean-Baptiste Colbert, "Memoire touchant le commerce avec l'Angleterre, 1651," in *Lettres, instructions, et memoires de Colbert*, ed. Pierre Clement, 10 vols. (Paris: Imprimerie Imperiale, 1861–1873), vol. 2, pt. 2, pp. 405–409; Harper, *English Navigation Laws*, 16; Moritz Isenmann, "Égalité, réciprocité, souvraineté: The Role of Commercial Treaties in Colbert's Economic Policy," in *The Politics of Commercial Treaties in the Eighteenth Century: Balance of Power, Balance of Trade*, ed. Antonella Alimento and Koen Stapelbroek (London: Palgrave Macmillan, 2017), 77–104.

第6章　オランダ共和国の自由と富

1 M. F. Bywater and B. S. Yamey, *Historic Accounting Literature: A Companion Guide* (London: Scholar Press, 1982), 87.

2 Jacob Soll, *The Reckoning: Financial Accountability and the Rise and Fall of Nations* (New York: Basic Books, 2014), 77.〔ジェイコブ・ソール『帳簿の世界史』, 村井章子訳, 文春文庫, 2018年〕

3 Maarten Prak, *The Dutch Republic in the Seventeenth Century* (Cambridge: Cambridge University Press, 2005), 29.

4 Prak, *Dutch Republic*, 102.

5 Prak, *Dutch Republic*, 91.

6 Koen Stapelbroek, "Reinventing the Dutch Republic: Franco-Dutch Commercial Treaties from Ryswick to Vienna," in *The Politics of Commercial Treaties in the Eighteenth Century: Balance of Power, Balance of Trade*, ed. Antonella Alimento and Koen Stapelbroek (Cham, Switzerland: Palgrave Macmillan, 2017), 195–215, at 199.

7 Prak, *Dutch Republic*, 105.

8 Prak, *Dutch Republic*, 96; Margaret Schotte, *Sailing School: Navigating Science and Skill, 1550–1800* (Baltimore: Johns Hopkins University Press, 2019), 42, 53.

9 J. M. de Jongh, "Shareholder Activism at the Dutch East India Company, 1622–1625," January 10, 2010, Palgrave Macmillan 2011, available at SSRN, https://ssrn.com/abstract=1496871; Jonathan Koppell, ed., *Origins of Shareholder Activism* (London: Palgrave, 2011); Alexander Bick, *Minutes of Empire: The Dutch West India Company and Mercantile Strategy, 1618–1648* (Oxford: Oxford University Press, forthcoming); Theodore K. Rabb, *Enterprise and Empire: Merchant and Gentry Investment in the Expansion of England, 1575–1630* (Cambridge, MA: Harvard University Press, 2014), 38–41.

10 Lodewijk J. Wagenaar, "Les mécanismes de la prospérité," in *Amsterdam XVIIe siècle: Marchands et*

philosophes. Les benefices de la tolerance, ed. Henri Mechoulan (Paris: Editions Autrement, 1993), 59–81.

11 "A Translation of the Charter of the Dutch East India Company (1602)," ed. Rupert Gerritsen, trans. Peter Reynders (Canberra: Australasian Hydrographic Society, 2011), 4.

12 De Jongh, "Shareholder Activism," 39.

13 Soll, *Reckoning*, 80〔ソール『帳簿の世界史』〕; Kristof Glamann, *Dutch Asiatic Trade, 1620–1740* (The Hague: Martinus Nijhoff, 1981), 245.

14 Soll, *Reckoning*, 81.〔ソール『帳簿の世界史』〕

15 Hugo Grotius, *Commentary on the Law of Prize and Booty*, ed. Martine Julia van Ittersum (Indianapolis: Liberty Fund, 2006), xiii.

16 Grotius, *Commentary*, 10, 27; Hugo Grotius, *The Free Sea*, ed. David Armitage (Indianapolis: Liberty Fund, 2004), xiv, 7, 18.〔グロティウス「海洋自由論」,『海洋自由論／海洋閉鎖論1』, 本田裕志訳, 京都大学学術出版会, 2021年〕

17 Grotius, *Free Sea*, 5, 24–25, 32.〔グロティウス「海洋自由論」〕

18 Grotius, *Free Sea*, 57〔グロティウス「海洋自由論」〕; Hugo Grotius, *The Rights of War and Peace*, ed. Richard Tuck, 3 vols. (Indianapolis: Liberty Fund, 2005), 3: 1750, 2: 430–431.

19 Grotius, *Rights of War and Peace*, 2: 556–557; Brett Rushforth, *Bonds of Alliance: Indigenous and Atlantic Slaveries in New France* (Chapel Hill: University of North Carolina Press, 2012), 90.

20 Rushforth, *Bonds of Alliance*, 93.

21 Rushforth, *Bonds of Alliance*, 70; Grotius, *Free Sea*, xii–xxiii.〔グロティウス「海洋自由論」〕

22 商人の徳に対する新たな考え方については以下を参照のことJ. G. A. Pocock, *The Machiavellian Moment: Florentine Political Thought and the Atlantic Republican Tradition* (Princeton, NJ: Princeton University Press, 1975), 478.〔J・G・A・ポーコック『マキァヴェリアン・モーメント――フィレンツェの政治思想と大西洋圏の共和主義の伝統』, 田中秀夫・奥田敬・森岡邦泰訳, 名古屋大学出版会, 2008年〕

23 Pieter de La Court, *The True Interest and Political Maxims of the Republick of Holland and West-Friesland* (London: 1702), vi, 4–6, 9.

24 De La Court, *True Interest and Political Maxims*, 24–35.

25 De La Court, *True Interest and Political Maxims*, 63, 51, 55.

26 De La Court, *True Interest and Political Maxims*, 45, 51, 55, 312, 315.

27 Prak, *Dutch Republic*, 51, 53.

28 Prak, *Dutch Republic*, 59.

第7章　ジャン＝バティスト・コルベールと国家が作る市場

1 Pierre Deyon, "Variations de la production textile aux XVIe et XVIIe siècles: Sources et premiers resultats," *Annales. Histoire, sciences sociales* 18, no. 5 (1963): 939–955, at 949.

2 Daniel Dessert and Jean-Louis Journet, "Le lobby Colbert," *Annales* 30, no. 6 (1975): 1303–1329; Georg Bernhard Depping, *Correspondance administrative sous le règne de Louis XIV*, 3 vols. (Paris: Imprimerie Nationale, 1852), 3: 428; Philippe Minard, "The Market Economy and the French State: Myths and Legends Around Colbertism," *L'Économie politique* 1, no. 37 (2008): 77–94; Jean-Baptiste Colbert, "Mémoire sur le commerce: Premier Conseil de Commerce Tenu par le Roy,

dimanche, 3 aoust 1664," in *Lettres, instructions, et mémoires de Colbert*, ed. Pierre Clement, 10 vols. (Paris: Imprimerie Impériale, 1861–1873), vol. 2, pt. 1, p. cclxvi; Jean-Baptiste Colbert, "Mémoire touchant le commerce avec l'Angleterre," in *Lettres*, vol. 2, pt. 2, p. 407.

3 Colbert, "Memoire touchant le commerce avec l'Angleterre," vol. 2, pt. 2, pp. cclxviii, 48, 407; D'Maris Coffman, *Excise Taxations and the Origins of Public Debt* (London: Palgrave Macmillan, 2013).

4 Colbert, "Memoire sur le commerce, 1664," vol. 2, pt. 1, pp. cclxii–cclxxii, at cclxviii, cclxix; Jean-Baptiste Colbert, "Aux maires, echevins, et jurats des villes maritimes de l'ocean, aoust 1669," in *Lettres*, vol. 2, pt. 2, p. 487; Colbert to M. Barillon, intendant at Amiens, mars 1670, in *Lettres*, vol. 2, pt. 2, pp. 520–521; Colbert to M. Bouchu, intentant at Dijon, juillet 1671, in *Lettres*, vol. 2, pt. 2, p. 627.

5 Gustav von Schmoller, *The Mercantile System and Its Historical Significance* (New York: Macmillan, 1897); Erik Grimmer-Solem, *The Rise of Historical Economics and Social Reform in Germany, 1864–1894* (Oxford: Oxford University Press, 2003). 開発経済学については、以下を参照のこと Erik S. Reinert, "The Role of the State in Economic Growth," *Journal of Economic Studies* 26, no. 4/5 (1999): 268–326.

6 Deyon, "Variations de la production textile," 949, 951–953; François Crouzet, "Angleterre et France au XVIIIe siècle: Essaie d'analyse comparé de deux croissances économiques," *Annales. Économies, sociétés, civilisations* 21, no. 2 (1966): 254–291, at 267.

7 Crouzet, "Angleterre et France au XVIIIe siècle," 266, 268; Eli F. Heckscher, *Mercantilism*, trans. Mendel Shapiro, 2 vols. (London: George Allen and Unwin, 1935), 1: 82; Stewart L. Mims, *Colbert's West India Policy* (New Haven, CT: Yale University Press, 1912); Charles Woolsey Cole, *Colbert and a Century of French Mercantilism*, 2 vols. (New York: Columbia University Press, 1939), 1: 356–532; Charles Woolsey Cole, *French Mercantilism, 1683–1700* (New York: Octagon Books, 1971); Glenn J. Ames, *Colbert, Mercantilism, and the French Quest for Asian Trade* (DeKalb: Northern Illinois University Press, 1996); Philippe Minard, *La fortune du colbertisme: État et industrie dans la France des Lumières* (Paris: Fayard, 1998).

8 Colbert, *Lettres*, vol. 2, pt. 2, p. 457.

9 Colbert, "Mémoire sur le commerce, 1664," vol. 2, pt. 1, pp. cclxii–cclxxii, at cclxviii; Colbert, "Memoire touchant le commerce avec l'Angleterre," 405–409; Georg Bernhard Depping, *Correspondance administrative sous le règne de Louis XIV*, vol. 3 (Paris: Imprimerie Nationale, 1852), 90, 428, 498, 524, 570; Moritz Isenmann, "Égalité, réciprocité, souvraineté: The Role of Commercial Treaties in Colbert's Economic Policy," in *The Politics of Commercial Treaties in the Eighteenth Century: Balance of Power, Balance of Trade*, ed. Antonella Alimento and Koen Stapelbroek (London: Palgrave Macmillan, 2017), 79.

10 Colbert, "Mémoire touchant le commerce avec l'Angleterre," 405–409, 496, 523, 570; Lawrence A. Harper, *The English Navigation Laws: A Seventeenth-Century Experiment in Social Engineering* (New York: Octagon Books, 1964), 16; John U. Nef, *Industry and Government in France and England, 1540–1640* (repr., Ithaca, NY: Cornell University Press, 1957 [1940]), 13, 27.〔J・U・ネフ『十六・七世紀の産業と政治――フランスとイギリス』, 紀藤信義・隅田哲司訳, 未來社, 1977年〕

11 Colbert, "Memoire touchant le commerce avec l'Angleterre," 487; Colbert to M. du Lion, September 6, 1673, in *Lettres*, vol. 2, pt. 1, p. 57; Colbert to M. de Baas, April 9, 1670, in *Lettres*, vol. 2, pt. 2, p. 479.

12 Ames, *Colbert, Mercantilism*, 189; Mims, *Colbert's West India Policy*, 232; Mireille Zarb, *Les pivileges de la Ville de Marseille du Xe siècle à la Révolution* (Paris: Éditions A. et J. Picard, 1961), 163, 329; Jean-Baptiste Colbert, "Memoire touchant le commerce avec l'Angleterre," 407.

13 Jacques Saint-Germain, *La Reynie et la police au Grand Siècle: D'après de nombreux documents inedits* (Paris: Hachette, 1962), 238, 240.

14 François Charpentier, *Discours d'un fidèle sujet du roy touchant l'establissement d'une Compagnie Françoise pour le commerce des Indes Orientales; Adressé à tous les François* (Paris: 1764), 4, 8; Paul Pellisson, *Histoire de l'Académie Françoise*, 2 vols. (Paris: Coignard, 1753), 1: 364.

15 Urban-Victor Chatelain, *Nicolas Foucquet, protecteur des lettres, des arts, et des sciences* (Paris: Librarie Academique Didier, 1905), 120; Pierre-Daniel Huet, *Histoire du commerce et de la navigation des anciens* (Lyon: Benoit Duplein, 1763), 1–2.

16 Huet, *Histoire du commerce et de la navigation*, cclxxii.

17 Heckscher, *Mercantilism*, 1: 81–82; Jean-Baptiste Colbert, "Mémoires sur les affaires de finances de France pour servir à leur histoire, 1663," in *Lettres*, vol. 2, pt. 2, pp. 17–68; J. Schaeper, *The French Council of Commerce, 1700–1715: A Study of Mercantilism After Colbert* (Columbus: Ohio State University Press, 1983); Colbert, "Mémoire sur le commerce," 44–45.

18 François Barrême, *Le livre nécessaire pour les comptables, avocats, notaires, procureurs, négociants, et généralement à toute sorte de conditions* (Paris: D. Thierry, 1694), 3; François Barrême, *Nouveau Barreme universel: Manuel complet de tous les comptes faits* (Paris: C. Lavocat, 1837).

19 *Ordonnance du commerce du mois de mars 1673; et ordonnance de la marine, du mois d'août 1681* (Bordeaux, France: Audibert et Burkel, an VIII), 5, Art. 4.

20 Jacques Savary, *Le parfait négociant; ou, Instruction générale pour ce qui regarde le commerce des Marchandises de France, & des Païs Estrangers*, 8th ed., ed. Jacques Savary Desbruslons, 2 vols. (Amsterdam: Jansons à Waesberge, 1726), 1: 25; Adam Smith, *An Inquiry into the Nature and Causes of the Wealth of Nations*, ed. Roy Harold Campbell and Andrew Skinner, 2 vols. (Indianapolis: Liberty Fund, 1981), vol. 2, bk. IV, chap. vii, pt. 2, para. 53.〔スミス『国富論』〕

21 Peter Burke, *The Fabrication of Louis XIV* (New Haven, CT: Yale University Press, 1994)〔ピーター・バーク『ルイ14世——作られる太陽王』, 石井三記訳, 名古屋大学出版会, 2004年〕; Colbert, "Memoire sur le Commerce," vol. 2, pt. 1, p. cclxiii; Alice Stroup, *A Company of Scientists: Botany, Patronage, and Community in the Seventeenth-Century Parisian Royal Academy of Sciences* (Berkeley: University of California Press, 1990), 30.

22 Colbert, *Lettres*, vol. 2, pt. 2, p. 62; vol. 5, pp. 241–242; Charles Perrault, "Autre note à Colbert sur l'établissement de l'Académie des Beaux-Arts et de l'Académie des Sciences," 1666, in Colbert, *Lettres*, 5:513–514. 下記も参照のこと Roger Hahn, *The Anatomy of a Scientific Institution: The Paris Academy of Sciences, 1666–1803* (Berkeley: University of California Press, 1971), 15; Lorraine Daston, "Baconian Facts, Academic Civility, and the Prehistory of Objectivity," *Annals of Scholarship* 8 (1991): 337–363; Steven Shapin, *A Social History of Truth: Civility and Science in Seventeenth-Century England* (Chicago: University of Chicago Press, 1995), 291; Michael Hunter,

Science and Society in Restoration England (Cambridge: Cambridge University Press, 1981), 48〔マイケル・ハンター『イギリス科学革命――王政復古期の科学と社会』, 大野誠訳, 南窓社, 1999年〕; Anthony Grafton, *The Footnote: A Curious History* (Cambridge, MA: Harvard University Press, 1997), 202–205; Jean-Baptiste Say, *A Treatise on Political Economy*, 2 vols. (Boston: Wells and Lilly, 1821), 1: 32–33; Margaret C. Jacob, *Scientific Culture and the Making of the Industrial West* (Oxford: Oxford University Press, 1997), chap. 8.

23 Perrault, "Autre note à Colbert," 5: 514; Charles Perrault, "Note de Charles Perrault à Colbert pour l'établissement d'une Académie Générale, 1664," in Colbert, *Lettres*, 5: 512–513.

24 Christiaan Huygens, *Oeuvres completes*, 22 vols. (The Hague: Martinus Nijhoff, 1891), 19: 255–256. カッコ内の情報については、Michael Mahoneyによるものを使用している "[Memorandum from Christiaan Huygens to Minister Colbert Regarding the Work of the New Academie Royale des Sciences]," Princeton University, www.princeton.edu/~hos/h591/acadsci.huy.html.

25 Huygens, "Note from Huygens to Colbert, with the Observations of Colbert, 1670," in Colbert, *Lettres*, 5: 524; James E. King, *Science and Rationalism in the Government of Louis XIV, 1661–1683* (Baltimore: Johns Hopkins University Press, 1949), 292; Joseph Klaits, *Printed Propaganda Under Louis XIV: Absolute Monarchy and Public Opinion* (Princeton, NJ: Princeton University Press, 1976), 74; Denis de Sallo, "To the Reader," *Journal des scavans* (January 5, 1665): 5; Jacqueline de la Harpe, *Le Journal des Savants en Angleterre, 1702–1789* (Berkeley: University of California Press, 1941), 6, 8; Arnaud Orain and Sylvain Laube, "Scholars Versus Practitioners? Anchor Proof Testing and the Birth of a Mixed Culture in Eighteenth-Century France," *Technology and Culture* 58, no. 1 (2017): 1–34.

26 Liliane Hilaire-Perez, Fabien Simon, and Marie Thebaud-Sorger, *L'Europe des sciences et des techniques: Un dialogue des savoirs, xve–xviiie siècle* (Rennes, France: Presses Universitaires de Rennes, 2016); John R. Pannabecker, "Diderot, the Mechanical Arts, and the *Encyclopedie* in Search of the Heritage of Technology Education," *Journal of Technology Education* 6, no. 1 (1994); Cynthia J. Koepp, "Advocating for Artisans: The Abbe Pluche's Spectacle de la Nature (1731–1751)," in *The Idea of Work in Europe from Antiquity to Modern Times*, ed. Josef Ehmer and Catherina Lis (Farnham, VT: Ashgate, 2009), 245–273. コルベール主義のSociété des Artsが重農主義的な機関に変貌したことについては、以下を参照のこと Hahn, *Anatomy of a Scientific Institution*, 108–110; Robert Darnton, *The Business of Enlightenment: A Publishing History of the Encyclopedie, 1775–1800* (Cambridge, MA: Belknap Press of Harvard University Press, 1979); Kathleen Hardesty, *The Supplément to the Encyclopédie* (The Hague: Nijhoff, 1977); John Lough, *Essays on the "Encyclopédie" of Diderot and d'Alembert* (London: Oxford University Press, 1968); Dan Edelstein, *The Enlightenment: A Genealogy* (Chicago: University of Chicago Press, 2010); Jacob Soll, *The Information Master: Jean-Baptiste Colbert's Secret State Information System* (Ann Arbor: University of Michigan Press, 2009), 161; Robert Darnton, "Philosophers Trim the Tree of Knowledge: The Epistemological Strategy of the Encyclopedie," in *The Great Cat Massacre and Other Episodes in French Cultural History* (New York: Vintage, 1984), chap. 5〔ロバート・ダーントン『猫の大虐殺』, 海保真夫・鷲見洋一訳, 岩波書店, 1990年〕; *Colbert, 1619–1683* (Paris: Ministere de la Culture, 1983), 168; Paola Bertucci, *Artisanal Enlightenment: Science and the Mechanical Arts in Old Regime France* (New Haven, CT: Yale University Press, 2017), 214. Also see Linn Holmberg,

The Maurist's Unfinished Encyclopedia (Oxford: Voltaire Foundation, 2017), 175.

27 Colbert, "Mémoire touchant le commerce avec l'Angleterre," vol. 2, pt. 2, p. 405.

28 Samuel Pepys, *Naval Minutes*, ed. J. R. Tanner (London: Navy Records Society, 1926), 352–356, at 356; King, *Science and Rationalism*, 272.

29 D. G. E. Hall, "Anglo-French Trade Relations Under Charles II," *History* 7, no. 25 (1922): 17–30, at 23; Jacob Soll, "For a New Economic History of Early Modern Empire: Anglo-French Imperial Codevelopment Beyond Mercantilism and Laissez-Faire," *William and Mary Quarterly* 77, no. 4 (2020): 525–550.

第8章　太陽王の悪夢と自由市場の夢

1 Albert O. Hirschman, *The Passions and the Interests: Political Arguments for Capitalism Before Its Triumph* (Princeton, NJ: Princeton University Press, 1977), 16.〔ハーシュマン『情念の政治経済学』〕

2 Thomas Hobbes, *Leviathan*, ed. Richard Tuck (Cambridge: Cambridge University Press, 1997), pt. 2, chap. 19.〔ホッブズ『リヴァイアサン』全4巻, 水田洋訳, 岩波文庫, 1954年〕

3 La Rochefoucauld, *Maxims*, trans. Leonard Tancock (London: Penguin, 1959), maxims 48, 85, 112, 563〔ラ・ロシュフコー『箴言集』, 武藤剛史訳, 講談社学術文庫, 2019年〕; Pierre Force, *Self-Interest Before Adam Smith: A Genealogy of Economic Science* (Cambridge: Cambridge University Press, 2003), 146, 176; Norbert Elias, *The Court Society* (New York: Pantheon Books, 1983), 105.

4 La Rochefoucauld, *Maxims*, 66, 77, 223, 305.〔ラ・ロシュフコー『箴言集』〕

5 David A. Bell, *The Cult of the Nation in France: Inventing Nationalism, 1680–1800* (Cambridge, MA: Harvard University Press, 2003), 28; Dan Edelstein, *On the Spirit of Rights* (Chicago: University of Chicago Press, 2019), 120; Pierre Nicole, "De la grandeur," in *Essais de morale*, 3 vols. (Paris: Desprez, 1701), 2: 186; Dale van Kley and Pierre Nicole, "Jansenism, and the Morality of Self-Interest," in *Anticipations of the Enlightenment in England, France, and Germany*, ed. Alan C. Kors and Paul J. Korshin (Philadelphia: University of Pennsylvania Press, 1987), 69–85; Gilbert Faccarello, *Aux origins de l'économie politique libérale: Pierre de Boisguilbert* (Paris: Editions Anthropos, 1985), 99.

6 Jean Domat, *The Civil Law in Its Order Together with the Publick Law*, 2 vols. (London: William Strahan, 1722), vol. 1, chap. 2, sec. 2; vol. 1, chap. 5, sec. 7; vol. 2, bk. 1, title 5; Faccarello, *Aux origins de l'économie politique libérale*, 146; Edelstein, *On the Spirit of Rights*, 120; David Grewal, "The Political Theology of *Laissez-Faire*: From *Philia* to Self-Love in Commercial Society," *Political Theology* 17, no. 5 (2016): 417–433, at 419.

7 Pierre Le Pesant de Boisguilbert, *Detail de la France* (Geneva: Institut Coppet, 2014), 18, 61–63.

8 Boisguilbert, *Détail de la France*, 77, 89, 99.

9 Faccarello, *Aux origins de l'économie politique libérale*, 115, 119.

10 Gary B. McCollim, *Louis XIV's Assault on Privilege: Nicolas Desmaretz and the Tax on Wealth* (Rochester, NY: University of Rochester Press, 2012), 106, 149; A.-M. de Boislisle, *Correspondance des contrôleurs généraux des finances*, 3 vols. (Paris: Imprimerie Nationale, 1883), 2: 530.

11 Boisguilbert to Desmaretz, July 1–22, 1704, Archives Nationales de France, G7 721; Boislisle, 2:

207, 543–547, 559.

12 Boislisle, *Correspondance des contrôleurs généraux*, 2: 544.

13 Georges Lizerand, *Le duc de Beauvillier* (Paris: Société d'Édition-Les Belles Lettres, 1933), 43, 153.

14 Lionel Rothkrug, *Opposition to Louis XIV: The Political and Social Origins of the French Enlightenment* (Princeton, NJ: Princeton University Press, 1965), 263–269, 286–287; Louis Trénard, *Les Mémoires des intendants pour l'instruction du duc de Bourgogne* (Paris: Bibliotheque Nationale, 1975), 70–82; David Bell, *The First Total War: Napoleon's Europe and the Birth of Warfare as We Know It* (New York: Houghton Mifflin, 2007), 62; Lizerand, *Le duc de Beauvillier*, 46–77; marquis de Vogüé, *Le duc de Bourgogne et le duc de Beauvillier: Lettres inedites, 1700–1708* (Paris: Plon, 1900), 11–23; Jean-Baptiste Colbert, marquis de Torcy, *Journal Inédit*, ed. Frédéric Masson (Paris: Plon, Nourrit et Cie, 1884), 57; Louis de Rouvroy, duc de Saint-Simon, *Projets de gouvernement du duc de Bourgogne*, ed. P. Mesnard (Paris: Librarie de L. Hachette et Cie, 1860), xxxix, 13; Edmond Esmonin, "Les Mémoires des intendants pour l'instruction du duc de Bourgogne," in *Études sur la France des XVIIe et XVIIIe siècles* (Paris: Presses Universitaires de France, 1964), 113–130, at 117–119; Boislisle, *Correspondance des contrôleurs généraux*, 2: ii.

15 Georges Weulersse, *Le movement physiocratique en France de 1756 à 1770*, 2 vols. (Paris: Félix Alcan, 1910), 2, 302; François Fénelon, *Telemachus*, ed. and trans. Patrick Riley (Cambridge: Cambridge University Press, 1994), 60, 195, 325.

16 Fénelon, *Telemachus*, 195.

17 Fénelon, *Telemachus*, 16, 18, 25, 28, 60, 164, 170, 297.

18 Fénelon, *Telemachus*, 37–39, 161–162, 165, 297.

19 Fénelon, *Telemachus*, 37, 38, 105, 161, 166.

20 Fénelon, *Telemachus*, 166, 195, 260.

21 Montesquieu, *De l'Esprit des lois*, ed. Victor Goldschmidt, 2 vols. (Paris: Garnier-Flammarion, 1979), vol. 2, bk. 20, chap. 1.〔モンテスキュー『法の精神』上中下，野田良之訳，岩波文庫，1989年〕

第9章　惑星の運動とイングランド自由貿易の新世界

1 Ludwig Wittgenstein, *Culture and Value*, ed. Georg Henrik Wright, Heikki Nyman, and Alois Pichler, trans. Peter Winch (London: Blackwell, 1998), 18〔ルートヴィヒ・ヴィトゲンシュタイン『反哲学的断章――文化と価値』，丘沢静也訳，青土社，1999年〕; Richard J. Blackwell, "Descartes' Laws of Motion," *Isis* 52, no. 2 (1966): 220–234, at 220.

2 Vincenzo Ferrone, "The Epistemological Roots of the New Political Economy: Modern Science and Economy in the First Half of the Eighteenth Century," 下記の会議で発表された論文 "Mobility and Modernity: Religion, Science and Commerce in the Seventeenth and Eighteenth Centuries," University of California, Los Angeles, William Andrews Clark Memorial Library, April 13–14, 2018.

3 Margaret C. Jacob, *The Newtonians and the English Revolution, 1689–1720* (Ithaca, NY: Cornell University Press, 1976), 174〔マーガレット・ジェイコブ『ニュートン主義者とイギリス革命』，中島秀人訳，学術書房，1990年〕; Rob Iliffe, *The Priest of Nature: The Religious Worlds of Isaac Newton* (Oxford: Oxford University Press, 2017), 6.

4 Betty Jo Teeter Dobbs and Margaret C. Jacob, *Newton and the Culture of Newtonianism* (Amherst, NY: Humanity Books, 1990), 26, 100; William R. Newman, *Newton the Alchemist: Science, Enigma, and the Quest for Nature's "Secret Fire"* (Princeton, NJ: Princeton University Press, 2019), 64, 70.

5 Dobbs and Jacob, *Newton and the Culture of Newtonianism*, 42; Gottfried Wilhelm Leibniz, *Theodicy*, ed. Austen Farrer, trans. E. M. Huggard (Charleston, SC: BiblioBazaar, 2007), 43, 158〔ライプニッツ「宗教哲学『弁神論』」,『ライプニッツ著作集第1期』6・7巻,佐々木能章訳,工作舎,2019年〕; G. W. Leibniz, "Note on Foucher's Objection (1695)," in G. W. Leibniz, *Philosophical Essays*, ed. and trans. Roger Ariew and Daniel Garber (Indianapolis: Hackett, 1989), 146; G. W. Leibniz, *The Labyrinth of the Continuum: Writings on the Continuum Problem, 1672–1686*, trans. Richard T. W. Arthur (New Haven, CT: Yale University Press, 2001), 566.

6 William Letwin, *The Origins of Scientific Economics: English Economic Thought, 1660–1776* (London: Methuen, 1963), 128.

7 François Crouzet, "Angleterre et France au XVIIIe siècle: Essaie d'analyse compare de deux croissances économiques," *Annales. Économies, sociétés, civilisations* 21, no. 2 (1966): 254–291, at 268; T. S. Ashton, *An Economic History of England: The Eighteenth Century* (London: Methuen, 1955), 104; François Crouzet, *Britain Ascendant: Comparative Studies in Franco-British Economic History* (Cambridge: Cambridge University Press, 1991), 17–23, 73.

8 William Petty, "A Treatise of Taxes and Contributions," in William Petty, *Tracts Chiefly Relating to Ireland* (Dublin: Boulter Grierson, 1769), 1–92, at 23–26, 32.

9 William Petty, "The Political Anatomy of Ireland, 1672," in Petty, *Tracts*, 299–444, at 341.

10 John Locke, *Two Treatises of Government*, ed. Peter Laslett (Cambridge: Cambridge University Press, 1960), 171〔ジョン・ロック『完訳統治二論』,加藤節訳,岩波文庫,2010年〕; John F. Henry, "John Locke, Property Rights, and Economic Theory," *Journal of Economic Issues* 33, no. 3 (1999): 609–624, at 615.

11 Locke, *Two Treatises*, 291, 384.〔ロック『完訳統治二論』〕

12 John O. Hancey, "John Locke and the Law of Nature," *Political Theory* 4, no. 4 (1976): 439–454, at 219, 439 (emphasis in original).

13 Holly Brewer, "Slavery, Sovereignty, and 'Inheritable Blood': Reconsidering John Locke and the Origins of American Slavery," *American Historical Review* 122, no. 4 (2017): 1038–1078; Mark Goldie, "Locke and America," in *A Companion to Locke*, ed. Matthew Stuart (Chichester: Wiley-Blackwell, 2015), 546–563; Letwin, *Origins of Scientific Economics*, 163–165; David Armitage, "John Locke, Carolina, and *The Two Treatises of Government*," *Political Theory* 32, no. 5 (2004): 602–627, at 616; J. G. A. Pocock, *The Machiavellian Moment: Florentine Political Thought and the Atlantic Republican Tradition* (Princeton, NJ: Princeton University Press, 1975), 283–285, 339.〔ポーコック『マキァヴェリアン・モーメント』〕

14 Charles Davenant, *An Essay on the East India Trade* (London, 1696), 25.〔チャールズ・ダヴナント「東インド貿易論」『交易論/東インド貿易論』,田添京二・渡辺源次郎訳,東京大学出版会,1966年〕

15 Pocock, *Machiavellian Moment*, 437, 443.〔ポーコック『マキァヴェリアン・モーメント』〕

16 Pocock, *Machiavellian Moment*, 446〔ポーコック『マキァヴェリアン・モーメント』〕; Charles

Davenant, *Reflections upon the Constitution and Management of the Trade to Africa* (London: John Morphew, 1709), 25, 28.

17 Davenant, *Reflections*, 27, 36, 48, 50, 58.

18 Steven Pincus, *1688: The First Modern Revolution* (New Haven, CT: Yale University Press, 2009), 308.

第10章　イギリスVSフランス――貿易戦争、債務、新たな楽園の夢

1 Guy Rowlands, *The Financial Decline of a Great Power: War, Influence, and Money in Louis XIV's France* (Oxford: Oxford University Press, 2012), 2; Richard Dale, *The First Crash: Lessons from the South Sea Bubble* (Princeton, NJ: Princeton University Press, 2004), 77.

2 Carl Wennerlind, *Casualties of Credit: The English Financial Revolution, 1620–1720* (Cambridge, MA: Harvard University Press, 2011), 68, 89; Stephen Quinn, "The Glorious Revolution's Effect on English Private Finance: A Microhistory, 1680–1705," *Journal of Economic History* 61, no. 3 (2001): 593–615, at 593; Julian Hoppit, *Britain's Political Economies: Parliament and Economic Life, 1660–1800* (Cambridge: Cambridge University Press, 2017), 149; P. G. M. Dickson, *The Financial Revolution in England: A Study in the Development of Public Credit, 1688–1756* (New York: Macmillan, 1967), 80.

3 John Brewer, *The Sinews of Power: War, Money and the English State, 1688–1783* (New York: Alfred A. Knopf, 1989), 116–117.〔ジョン・ブリュア『財政=軍事国家の衝撃――戦争・カネ・イギリス国家1688–1783』,大久保桂子訳,名古屋大学出版会,2003年〕

4 Wennerlind, *Casualties of Credit*, 10; Ian Hacking, *The Emergence of Probability: A Philosophical Study of Early Ideas About Probability, Induction and Statistical Inference* (Cambridge: Cambridge University Press, 1975)〔イアン・ハッキング『確率の出現』,広田すみれ・森元良太訳,慶應義塾大学出版会,2013年〕; Lorrain Daston, *Classical Probability in the Enlightenment* (Princeton, NJ: Princeton University Press, 1988), 164.

5 *An Account of What Will DO; or, an Equivalent for Thoulon: In a Proposal for an Amicable Subscription for Improving TRADE in the South-West Part of AMERICA, and Increasing BULLION to About Three Millions per Annum, Both for the East India Trade and the Revenue of the Crown, Which by Consequence Will Be Produced if This Is Encouraged* (London: Mary Edwards, 1707), 3.

6 Bernard Mandeville, *The Fable of the Bees*, ed. Philip Harth (London: Penguin, 1970), 64.〔バーナード・マンデヴィル『新訳蜂の寓話――私悪は公益なり』,鈴木信雄訳,日本経済評論社,2019年〕

7 Mandeville, *Fable of the Bees*, 67–68.〔マンデヴィル『新訳蜂の寓話』〕

8 Antoin E. Murphy, *John Law: Economic Theorist and Policy-Maker* (Oxford: Oxford University Press, 1997), 94–95.

9 John Law, *Money and Trade Considered* (Glasgow: A. Foulis, 1750), 167.〔ジョン・ロー『貨幣と商業』,吉田啓一訳,世界書院,1966年〕

10 Arnaud Orain, *La politique du merveilleux: Une autre histoire du Systeme de Law (1695–1795)* (Paris: Fayard, 2018), 10; Charly Coleman, *The Spirit of French Capitalism: Economic Theology in the Age of Enlightenment* (Stanford, CA: Stanford University Press, 2021), 119.

11 Coleman, *Spirit of French Capitalism*, 119.

12 Coleman, *Spirit of French Capitalism*, 20, 81.

13 Jean Terrasson, *Lettres sur le nouveau Systeme des Finances*, 1720, 2–5, 29, 32, 33; Jean Terrasson, *Traité de l'infini créé*, ed. Antonella Del Prete (Paris: Honore Champion, 2007), 225–227.

14 Orain, *La politique du merveilleux*, 13.

15 Claude Paris La Montagne, "Traité des Administrations des Recettes et des Dépenses du Royaume," 1733, Archives Nationales, 1005, II: 3–8, 48–49, 55.

16 Norris Arthur Brisco, *The Economic Policy of Robert Walpole* (New York: Columbia University Press, 1907), 43–45; Richard Dale, *The First Crash: Lessons from the South Sea Bubble* (Princeton, NJ: Princeton University Press, 2004), 74.

17 Cited by Dickson, *Financial Revolution in England*, 83.

18 Jacob Soll, *The Reckoning: Financial Accountability and the Rise and Fall of Nations* (New York: Basic Books, 2014), 101–116.〔ソール『帳簿の世界史』〕

第11章　フランスの自然崇拝と啓蒙主義経済学の発明

1 Charles M. Andrews, "Anglo-French Commercial Rivalry, 1700–1750: The Western Phase, I," *American Historical Review* 20, no. 3 (1915): 539–556, at 547; David Hume, *Selected Essays*, ed. Stephen Copley and Andrew Edgar (Oxford: Oxford University Press, 1996), 189, 214.

2 Georges Weulersse, *Le mouvement physiocratique en France (de 1756 à 1770)*, 2 vols. (Paris: Felix Alcan, 1910), 1: 23; Montesquieu, *De l'Esprit des lois*, ed. Victor Goldschmidt, 2 vols. (Paris: Garnier-Flammarion, 1979), vol. 2, bk. 20, chap. 2〔モンテスキュー『法の精神』〕; David Hume, *An Inquiry Concerning Human Understanding, with a Supplement: An Abstract of a Treatise on Human Nature*, ed. Charles W. Hendel (Indianapolis: Liberal Arts Press, 1955), 173.〔デイヴィッド・ヒューム『人間知性研究――付人間本性論摘要』, 斎藤繁雄・一ノ瀬正樹訳, 法政大学出版局, 2011年〕

3 Robert B. Ekelund Jr. and Robert F. Hebert, *A History of Economic Theory and Method*, 6th ed. (Longrove, IL: Waveland Press, 2014), 70.

4 Tony Brewer, *Richard Cantillon: Pioneer of Economic Theory* (London: Routledge, 1992), 8.

5 Richard Cantillon, *Essai sur la nature du commerce en général*, ed. and trans. Henry Higgs (London: Macmillan, 1931), 58.〔R・カンティロン『商業試論』, 津田内匠訳, 名古屋大学出版会, 1992年〕

6 Cantillon, *Essai sur la nature du commerce*, 97, 123〔カンティロン『商業試論』〕; Marian Bowley, *Studies in the History of Economic Theory Before 1870* (London: Macmillan, 1973), 95.

7 Cantillon, *Essai sur la nature du commerce*, 51–55, 85〔カンティロン『商業試論』〕; Bowley, *Studies in the History of Economic Theory*, 96.

8 Jean-François Melon, *Essaie politique sur le commerce*, in Eugène Daire, *Économistes financiers du XVIIIe siècle* (Paris: Guillaumin, 1851), 659–777, at 671, 666.〔ジャン・フランソワ・ムロン『商業についての政治的試論』, 米田昇平・後藤浩子訳, 京都大学学術出版会, 2015年〕

9 Melon, *Essaie politique sur le commerce*, 673, 708.〔ムロン『商業についての政治的試論』〕

10 Melon, *Essaie politique sur le commerce*, 683, 746, 765.〔ムロン『商業についての政治的試論』〕

11 Paul Cheney, *Revolutionary Commerce: Globalization and the French Monarchy* (Cambridge, MA: Harvard University Press, 2010), 22; Montesquieu, *De l'esprit des lois*, bk. 20, chaps. 1–2.〔モンテスキュー『法の精神』〕

12 David Kammerling-Smith, “Le discours économique du Bureau du commerce, 1700–1750,” in *Le Cercle de Vincent de Gournay: Savoirs économiques et pratiques administratives en France au milieu du XVIIIe siècle*, ed. Loïc Charles, Frédéric Lefebvre, and Christine Théré (Paris: INED, 2011), 31–62, at 34.

13 R. L. Meek, *The Economics of Physiocracy* (London: Allen and Unwin, 1963), xiii.

14 François Véron de Forbonnais, *Éléments du commerce*, 3 vols. (Paris: Chaignieau, 1793–1794), 1: 62.

15 Forbonnais, *Éléments du commerce*, 1: 67–68, 75–76.

16 Forbonnais, *Éléments du commerce*, 1: 3, 38, 45.

17 Steven L. Kaplan, *Bread, Politics, and Political Economy in the Reign of Louis XV*, 2nd ed. (New York: Anthem Press, 2012), 108; Gerard Klotz, Philippe Minard, and Arnaud Orain, eds., *Les voies de la richesse? La physiocratie en question (1760–1850)* (Rennes, France: Presses Universitaires de Rennes, 2017), 11; Gustav Schachter, “François Quesnay: Interpreters and Critics Revisited,” *American Journal of Economics and Sociology* 50, no. 3 (1991): 313–322; Paul Samuelson, “Quesnay's ‘Tableau Economique’ as a Theorist Would Formulate It Today,” in *Paul Samuelson on the History of Economic Analysis: Selected Essays*, ed. Steven J. Medema and Anthony M. C. Waterman (Cambridge: Cambridge University Press, 2015), 59–86, at 60.

18 Pierre-Paul Mercier de la Riviere, *L'ordre naturel et essentiel des societes politiques*, 2 vols. (London: Jean Nourse, 1767).

19 Liana Vardi, *The Physiocrats and the World of the Enlightenment* (Cambridge: Cambridge University Press, 2012), 42.

20 Vardi, *Physiocrats*, 84; David S. Landes, *Unbound Prometheus: Technological Change and Industrial Development in Western Europe from 1750 to the Present* (Cambridge: Cambridge University Press, 1969), 82.〔D・S・ランデス『西ヨーロッパ工業史——産業革命とその後 1750–1968』全2巻, 石坂昭雄・冨岡庄一訳, みすず書房, 1980–82年〕

21 Steven Pincus, *The Global British Empire to 1784*, unpublished manuscript; Gabriel François Coyer, *La noblesse commercante* (London: Fletcher Gyles, 1756), 33–34, 45, 72.

22 Simone Meyssonnier, *La balance et l'horloge: La genèse de la pensée libérale en France au XVIIIe siècle* (Paris: Les Éditions de la Passion, 1989), 264.

23 Meyssonnier, *La balance et l'horloge*, 265.

24 Meyssonnier, *La balance et l'horloge*, 249.

25 Meyssonnier, *La balance et l'horloge*, 80–81; Coyer, *La noblesse commerçante*, 33–34, 279.

26 Le marquis de Mirabeau, *L'ami des hommes, ou traité de la population*, 2 vols. (Avignon: 1756); Meek, *Economics of Physiocracy*, 15.

27 Meek, *Economics of Physiocracy*, 18.

28 Meek, *Economics of Physiocracy*, 23; E. P. Thompson, *The Making of the English Working Class* (New York: Vintage, 1966), 218〔エドワード・P・トムスン『イングランド労働者階級の形成』, 市橋秀夫・芳賀健一訳, 青弓社, 2003年〕; Boaz Moselle, “Allotments, Enclosure, and Proletarianization in Early Nineteenth-Century Southern England,” *English Economic History Review* 48, no. 3 (1995): 482–500.

29 Meek, *Economics of Physiocracy*, 109–114, 136.

30 François Quesnay, *Despotism in China*, trans. Lewis A. Maverick, in Lewis A. Maverick, *China: A*

Model for Europe, 2 vols. (San Antonio: Paul Anderson and Company, 1946), 1: 216; W. W. Davis, "China, the Confucian Ideal, and the European Age of Enlightenment," *Journal of the History of Ideas* 44, no. 4 (1983): 523–548; Stefan Gaarsmand Jacobsen, "Against the Chinese Model: The Debate on Cultural Facts and Physiocratic Epistemology," in *The Economic Turn: Recasting Political Economy in Enlightenment Europe*, ed. Steven L. Kaplan and Sophus A. Reinert (London: Anthem Press, 2019), 89–115; Cheney, *Revolutionary Commerce*, 203; Pernille Roge, *Economists and the Reinvention of Empire: France in the Americas and Africa, c. 1750–1802* (Cambridge: Cambridge University Press, 2019), 10.

31 Quesnay, *Despotism in China*, 11; Roge, *Economists and the Reinvention of Empire*, 88.

32 Loïc Charles and Arnaud Orain, "François Véron de Forbonnais and the Invention of Antiphysiocracy," in Kaplan and Reinert, *Economic Turn*, 139–168.

33 Meek, *Economics of Physiocracy*, 46–50.

34 Meek, *Economics of Physiocracy*, 70.

35 Jean Ehrard, *Lumières et esclavage: L'esclavage colonial et l'opinion publique en France au XVIIIe siècle* (Brussels: Andre Versaille, 2008); Roge, *Economists and the Reinvention of Empire*, 176; David Allen Harvey, "Slavery on the Balance Sheet: Pierre-Samuel Dupont de Nemours and the Physiocratic Case for Free Labor," *Journal of the Western Society for French History* 42 (2014): 75–87, at 76.

第12章　自由市場VS自然

1 Erik S. Reinert and Fernanda A. Reinert, "33 Economic Bestsellers Published Before 1750," *European Journal of the History of Economic Thought* 25, no. 6 (2018): 1206–1263; Derek Beales, *Enlightenment and Reform in Eighteenth Century Europe* (London: I. B. Tauris, 2005), 64; Istvan Hont, *Jealousy of Trade: International Competition and the Nation-State in Historical Perspective* (Cambridge, MA: Harvard University Press, 2005), 45, 134; Sophus A. Reinert, *The Academy of Fisticuffs: Political Economy and Commercial Society in Enlightenment Italy* (Cambridge, MA: Harvard University Press, 2018), 7; John Robertson, *The Case for Enlightenment: Scotland and Naples, 1680–1760* (Cambridge: Cambridge University Press, 2005), 22; Koen Stapelbroek, "Commerce and Morality in Eighteenth-Century Italy," *History of European Ideas* 32, no. 4 (2006): 361–366, at 364; Antonio Muratori, *Della pubblica felicità: Oggetto de'buoni principi* (Lucca, 1749), p. 3 of "To the Reader."

2 Eric Cochrane, *Florence in the Forgotten Centuries, 1527–1800* (Chicago: University of Chicago Press, 1973), 461; Reinert, *Academy of Fisticuffs*, 299; Antonio Genovesi, *Delle lezioni di commercio, o s'ia d'economia civile*, 2 vols. (Naples: Fratelli di Simone, 1767), 2: 77, 133; Robertson, *Case for Enlightenment*, 356–357.

3 Steven L. Kaplan and Sophus A. Reinert, eds., *The Economic Turn: Recasting Political Economy in Enlightenment Europe* (London: Anthem Press, 2019), 3–13; Pietro Verri, *Meditazioni sulla economia politica* (Venice: Giambatista Pasquale, 1771), 18, 33–34.

4 Ferdinando Galiani, *Dialogues sur le commerce des bles*, ed. Philip Stewart (Paris: SFEDS, 2018), 59.

5 Galiani, *Dialogues*, 115–116; Franco Venturi, "Galiani tra enciclopedisti e fisiocrati," *Rivista storica italiana* 72, no. 3 (1960): 45–64, at 53.

6 Jean-Claude Perrault, *Une histoire intellectuelle de l'économie politique(XVII– XVIIIe siècles)* (Paris:

Éditions de l'EHESS, 1992), 238.

7 Perrault, *Une histoire intellectuelle*, 16–17.

8 Perrault, *Une histoire intellectuelle*, 19.

9 Meek, *The Economics of Physiocracy* (London: Allen and Unwin, 1963), 47–49.

10 Meek, *Economics of Physiocracy*, 51; Madeleine Dobie, *Trading Places: Colonization and Slavery in Eighteenth-Century French Culture* (Ithaca, NY: Cornell University Press, 2010), 14–15.

11 Benoit Malbranque, *Le libéralisme à l'essaie. Turgot intendant du Limousin (1761–1774)* (Paris: Institut Coppet, 2015), 44.

12 Emma Rothschild, *Economic Sentiments: Adam Smith, Condorcet, and the Enlightenment* (Cambridge, MA: Harvard University Press, 2001), 79; Malbranque, *Le libéralisme à l'essaie*, 58.

13 Cynthia A. Bouton, *The Flour War: Gender, Class, and Community in Late Ancien Regime French Society* (University Park: Penn State University Press, 1993), 81; Gilbert Foccarello, "Galiani, Necker, and Turgot: A Debate on Economic Reform and Policy in 18th Century France," *European Journal of the History of Economic Thought* 1, no. 3 (1994): 519–550.

14 Jacob Soll, "From Virtue to Surplus: Jacques Necker's *Compte Rendu* (1781) and the Origins of Modern Political Discourse," *Representations* 134, no. 1 (2016): 29–63; Jacques Necker, *Sur la legislation et le commerce des grains* (Paris: Chez Pissot, 1775), 50–52.

15 Steven L. Kaplan, *Bread, Politics, and Political Economy in the Reign of Louis XV*, 2nd ed. (New York: Anthem Press, 2012), 589–595.

16 Kaplan, *Bread, Politics*, 247; Istvan Hont, *Politics in Commercial Society: Jean-Jacques Rousseau and Adam Smith*, ed. Bela Kapossy and Michael Sonenshe r (Cambridge, MA: Harvard University Press, 2015), 18–19.

17 Antoine Lilti, *The Invention of Celebrity* (Cambridge, UK: Polity, 2017), 117; Jean-Jacques Rousseau, *Du contrat social*, ed. Pierre Burgelin (Paris: Garnier-Flammarion, 1966), 41; Jean-Jacques Rousseau, *A Discourse on Inequality*, ed. Maurice Cranston (London: Penguin, 1984), 77.

18 Rousseau, *Discourse on Inequality*, 101, 109, 127, 137.

第13章　アダム・スミスと慈愛の自由貿易社会

1 Friedrich Hayek, *The Road to Serfdom*, ed. Bruce Caldwell (Chicago: University of Chicago Press, 2007), 88, 100〔フリードリヒ・ハイエク『隷従への道』, 村井章子訳, 日経BP, 2016年〕; Milton Friedman, *Free to Choose: A Personal Statement*, 3rd ed. (New York: Harcourt, 1990), 1–2.〔フリードマン『選択の自由』〕

2 Adam Smith, *An Inquiry into the Nature and Causes of the Wealth of Nations*, ed. Roy Harold Campbell and Andrew Skinner, 2 vols. (Indianapolis: Liberty Fund, 1981), vol. 1, bk. I, chap. vii, para. 12〔スミス『国富論』〕; vol. 2, bk. V, chap. iih, para. 12; vol. 2, bk. IV, chap. viii, para. 49; vol. 2, bk. IV, chap. 9, para. 3; Adam Smith, *The Theory of Moral Sentiments*, ed. D. D. Raphael and A. L. Macfie (Indianapolis: Liberty Fund, 1984), pt. 6, sec. 2, chap. 2, para. 17.〔アダム・スミス『道徳感情論』, 高哲男訳, 講談社学術文庫, 2013年〕

3 Steven Pincus, *The Global British Empire to 1784*, unpublished manuscript; Paul Butel, "France, the Antilles, and Europe in the Seventeenth and Eighteenth Centuries: Renewals of Foreign Trade," in *The Rise of Merchant Empires*, ed. James D. Tracy (Cambridge: Cambridge University Press, 1990),

168–172; T. S. Ashton, *An Economic History of England: The Eighteenth Century* (London: Methuen, 1955), 104; François Crouzet, “Angleterre et France au XVIIIe siècle: Essaie d’analyse compare de deux croissances economiques,” *Annales. Économies, sociétés, civilisations* 21, no. 2 (1966): 254–291, at 268; Ralph Davis, “English Foreign Trade, 1700–1774,” *Economic History Review*, n.s., 15, no. 2 (1962): 285–303, at 286; François Crouzet, *La guerre économique franco-anglaise au XVIIIe siècle* (Paris: Fayard, 2008), 367–370; Paul Cheney, *Revolutionary Commerce: Globalization and the French Monarchy* (Cambridge, MA: Harvard University Press, 2010), 101; François Crouzet, *Britain Ascendant: Comparative Studies in Franco-British Economic History*, trans. Martin Thom (Cambridge: Cambridge University Press, 1990), 216.

4 Dan Edelstein, *The Enlightenment: A Genealogy* (Chicago: University of Chicago Press, 2010), 9.

5 David Hume, *An Inquiry Concerning Human Understanding*, ed. Charles W. Hendel (Indianapolis: Library of the Liberal Arts, 1955), 1–11, 17〔ヒューム『人間知性研究』〕; Dario Perinetti, “Hume at La Fleche: Skepticism and the French Connection,” *Journal of the History of Philosophy* 56, no. 1 (2018): 45–74, at 57–58; Margaret Schabas and Carl Wennerlind, *A Philosopher’s Economist: Hume and the Rise of Capitalism* (Chicago: University of Chicago Press, 2020), 33; Pedro Faria, “David Hume, the Académie des Inscriptions, and the Nature of Historical Evidence in the Eighteenth Century,” *Modern Intellectual History* 18, no. 2 (2020): 288–322.

6 Perinetti, “Hume at La Fleche,” 54; Hume, *Concerning Human Understanding*, 168.

7 Hume, *Concerning Human Understanding*, 172–173〔ヒューム『人間知性研究』〕; James A. Harris, *Hume: An Intellectual Biography* (Cambridge: Cambridge University Press, 2015), 97.

8 Carl L. Becker, *The Heavenly City of the Eighteenth-Century Philosophers* (New Haven, CT: Yale University Press, 1932), 85, 102; Anthony Grafton, *The Footnote: A Curious History* (Cambridge, MA: Harvard University Press, 1997), 103; David Hume, *Selected Essays*, ed. Stephen Copley and Andrew Edgar (Oxford: Oxford University Press, 1998), xiii, 56, 58, 61.

9 Hume, *Selected Essays*, 188–189, 193, 194.

10 Jesse Norman, *Adam Smith: Father of Economics* (New York: Basic Books, 2018), 194.

11 Smith, *Theory of Moral Sentiments*, sec. 1, chap. 1, para. 1; sec. 3, chap. 2, para. 9〔スミス『道徳感情論』〕; Adam Smith, “Letter to the *Edinburgh Review*,” 1755, in Smith, *Essays on Philosophical Subjects*, with Dugald Stewart’s “Account of Adam Smith,” ed. W. P. D. Wightman, J. C. Bryce, and I. S. Ross (Indianapolis: Liberty Fund, 1982), 253.

12 Smith, *Theory of Moral Sentiments*, pt. 1, sec. 1, chap. 2, para. 5.〔スミス『道徳感情論』〕

13 Epictetus, *The Discourses, The Handbook, Fragments*, ed. J. M. Dent (London: Orion Books, 1995), 42, 44, 58〔エピクテトス『人生談義』上下, 國方栄二訳, 岩波文庫, 2020年〕; Smith, *Theory of Moral Sentiments*, pt. 1, chap. 1, para. 5.〔スミス『道徳感情論』〕

14 Smith, *Theory of Moral Sentiments*, pt. 3, chap. 5, paras. 6–7; pt. 7, sec. 2, chap. 1, para. 39〔スミス『道徳感情論』〕; Adam Smith, *Essays on Philosophical Subjects*, ed. W. P. D. Wightman and J. C. Bryce (Indianapolis: Liberty Fund, 1980), 45, 49, 104; Emma Rothschild, “Adam Smith and the Invisible Hand,” *American Economic Review* 84, no. 2 (1994): 319–322, at 319.

15 Smith, *Wealth of Nations*, vol. 1, bk. IV, chap. iiic, pt. 2, para. 9.〔スミス『国富論』〕

16 Smith, *Theory of Moral Sentiments*, sec. 2, chap. 3, para. 1; sec. 5, chap. 2, paras. 10–13; sec. 7, chap. 4, paras. 36–37〔スミス『道徳感情論』〕; Donald Winch, *Riches and Poverty: An Intellectual History*

of Political Economy in Britain, 1750–1834 (Cambridge: Cambridge University Press 1996), 98–99; Fonna Forman-Barzilai, *Adam Smith and the Circles of Sympathy: Cosmopolitanism and Moral Theory* (Cambridge: Cambridge University Press, 2010), 226.

17 Smith, *Theory of Moral Sentiments*, pt. 6, sec. 2, chap. 2, para. 13.〔スミス『道徳感情論』〕

18 Nicholas Phillipson, *Adam Smith: An Enlightened Life* (New Haven, CT: Yale University Press, 2010), 159–166.〔ニコラス・フィリップソン『アダム・スミスとその時代』, 永井大輔訳, 白水社, 2014年〕

19 Phillipson, *Adam Smith*, 166〔フィリップソン『アダム・スミスとその時代』〕; Geoffrey Holmes and Daniel Szechi, *The Age of Oligarchy: Pre-Industrial Britain, 1722–1783* (London: Longman, 1993), 282.

20 Phillipson, *Adam Smith*, 182.〔フィリップソン『アダム・スミスとその時代』〕

21 Harris, *Hume*, 409–415; Phillipson, *Adam Smith*, 188.〔フィリップソン『アダム・スミスとその時代』〕

22 Phillipson, *Adam Smith*, 193.〔フィリップソン『アダム・スミスとその時代』〕

23 Smith, *Wealth of Nations*, vol. 2, bk. IV, chap. ix, para. 38; vol. 1, bk. II, chap. v, para. 12.〔スミス『国富論』〕

24 Smith, *Wealth of Nations*, vol. 1, bk. I, chap. viii, paras. 15–22; vol. 1, bk. I, chap. x, paras. 19, 31.〔スミス『国富論』〕

25 Smith, *Wealth of Nations*, vol. 2, bk. IV, chap. ix, paras. 11–14, vol. 2, bk. IV, chap. ii, para. 9; vol. 1, bk. I, chap. viii, para. 35; vol. 1, bk. IV, chap. ii, para. 9; vol. 2, bk. IV, chap. ix, para. 9; vol. 2, bk. V, chap. iik, para. 7.〔スミス『国富論』〕

26 Smith, *Wealth of Nations*, vol. 1, bk. I, chap. ii, paras. 1–2.〔スミス『国富論』〕

27 Emma Rothschild, *Economic Sentiments: Adam Smith, Condorcet, and the Enlightenment* (Cambridge, MA: Harvard University Press, 2001), 127.

28 Smith, *Wealth of Nations*, vol. 1, bk. IV, chap. ii, para. 38; vol. 2, bk. IV, chap. ix, paras. 1–3; vol. 1, bk. IV, chap. ii, para. 30.〔スミス『国富論』〕

29 E. P. Thompson, "Eighteenth-Century English Society: Class Struggle Without Class?," *Social History* 3, no. 2 (1978): 133–165, at 135; Frank McLynne, *Crime and Punishment in Eighteenth-Century England* (London: Routledge, 1989); Smith, *Wealth of Nations*, vol. 1, bk. I, chap. xic, para. 7.〔スミス『国富論』〕

30 Smith, *Wealth of Nations*, vol. 2, bk. IV, chap. viib, para. 20; vol. 2, bk. IV, chap. viic, para. 103.〔スミス『国富論』〕

31 Smith, *Wealth of Nations*, vol. 1, "Introduction and Plan of the Work," para. 4; vol. 2, bk. IV, chap. viib, para. 54.〔スミス『国富論』〕

32 John Rae, *Life of Adam Smith: 1895*, ed. Jacob Viner (New York: Augustus M. Kelley Publishers, 1977), 71–72.〔ジョン・レー『アダム・スミス伝』, 大内兵衛・大内節子訳, 岩波書店, 1972年〕

33 Rothschild, *Economic Sentiments*, 133; Dugald Stewart, *Account of the Life and Writings of Adam Smith*, in *Works*, ed. Dugald Stewart, 7 vols. (Cambridge, MA: Hilliard and Brown, 1829), 7: 1–75, at 67.〔デューゴルド・ステュアート『アダム・スミスの生涯と著作』, 福鎌忠恕訳, 御茶の水書房, 1984年〕

34 Smith, *Wealth of Nations*, vol. 1, bk. III, chap. iv, para. 20.〔スミス『国富論』〕

35 Smith, *Wealth of Nations*, vol. 2, bk. IV, chap. ii, paras. 10–20.〔スミス『国富論』〕
36 Smith, *Wealth of Nations*, vol. 1, bk. IV, chap. iiic, paras. 9, 13.〔スミス『国富論』〕
37 Rothschild, *Economic Sentiments*, 133–136; Voltaire, *Candide*, ed. Philip Littell (New York: Boni and Liveright, 1918), 168〔ヴォルテール『カンディード』, 斉藤悦則訳, 光文社古典新訳文庫,2015年〕; Jacob Soll, *The Reckoning: Financial Accountability and the Rise and Fall of Nations* (New York: Basic Books, 2014), 129–130.〔ソール『帳簿の世界史』〕

第14章　自由市場帝国

1 William J. Baumol, *Economic Dynamics: An Introduction* (New York: Macmillan, 1951)〔ウィリアム・J・ボーモル『経済動学序説』, 山田勇・藤井栄一訳, 東洋経済新報社, 1956年〕; D. M. Nachane, "In the Tradition of 'Magnificent Dynamics,' " *Economic and Political Weekly*, June 9, 2007.
2 Jeremy Bentham, *The Principles of Morals and Legislation* (Amherst, NY: Prometheus Books, 1988), 1–3, 29, 40.〔ジェレミー・ベンサム『道徳および立法の諸原理序説』上下, 中山元訳, ちくま学芸文庫, 2022年〕
3 Jeremy Bentham, "Bentham on Population and Government," *Population and Development Review* 21, no. 2 (1995): 399–404.
4 Thomas Malthus, *An Essay on the Principle of Population and Other Writings*, ed. Robert J. Mayhew (London: Penguin, 2015), 19〔マルサス『人口論』永井義雄訳, 中公文庫, 2019年〕; Adam Smith, *An Inquiry into the Nature and Causes of the Wealth of Nations*, ed. Roy Harold Campbell and Andrew Skinner, 2 vols. (Indianapolis: Liberty Fund, 1981), vol. 1, bk. I, chap. viii, para. 36.〔スミス『国富論』〕
5 Malthus, *Essay on the Principle of Population*, 40, 65, 74, 155–163.〔マルサス『人口論』〕
6 David Ricardo, *Works*, ed. John Ramsay McCulloch (London: John Murray, 1846), 50–55; Paul Samuelson, "The Canonical Classical Model of Political Economy," in *Paul Samuelson on the History of Economic Analysis: Selected Essays*, ed. Steven J. Medema and Anthony M. C. Waterman (Cambridge: Cambridge University Press, 2015), 89–116, at 102–105.
7 Ricardo, *Works*, 55.
8 Smith, *Wealth of Nations*, vol. 1, bk. I, chap. viii, para. 37〔スミス『国富論』〕; Joan Robinson, "What Are the Questions?" *Journal of Economic Literature* 15, no. 4 (1977): 1318–1339, at 1334; Andre Gunder Frank, *Dependent Accumulation and Underdevelopment* (New York: Monthly Review Press, 1979)〔A・G・フランク『従属的蓄積と低開発』, 吾郷健二訳, 岩波書店, 1980年〕; Henk Ligthart, "Portugal's Semi-Peripheral Middleman Role in Its Relations with England, 1640–1760," *Political Geography Quarterly* 7, no. 4 (1988): 353–362, at 360–361; Matthew Watson, "Historicising Ricardo's Comparative Advantage Theory, Challenging the Normative Foundations of Liberal International Political Economy," *New Political Economy* 22, no. 3 (2017): 257–272, at 259; John Gallagher and Ronald Robinson, "The Imperialism of Free Trade," *Economic History Review* 6, no. 1 (1953): 1–15, at 5; D. C. M. Platt, "The Imperialism of Free Trade: Some Reservations," *Economic History Review* 21, no. 2 (1968): 296–306; Joan Robinson, *Contributions to Modern Economics* (New York: Academic Press, 1978), 213; Joan Robinson, *The Economics of Imperfect Competition*, 2nd ed. (London: Palgrave Macmillan, 1969).〔ジョーン・ロビンソン『不完

全競争の経済学』,加藤泰男訳,文雅堂書店,1956年〕

9 Frank Trentmann, *Free Trade Nation: Commerce, Consumption, and Civil Society in Modern Britain* (Oxford: Oxford University Press, 2008), 1–8.〔フランク・トレントマン『フリートレイド・ネイション——イギリス自由貿易の興亡と消費文化』,田中裕介訳,NTT出版,2016年〕

10 Anthony Howe, *Free Trade and Liberal England, 1846–1946* (Oxford: Oxford University Press, 1998), 4, 113; Eileen P. Sullivan, "J. S. Mill's Defense of the British Empire," *Journal of the History of Ideas* 44, no. 4 (1983): 599–617, at 606; John Stuart Mill, *Principles of Political Economy and Chapters on Socialism*, ed. Jonathan Riley (Oxford: Oxford University Press, 1994), xxxix, 112–113.〔ミル『経済学原理』全5巻,末永茂喜訳,岩波文庫,1959–63年〕

11 Mill, *Principles of Political Economy*, 113.〔ミル『経済学原理』〕

12 John Stuart Mill, *Considerations on Representative Government* (Ontario: Batoche Books, 2001), 46〔J・S・ミル『代議制統治論』,関口正司訳,岩波書店,2019年〕; Gary Remer, "The Classical Orator as Political Representative: Cicero and the Modern Concept of Representation," *Journal of Politics* 72, no. 4 (2010): 1063–1082, at 1064; Mill, *Principles of Political Economy*, 86.〔ミル『経済学原理』〕

13 Mill, *Principles of Political Economy*, 124–125, 377.〔ミル『経済学原理』〕

14 Mill, *Principles of Political Economy*, 381.〔ミル『経済学原理』〕

15 Charles Darwin, *The Life and Letters of Charles Darwin*, ed. Francis Darwin, 3 vols. (London: John Murray, 1887), 3: 178–179; Charles Darwin, *The Origin of Species by Means of Natural Selection of the Preservation of Favoured Races in the Struggle for Life* (New York: Signet Classics, 2003), 5〔チャールズ・ダーウィン『種の起原』,堀伸夫・堀大才訳,朝倉書店,2009年〕; Charles Darwin, *The Descent of Man, and Selection in Relation to Sex* (New York: Appleton and Company, 1889), 44.〔チャールズ・ダーウィン『人間の由来』上下,長谷川眞理子訳,講談社学術文庫,2016年〕

16 Geoffrey Martin Hodgson, *Economics in the Shadows of Darwin and Marx: Essays on Institutional and Evolutionary Themes* (Cheltenham, UK: Edward Elgar, 2006), 12; Karl Marx, "The Production Process of Capital: Theories of Surplus Value," in Karl Marx and Friedrich Engels, *Collected Works*, vol. 31, *Marx, 1861–1863* (London: Lawrence and Wishart, 1989), 551; Gareth Stedman-Jones, *Karl Marx: Greatness and Illusion* (Cambridge, MA: Belknap Press of Harvard University Press, 2016), 174–175, 382–383; Karl Marx, *Capital*, ed. Ernest Mandel, trans. David Fernbach, 3 vols. (London: Penguin, 1992), 2: 218〔マルクス『資本論』全9巻,向坂逸郎訳,岩波文庫,1969–70年〕; Bela A. Balassa, "Karl Marx and John Stuart Mill," *Weltwirtschaftsliches Archiv* 83 (1959): 147–165, at 150; Donald Winch, "The Science and the Legislator: Adam Smith and After," The Economic Journal (London), 1983, Vol. 93 (371), 501–520.

17 Michael Hudson, *America's Protectionist Takeoff, 1815–1914: The Neglected American School of Political Economy* (New York: Garland, 1975).

18 Hudson, *America's Protectionist Takeoff*, 54.

19 Jack Rakove, *Original Meanings: Politics and Ideas in the Making of the Constitution* (New York: Vintage, 1997), 236; Alexander Hamilton, *Report on the Subject of Manufactures* (Philadelphia: William Brown, 1827), 20.

20 Maurice G. Baxter, *Henry Clay and the American System* (Lexington: University of Kentucky Press, 1995), 27–28; Brian Reinbold and Yi Wen, "Historical U.S. Trade Deficits," Economic Research,

Federal Reserve Bank, 2019, no. 13, https://research.stlouisfed.org/publications/economic-synopses/2019/05/17/historical-u-s-trade-deficits.

21 Cheryl Shonhardt-Bailey, *From the Corn Laws to Free Trade: Interests, Ideas, and Institutions in Historical Perspective* (Cambridge, MA: MIT Press, 2006), 285; Francis Wrigley Hirst, *Free Trade and Other Fundamental Doctrines of the Manchester School* (London: Harper and Brothers, 1903).

22 Richard Cobden, "Repeal of the Corn Laws," May 15, 1843, in Hirst, *Free Trade*, 143–190, at 190; Richard Cobden, "Free Trade and the Reduction of Armaments," December 18, 1849, in Hirst, *Free Trade*, 239–257, at 252.

23 Richard Cobden, "Armaments, Retrenchment, and Financial Reform," January 10, 1849, in Hirst, *Free Trade*, 291–308, at 305; David Todd, *Free Trade and Its Enemies in France, 1814–1851* (Cambridge: Cambridge University Press, 2015), 201.

24 Boyd Hilton, *The Age of Atonement: The Influence of Evangelicalism on Social and Economic Thought, 1785–1865* (Oxford: Clarendon Press, 1986), 7, 261.

25 William Stanley Jevons, "Brief Account of a General Mathematical Theory of Political Economy," *Journal of the Royal Statistical Society, London* 29 (June 1866): 282–287; William Stanley Jevons, *Political Economy* (New York: Appleton and Company, 1878), 7〔ジェヴォンズ『経済学の理論』, 小泉信三・寺尾琢磨・永田清訳, 寺尾琢磨改訳, 日本経済評論社, 1981年〕; Eric Hobsbawm, *Industry and Empire: The Birth of the Industrial Revolution* (London: Penguin, 1999), 17, 211.〔E・J・ホブズボーム『産業と帝国』, 浜林正夫・神武庸四郎・和田一夫訳, 未來社, 1996年〕

26 Hobsbawm, *Industry and Empire*, 31–38.〔ホブズボーム『産業と帝国』〕

27 Jevons, *Political Economy*, 62, 76, 77, 79, 81〔ジェヴォンズ『経済学の理論』〕; Donald Winch, "The Problematic Status of the Consumer in Orthodox Economic Thought," in *The Making of the Consumer: Knowledge, Power, and Identity in the Modern World*, ed. Frank Trentmann (Oxford: Berg, 2006), 31–52.

28 William Stanley Jevons, *The Coal Question* (London: Macmillan, 1865).

29 Jennifer Siegel, *For Peace and Money: French and British Finance in the Service of the Tsars and Commissars* (Oxford: Oxford University Press, 2014).

30 Alfred Marshall, *Principles of Economics* (New York: Cosimo, 2006), 233.〔アルフレッド・マーシャル『経済学原理』全4巻, 西沢保・藤井賢治訳, 岩波書店, 2024年–〕

31 Marshall, *Principles of Economics*, 30–31, 68–69, 273.〔マーシャル『経済学原理』〕

第15章　徳の終焉——自由主義《リベラリズム》と自由至上主義《リバタリアニズム》

1 William Cunningham, *The Rise and Decline of the Free Trade Movement* (Cambridge: Cambridge University Press, 1905), 5–9.

2 Cunningham, *Rise and Decline*; Frank Trentmann, *Free Trade Nation: Commerce, Consumption, and Civil Society in Modern Britain* (Oxford: Oxford University Press, 2008), 91–98, 243.〔トレントマン『フリートレイド・ネイション』〕

3 Cunningham, *Rise and Decline*, 37, 85.

4 Cunningham, *Rise and Decline*, 97.

5 Cunningham, *Rise and Decline*, 119, 121–123, 158, 160.

6 Cunningham, *Rise and Decline*, 191–194, 197–198.

7 Cunningham, *Rise and Decline*, 200, 210.

8 John Maynard Keynes, *Laissez-Faire and Communism* (New York: New Republic, 1926), 65.

9 Keynes, *Laissez-Faire*, 31, 164.

10 Joan Robinson, *The Economics of Imperfect Competition*, 2nd ed. (London: Palgrave Macmillan, 1969), 211–228.〔ロビンソン『不完全競争の経済学』〕

11 Joan Robinson, *The Accumulation of Capital* (New York: Palgrave Macmillan, 2013), 248, 330.〔ジョーン・ロビンソン『資本蓄積論』, 杉山清訳, みすず書房, 1977年〕

12 Carl Menger, *Principles of Economics*, trans. James Dingwall and Bert F. Hoselitz (Auburn, AL: Ludwig von Mises Institute, 2007), 51, 72–73〔メンガー『国民経済学原理』, 安井琢磨・八木紀一郎訳, 日本経済評論社, 1999年〕; Janek Wasserman, *The Marginal Revolutionaries: How Austrian Economists Fought the War of Ideas* (New Haven, CT: Yale University Press, 2019), 33; Wasserman, *Marginal Revolutionaries*, 73.

13 Ludwig von Mises, *Economic Calculation in the Socialist Commonwealth*, trans. S. Alder (Auburn, AL: Ludwig von Mises Institute, 1990), 1–10.

14 Von Mises, *Economic Calculation*, 9; Wasserman, *Marginal Revolutionaries*, 82.

15 Wasserman, *Marginal Revolutionaries*, 35, 134.

16 Stephan A. Marglin and Juliet B. Schor, eds., *The Golden Age of Capitalism: Reinterpreting the Postwar Experience*, 2nd ed. (Oxford: Oxford University Press, 2007), 41.〔S・マーグリン／J・ショアー編『資本主義の黄金時代――マルクスとケインズを超えて』, 磯谷明徳・植村博恭・海老塚明監訳, 東洋経済新報社, 1993年〕

17 Henry Ashby Turner Jr., "Big Business and the Rise of Hitler," *American Historical Review* 75, no. 1 (1969): 56–70.

18 Friedrich Hayek, *The Road to Serfdom*, ed. Bruce Caldwell (Chicago: University of Chicago Press, 2007), 35, 76, 89, 100, 110.〔ハイエク『隷従への道』〕

19 Elisabetta Galeotti, "Individualism, Social Rules, Tradition: The Case of Friedrich A. Hayek," *Political Theory* 15, no. 2 (1987): 163–181, at 169.

20 David Levy, "Interview with Milton Friedman," Federal Reserve Bank of Minneapolis, June 1, 1992, www.minneapolisfed.org/article/1992/interview-with-milton-friedman.

21 Milton Friedman, "Market Mechanisms and Central Economic Planning," in Milton Friedman, Sidney Hook, Rose Friedman, and Roger Freeman, *Market Mechanisms and Central Economic Planning* (Washington, DC: American Enterprise Institute, 1981), 1–19, at 9; Milton Friedman, *Free to Choose: A Personal Statement*, 3rd ed. (New York: Harcourt, 1990), 2.〔フリードマン『選択の自由』〕

22 Friedman, *Free to Choose*, 96, 128.〔フリードマン『選択の自由』〕

23 Milton Friedman, "Quantity of Money Theory: A Restatement," in Milton Friedman, ed., *Studies in the Quantity Theory of Money* (Chicago: University of Chicago Press, 1956), 3–21, at 12.

24 Milton Friedman and Anna Jacobson Schwartz, *A Monetary History of the United States, 1867–1960* (Princeton, NJ: Princeton University Press, 1963), 7, 11.

25 Milton Friedman, "The Demand for Money: Some Theoretical and Empirical Results," National Bureau of Economic Research, Occasional Paper 68, 1959, www.nber.org/system/files/chapters/c5857/c5857.pdf, 1–25, at 2.

26 Milton Friedman, *Capitalism and Freedom*, 3rd ed. (Chicago: University of Chicago Press, 2002), 137.〔フリードマン『資本主義と自由』〕

27 Milton Friedman, *An Economist's Protest: Columns in Political Economy* (Sun Lakes, AZ: Thomas Horon and Daughter, 1972), 6; Milton Friedman, "Say 'No' to Intolerance," *Liberty Magazine* 4, no. 6 (1991): 17–20.

28 Kim Phillips-Fein, *Invisible Hands: The Businessmen's Crusade Against the New Deal* (New York: Norton, 2009), 3.

29 Phillips-Fein, *Invisible Hands*, 4, 61 (du Pont quotation p. 4); Kevin M. Kruse, *One Nation Under God: How Corporate America Invented Christian America* (New York: Basic Books, 2015), 25.

30 Kruse, *One Nation Under God*, 61.

31 Kruse, *One Nation Under God*, 35; Phillips-Fein, *Invisible Hands*, 69, 77; Barry Goldwater, *The Conscience of a Conservative* (Shepherdsville, KY: Victor Publishing, 1960), 53.〔ベーリ・ゴールドウォーター『保守主義の本領』全5巻, 渡辺善一郎訳, 岩波文庫, 1982−91年〕

32 Phillips-Fein, *Invisible Hands*, 228.

33 Jennifer Burns, "Godless Capitalism: Ayn Rand and the Conservative Movement," *Modern Intellectual History* 1, no. 3 (2004): 359–385; Brian Doherty, *Radicals for Capitalism: A Freewheeling History of the Modern Libertarian Movement* (New York: Public Affairs, 2008), 11.

34 Doug Bandow, "The West Fails to Social Engineer South Sudan," *American Conservative*, September 19, 2019, www.cato.org/commentary/west-fails-social-engineer-south-sudan.

35 Richard H. K. Vietor, *How Countries Compete: Strategy, Structure, and Government in the Global Economy* (Boston: Harvard Business School Press, 2007), 18.

結　び　権威主義的資本主義、民主主義、自由市場思想

1 Isabella M. Weber, "The (Im-)Possibility of Rational Socialism: Mises in China's Market Reform Debate," 2021, University of Massachusetts, Amherst, Economics Department Working Paper Series, no. 2021-19, available at ScholarWorks@UMassAmherst, https://scholarworks.umass.edu/econ_workingpaper/316; Isabella M. Weber, *How China Escaped Shock Therapy: The Market Reform Debate* (Abingdon, Oxon, UK: Routledge, 2021); Steven Mark Cohn, *Competing Economic Paradigms in China: The Co-Evolution of Economic Events, Economic Theory and Economics Education, 1976–2016* (Abingdon, Oxon, UK: Routledge, 2016), 26; Milton Friedman, *Friedman in China* (Hong Kong: Chinese University Press, 1990), 74; Milton Friedman, *Capitalism and Freedom*, 3rd ed. (Chicago: University of Chicago Press, 2002), 3–4〔フリードマン『資本主義と自由』〕; Milton Friedman, *Free to Choose: A Personal Statement*, 3rd ed. (New York: Harcourt, 1990), 57.〔フリードマン『選択の自由』〕

2 Cited in Weber, "The (Im-)Possibility of Rational Socialism."

3 Isabella Weber, "Origins of China's Contested Relation with Neoliberalism: Economics, the World Bank, and Milton Friedman at the Dawn of Reform," *Global Perspectives* 1, no 1 (2020): 1–14, at 7; Milton Friedman, "Market Mechanisms and Central Economic Planning," in Milton Friedman, Sidney Hook, Rose Friedman, and Roger Freeman, *Market Mechanisms and Central Economic Planning* (Washington, DC: American Enterprise Institute, 1981), 3; Weber, "The (Im-)Possibility of Rational Socialism."

4 Keith Bradsher and Li Yuan, "China's Economy Became No. 2 by Defying No. 1," *New York Times*, November 25, 2018.

5 Justin Yifu Lin, *Economic Development and Transition: Thought, Strategy, and Viability* (Cambridge: Cambridge University Press, 2009); Barry Naughton, *The Chinese Economy, Adaptation and Growth* (Cambridge, MA: MIT Press, 2018); Pankaj Mishra, "The Rise of China and the Fall of the 'Free Trade' Myth," *New York Times*, February 7, 2018; Keith Bradsher and Li Yuan, "The Chinese Thought They Had Little to Learn from Conventional Wisdom. Now It's the West That's Taking Notes," *New York Times*, November 25, 2018.

6 Jason Brennan, *Against Democracy* (Princeton, NJ: Princeton University Press, 2016), 192–193.〔ジェイソン・ブレナン『アゲインスト・デモクラシー』上下，井上彰ほか訳，勁草書房，2022年〕

7 Karl Polanyi, *The Great Transformation: The Political and Economic Origins of Our Time* (Boston: Beacon Press, 1957).〔ポラニー『大転換』〕

8 Ellen Frankel Paul, "W. Stanley Jevons: Economic Revolutionary, Political Utilitarian," *Journal of the History of Ideas* 40, no. 2 (1979): 263–283, at 279.

訳者あとがき

本書『〈自由市場〉の世界史――キケロからフリードマンまで』は、Jacob Soll による著書 *Free Market: The History of an Idea*（Basic Books 2022）の全訳である。

自由な市場とは、いったい何を意味しているのだろうか。歴史上、国家の指導者や国の経済を預かる政治家、経済学者たちは、この言葉をどのように解釈し、どのようにその実現を目指してきたのだろうか。

今日、「市場が自由である」とは一般に、経済に対する政府による関与が制限されている状態と解釈されることが多いが、そうした理解に本書は異議を唱える。何の制約も受けないことを意味する「自由」という言葉が持つ表面的な単純さと、それゆえの解釈の幅広さも一因となっていると思われるその「誤解」を正すために、著者は「自由市場」というテーマを軸とした探求の旅に出る。

経済史を辿る長い旅は、二〇〇〇年前のローマに始まり、キリスト教と修道院の発展、共和政の法とバランスのとれた市場を擁護したマキャヴェッリのフィレンツェ、経済大国として台頭するエリザベス朝イングランド、世界で最も洗練された経済を実現した一七世紀のオランダ、ジャン＝バティスト・コルベールが経済の舵を握ったルイ王政下のフランス、世界の二大経済大国となった英仏の対立、経済学の父と呼ばれるアダム・スミスの思想などを経て、現代のリベラリズムとリバタリアニズムにたどり着く。

これらの経由地の中には、自由市場を語るうえで欠かせないとされている定番のテーマもあれば、思いも寄らなかった視点もあるだろう。たとえば先述の通り、この旅は、産業革命によって生産活動の核が農業から工業へと移った一八世紀ではなく、それよりはるか昔の共和政ローマ末期という意外なところから始まる。ローマにおいて大きな影響力を誇った思想家であり、道徳と感情が市場を自律的に駆動させ、それによって経済的均衡が生み出されると唱えたキケロの中に、著者はその後の経済思想の歴史全体を読み解く糸口を見出す。

また、「個人が敬虔さを選ぶことにより、天の宝がもたらされる」という交換の概念を生み出すことによって、初期キリスト教が現代の経済文化に大きな遺産を遺したという観点は、宗教と経済とが、その成り立ちからいかに分かちがたく結びつき、互いに大きな影響を与え合ってきたかを示す驚くべき一例と言えるだろう。

旅の途上、どの経由地においても、著者は綿密な調査と分析を通じて、「自由市場」とはいつの時代においても、政府の干渉を完全に排除して、経済を成り行きに任せることを意味するものではなかったことを繰り返し証明してみせ、読み手はそのたびに、「自由市場」に対して抱いている先入観を揺さぶられ、新たな視点を持つよう促される。

学術論文に限らず、道徳や文学、政治に関する書物から個人的な書簡に至るまでの多様な資料を道標に、自由市場の本質を新たな視点から読み解くことで、本書は、経済史とはすなわち、過去の人々が人生に何を求め、何をよすがに生きたのかについての記録でもあることを改めて思い出させてくれる。道徳を重視したキケロ、絶対的な清貧を誓った修道士たち、ルイの王宮を支えた財務総監、スコットランド生まれの経済学の父は、それぞれに何を願い、何に情熱を注いだのだろうか。著者が豊富な歴史的事例をもとに描き出す自由市場の世界史は、まるで写し鏡のように、この混沌とした時代にあるわれわれは何を大切にし、どう生きるべきなのかを問いかけてくる。

【著者略歴】
ジェイコブ・ソール（Jacob Soll）
南カリフォルニア大学教授。1968年、ウィスコンシン州マディソン生まれ、ロサンゼルス在住。専門は哲学、歴史、会計学。1995年にパリの社会科学高等研究院で高等研究修士号、1998年に英ケンブリッジ大学モードリン・カレッジで博士号を取得。2011年マッカーサー・フェロー（奨学金）を取得。邦訳された著書に『帳簿の世界史』（文藝春秋）がある。

【訳者略歴】
北村京子（きたむら・きょうこ）
ロンドン留学後、会社員を経て翻訳者に。訳書にストーカー『なぜ、1%が金持ちで、99%が貧乏になるのか？——《グローバル金融》批判入門』、ストラティガコス『ヒトラーの家——独裁者の私生活はいかに演出されたか』、ユージンスキ『陰謀論入門——誰が、なぜ信じるのか？』、ホスキンズ『フット・ワーク——靴が教えるグローバリゼーションの真実』（以上、作品社）など。

〈自由市場〉の世界史
——キケロからフリードマンまで

2024年12月10日　初版第1刷印刷
2024年12月15日　初版第1刷発行

著　者　ジェイコブ・ソール
訳　者　北村京子

発行者　福田隆雄
発行所　株式会社 作品社
〒102-0072 東京都千代田区飯田橋 2-7-4
電　話　03-3262-9753
ＦＡＸ　03-3262-9757
振　替　00160-3-27183
ウエブサイト　https://www.sakuhinsha.com

装　丁　加藤愛子（オフィス キントン）
本文組版　米山雄基
印刷・製本　シナノ印刷株式会社

Printed in Japan
ISBN978-4-86793-063-2　C0033